本书为国家社科基金项目"新型农业经营主体带动小农户发展的现实困境与精准对策研究"及江西省文化名家暨"四个一批"人才工程项目"共同富裕目标下新型农业经营主体带动小农户发展的政策支持研究"的研究成果。

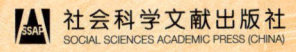

NEW
AGRICULTURAL
BUSINESS ENTITIES
AND
SMALL FARMERS

LOGIC AND REALITY OF
COORDINATED DEVELOPMENT

新型农业经营主体与小农户

协同发展的逻辑与现实

李耀锋　张佘慧　著

社会科学文献出版社
SOCIAL SCIENCES ACADEMIC PRESS (CHINA)

目　录

第一章　绪　论 …………………………………………………… 1
　一　研究背景与研究问题 …………………………………………… 1
　二　文献述评、研究价值与主要创新 ……………………………… 3
　三　核心概念阐释 ………………………………………………… 10
　四　研究对象、研究内容与研究方法 …………………………… 15

第二章　新型农业经营主体的村庄嵌入性及带动作用发挥 …… 20
　一　新型农业经营主体的村庄嵌入性及类型划分 ……………… 21
　二　新型农业经营主体带动小农户发展的动力机制 …………… 22
　三　新型农业经营主体的嵌入式培育及带动作用 ……………… 36

第三章　新型农业经营主体带动小农户发展的
**　　　　现实困境与影响因素** …………………………………… 53
　一　基于农户回应视角的分析 …………………………………… 54
　二　基于贫困脆弱性视角的分析 ………………………………… 73
　三　基于理性选择视角的分析 …………………………………… 94

第四章　从脱贫走向振兴：扎根乡土致富带头人的衔接作用
**　　　　——以新型农业经营主体创办领办人为例** ………… 109
　一　背景与问题 …………………………………………………… 110
　二　扎根乡土致富带头人的内涵与特点 ………………………… 112

1

三　扎根乡土致富带头人在脱贫攻坚走向乡村
　　　　振兴中的衔接作用……………………………………… 118
　　四　扎根乡土致富带头人衔接作用发挥的制约因素………… 126
　　五　面向乡村振兴的扎根乡土致富带头人培育策略………… 130

第五章　新型农业经营主体带动小农户发展的典型实践案例…… 134
　　一　村庄案例Ⅰ：JN村——党建引领下合作社带动
　　　　小农户增收脱贫………………………………………… 135
　　二　村庄案例Ⅱ：SS村——基于红色资源与绿色资源的
　　　　合作社带农发展………………………………………… 144
　　三　经营主体案例Ⅰ：JF村白莲产业基地带动小农户
　　　　发展的实践……………………………………………… 152
　　四　经营主体案例Ⅱ：WR农业发展有限公司带动小农户
　　　　发展的实践……………………………………………… 159

第六章　乡村振兴背景下新型农业经营主体带动
　　　　小农户发展的对策建议……………………………………… 166
　　一　乡村振兴背景下新型农业经营主体
　　　　对小农户带动作用的多维内涵………………………… 167
　　二　新型职业农民的中介角色与实践影响………………… 174
　　三　乡村振兴背景下新型农业经营主体带动
　　　　小农户协同发展的对策………………………………… 185

附录：访谈提纲………………………………………………………… 213

参考文献………………………………………………………………… 218

第一章　绪　论

一　研究背景与研究问题

党中央、国务院高度重视"三农"工作，党的十九大做出实施乡村振兴战略的重大决策部署，提出要"发展多种形式适度规模经营，培育新型农业经营主体，健全农业社会化服务体系，实现小农户和现代农业发展有机衔接"。加快培育发展新型农业经营主体和服务主体对推进农业农村现代化、实现乡村全面振兴意义重大。自2007年中央一号文件提出"发展现代农业是社会主义新农村建设的首要任务"以来，我国政府一直在积极培育龙头企业、专业合作社、家庭农场等新型农业经营主体，积极推进农业现代化发展。"大国小农"是我国基本的国情和农情，培育新型农业经营主体是发展现代农业的方向和必由之路，小农户与新型农业经营主体将长期共生是我国实现农业现代化之路必须尊重的基本事实。随着我国发展进程的推进，"未来谁来种地、怎样种好地"问题日益凸显。如何协调处理好新型农业经营主体与小农户的关系，发挥好新型农业经营主体对小农户的辐射带动作用，促进小农户与现代农业发展有机衔接，使小农户共享改革发展成果，不仅关系数量众多的小农户的生产生活，而且关系到我国农业农村整体发展质量，关系到我国社会主义现代化进程。

党中央、国务院近年来一直非常重视立足国家发展战略统筹谋划新型农业经营主体发展与小农户发展之间的关系，出台了一系列关系全局且影响深远的政策文件。中共中央办公厅、国务院办公厅于2017年印发的《关于加快构建政策体系培育新型农业经营主体的意见》明确提出"既支持新型农业经营主体发展，又不忽视普通农户尤其是贫困农户，发挥新型农业经营主体对普通农户的辐射带动作用"。中共中央、国务院于2018年印发的《乡村振兴战略规划（2018—2022年）》提出"鼓励新型农业经营主体与小农户建立契约型、股权型利益联结机制，带动小农户专业化生产，提高小农户自我发展能力"。中共中央办公厅、国务院办公厅于2019年印发的《关于促进小农户和现代农业发展有机衔接的意见》明确强调要"发挥新型农业经营主体对小农户的带动作用，健全新型农业经营主体与小农户的利益联结机制，实现小农户家庭经营与合作经营、集体经营、企业经营等经营形式共同发展"。2020年和2021年的中央一号文件从不同角度强调新型农业经营主体对小农户的产业带动作用，比如，2020年中央一号文件《中共中央 国务院关于抓好"三农"领域重点工作确保如期实现小康的意见》提出要"重点培育家庭农场、农民合作社等新型农业经营主体，培育农业产业化联合体，通过订单农业、入股分红、托管服务等方式，将小农户融入农业产业链"。

除了中央顶层设计外，中央各部委也不断出台具体实施办法，推动政策的落地实施，产生了良好的实践成效。比如，农业农村部办公厅、财政部办公厅于2019年联合印发了《关于支持做好新型农业经营主体培育的通知》，强调要"既支持新型农业经营主体发展，也不忽视小农户尤其是贫困农户。重点支持和农民有紧密联系的、可让农民学习借鉴的、能带动农民增收致富的新型农业经营主体，有效发挥辐射带动作用"。农业农村部于2020年印发了《新型农业经营主体和服务主体高质量发展规划（2020—2022年）》，明确强调"新型农业经营主体和服务主体与小农户密切关联，是带动小农户的主体力量。加快培育新型农业经营主体和服务主体，要以家庭农场、农民合作社和社会化服务组织为重点，不断提升生产经营水平，增强服务和带动小农户能力，保护好小农户利益，把小农户引入现代农业发展大格局"。

从总体上看，我国新型农业经营主体培育及带动作用发挥虽已取得显著实践成效，但面临的诸多短板和制约依然突出，实践中仍存在新型农业经营主体带动意愿和能力不强、带动方式不优、带动效果不佳等现实困境，甚至对小农户产生负面冲击和排挤效应，难以满足乡村振兴和农业农村现代化的现实要求。因此，如何立足我国农业农村现代化发展与乡村振兴战略需求，探明上述困境的机理与成因并精准破解困境，更好地激发新型农业经营主体的带动作用，促进新型农业经营主体与小农户协同发展，不仅是一个重要的理论议题，也是一个重要的实践问题，对我国平稳有序推进农业农村现代化与乡村振兴意义重大。

基于此，本书立足我国"大国小农"的基本国情和农情，主要透过社会学的学科视角，剖析新型农业经营主体的村庄嵌入性及与小农户的多维关联，从带动意愿和能力不强、带动方式不优、带动效果不佳等现实问题切入，探明新型农业经营主体带动小农户发展的现实困境与影响因素，同时立足小农户发展能力提升，提出破解新型农业经营主体对小农户带动困境的对策，促进新型农业经营主体与小农户协同发展，助推乡村振兴与农民农村共同富裕。

二 文献述评、研究价值与主要创新

（一）国内相关研究进展

"大国小农"是我国的基本国情与农情。立足我国国情和农情，小农户家庭经营在相当长的一段时期内仍将是我国农业生产的基础和主体，包括专业大户、家庭农场、农民合作社、龙头企业等在内的各类新型农业经营主体将进一步发展，规模经营的新型农业经营主体与普通农户都是农业经营的重要构成，两者在主体特征和生产经营方面各有优势并存在互补关系（李艳等，2021）。普通小农生产与各种新型农业经营主体之间如何有机融合、形成良性的发展格局亟须深化探索（徐旭初、吴彬，2018）。

从总体上看，与本书直接相关的国内研究主要有以下两个方面。

1. 关于小农户与现代农业发展有机衔接的路径和制约因素

小农户与现代农业发展有机衔接是乡村振兴战略的重点环节，新型农业经营主体被认为是乡村振兴进程中带动小农户与现代农业进行有机衔接的重要载体（彭超、杨久栋，2018；林万龙，2019），引导新型农业经营主体与小农户建立稳定有效的利益联结对促进乡村产业振兴与农户增收致富至关重要（王乐君等，2019）。有学者从组织化小农视角强调农业合作社是小农户与现代农业有机衔接的合适载体（徐旭初、吴彬，2018），也有学者关注农业龙头企业（孟秋菊、徐晓宗，2021）或新型农业服务主体（莫秀蓉、梁娜，2020）的作用。国内诸多学者结合实地调研对促进小农户与现代农业发展有机衔接的现实路径进行了研究，代表性观点有：增强新型农业经营主体对小农户的社会化服务能力（赵晓峰、赵祥云，2018），完善新型农业经营主体与小农户的利益联结机制（姜长云，2018），提升农民合作社质量（崔红志、刘亚辉，2018），挖掘小农户所蕴含的丰富的自然与社会关系意涵（叶敬忠等，2018），提高小农户组织化程度（吴重庆、张慧鹏，2019）。与此同时，小农户组织化程度低（何颖，2018）、新型农业经营主体带动能力不强（钟真，2018）及一些新型农业经营主体带动小农户发展的意识淡薄（韩长斌，2018）等构成了制约小农户与现代农业发展有机衔接的因素。

2. 关于新型农业经营主体对小农户的影响

我国新型农业经营主体的发展依托于乡土社会，与村庄小农户存在密切的社会互动和共生关系（张晓山，2009；徐宗阳，2016；陈靖，2018；陈航英，2015），对小农户的生产与生活有深刻的现实影响，主要体现在以下两个方面。

一方面，新型农业经营主体发展对小农户具有带动作用。有学者认为当前我国新型农业经营体系构建的核心是如何发挥新型农业经营主体的引领带动作用并最终实现小农户与现代农业发展的有机衔接（张建雷、席莹，2019）。姜长云（2018）认为新型农业经营主体自身"表现"再好，也只是"盆景"，只有发挥其对普通农户的引领带动作用，才能将"盆景"变为"风景"。新型农业经营主体有不同的组织类型，对小农户带动作用的形式多样，体现在多个方面，主要有："合作社+农户"模式能降低农户交易费用并提高农户纯收入（蔡荣，2011），家庭农场可激发农民的科技与组织需求（朱启臻等，2014），农民专业合作社能促进农户增收脱贫（赵晓峰、邢成举，2016；彭超、杨久栋，2018），新型农业经营主体通过创新经营模式和提供社会化服务推动贫困户脱贫（张琛、高强，2017），农民合作社是农民特别是贫困农民实现反脆弱性发展的重要载体（向德平、刘风，2017）。有研究立足我国粮食安全问题具体探讨了新型农业经营主体在引领小农户实现粮食增产中的作用（马若兮等，2021）。综合来看，影响新型农业经营主体对小农户带动能力的因素有经营主体类型、技术效率、人力资本状况、生产者管理水平及经营主体培育政策等（阮荣平等，2017；许佳彬等，2020）。

另一方面，新型农业经营主体发展会对小农户产生负面冲击。新型农业经营主体的快速发展极大地改变了农业生产经营形态与农村基层治理格局，在对小农户产生正面带动作用的同时，也可能会给小农户的生产或生活带来负面冲击和排斥效应。特别是社会关系不在村庄甚至跟村庄没什么关系的新型农业经营主体，会对小农户和农村治理带来不利影响（贺雪峰，2015a）。在农业市场的生产领域，新型农业经营主体的出现可能会挤压乡村既有的农业经营主体的生存空间，阻断土地的自发流转，迫使中农与小农的经营方式日趋解体，使难以实现市场化就业的留守群体成为"无业"群体（冯小，2015）。在农业市场的流通与服务领域，"小农"面对大企业、大中间商、当地政府或经营能人，因为缺乏谈判条件，一般都只能受人摆布（黄宗智，2012）。伴随着商品化程度的日益加深，小农户对市场的依赖程度越来越高，小农户会遭受到来自农业生产服务主体和粮食收购加工主体的排挤（陈航英，2015）。除此之外，新型农业经营主体对小农户可能带来的负面冲击还体现在以下方面：新型农业经营主体会挤压农民特别是中坚农民在农村的获利空间（贺雪峰，2015b）；小农户在新型农业经营主体培育中会遭到排斥（赵晓峰、赵祥云，2016）；资本下乡重构了基层治理格局，剥离了农民与村庄的密切联系，使农民成为村庄的"空挂户"（焦长权、周飞舟，2016）；新型农业经营主体兴起下的小农户会面临高市场风险等现实挑战（林秀云、祁春节，2017）。由此可见，新型农业经营主体发展对小农户的现实影响具有较大的情境依赖性和不确定性，既可能带动小农户发展，提高小农户的发展能力，也可能对小农户形成负面影响，甚至给小农户带来致贫风险。

（二）国外相关研究进展

小农的生存与发展问题是一个世界性议题。国外学者对此进行了深入研究，产生了卓有成效的研究成果。与本书有关的研究主要有如下两方面。

1. 关于现代化进程中小农的命运与发展逻辑

许多西方学者基于自己的实践观察和理论思考对现代化进程中小农的命运和发展逻辑进行了研究，主要有三种观点。一是小农消亡论。比如，恩格斯（2012）在《法德农民问题（1894）》中论述了小农生产的落后性和局限性，认为小农生产方式必将走向衰落并最终为社会化大生产所替代。二是小农存续论。比如，范德普勒格（J.D.van der Ploeg）（2013）在其代表作《新小农阶级：帝国和全球化时代为了自主性和可持续性的斗争》一书中描述了小农阶级在帝国和全球化时代为自主性与可持续性进行的斗争，展示了小农农业的多功能性与生命力。三是小农转型论，强调小农的现代转型，而非简单地消亡或存续。比如，孟德拉斯（Mendras）（2010）指出，随着城市化和工业化的推进，传统"小农"将逐渐演变为现代"农业生产者"。对农民进行有效的教育培训和政策扶持，增加对农民的人力资本投资，可推动其由传统农民向现代职业农民转型发展（Hayami and Ruttan，1973；Freedgood and Dempsey，2014）。

2. 农业规模经营主体对小农的影响

恩格斯在《法德农民问题（1894）》中曾提出以合作社来改造小农的路径。近十多年来，国外的研究发现农业规模经营主体在多个方面对小农有促进和带动作用，如利润返还（Michelson et al.，2012）、农业技术推广与创新（Abebaw and Haile，2013）、促进农民就业与农产品流通（Warning and Key，2002）、减少贫困及增加农民福利（Verhofstadt and Maertens，2015）、调整农业产业结构与增加农民收入（Maertens and Velde，2017）等。但小农在农业现代化进程中面临的现实冲击和风险同时存在，如"被现代化排斥在外的巴西小农"（施耐德，2016）、"东南亚农业现代化中被剥夺土地的剩余人口"（李，2016）及中国现代农业发展中易受大商业资本摆布的小农（黄宗智，2012）。国外很多大农场的劳动力主要来自移民工人（Ewert and Toit, 2005），农业规模经营主体并非与村庄社会有必然联系，或者说，西方的农业规模化经营不必依托村庄社会进行。但我国的情况与西方社会不同，农业、农村和农民有独特的内在关联，我国农业规模经营主体不能脱离村庄社会而孤立地进行生产经营，需要与村庄社会打交道，工人也主要是来自当地或附近村庄的村民。

综合来看，新型农业经营主体带动小农户发展的学术研究已有一定基础，但随着我国农业农村现代化进程和乡村振兴战略的不断推进，有关此方面的研究亟须拓展深化。首先是研究视角方面，既有研究主要基于经济学视角，而基于社会学视角，在剖析新型农业经营主体的村庄嵌入性及其与小农户的多维关联的基础上对新型农业经营主体带动小农户"增能"的探究亟须加强。其次是研究内容方面，新型农业经营主体对小农户带动作用的重要价值已受到重视，但尚缺乏对制度设计与政策实施等现实困境的研究，特别是如何在探明现实困境的基础上精准施策，还需深入探究。最后是研究方法方面，既有研究偏重于理论分析，基于实地调研的经验研究尚有不足，特别是对我国脱贫攻坚实践中涌现出的新型农业经营主体带动小农户发展的鲜活案例进行细致剖析的研究亟待加强。

（三）研究价值与主要创新

1. 主要学术价值

第一，本书回应我国乡村振兴战略中新型农业经营主体带动小农户发展的政策目标，基于农户回应、贫困脆弱性、理性选择等理论视角并结合实地调研系统探究制度设计与政策实施等方面的困境及精准对策，可为推动乡村振兴战略及新型农业经营主体和小农户协同发展提供有力的学理支持。

第二，本书立足我国现代农业发展与农村社会密切互动融合的独特国情和农情，基于我国新型农业经营主体的村庄嵌入性及其与小农户的多维关联探究新型农业经营主体带动小农户发展的动力机制、实现路径、制度设置与政策支持，可拓宽和丰富农村社会学、经济社会学及农业社会学的研究领域和主题。

2. 主要应用价值

发挥新型农业经营主体对小农户的带动作用，促进小农户与现代农业发展有机衔接是国家战略需求。中共中央、国务院于2018年印发的《乡村振兴战略规划（2018—2022年）》提出"鼓励新型农业经营主体与小农户建立契约型、股权型利益联结机制，带动小农户专业化生产，提高小农户自我发展能力"。中共中央办公厅、国务院办公厅于2019年印发的《关于促进小农户和现代农业发展有机衔接的意见》强调要"发挥新型农业经营主体对小农户的带动作用"。农业农村部于2020年印发的《新型农业经营主体和服务主体高质量发展规划（2020—2022年）》强调"新型农业经营主体和服务主体与小农户密切关联，是带动小农户的主体力量。加快培育新型农业经营主体和服务主体，要以家庭农场、农民合作社和社会化服务组织为重点，不断提升生产经营水平，增强服务和带动小农户能力，保护好小农户利益，把小农户引入现代农业发展大格局"。

本书深入探究新型农业经营主体带动小农户发展面临的制度、路径、政策等方面面临的现实困境及精准对策。相关研究成果和政策建议有利于破解现实发展困境，发挥新型农业经营主体对小农户的带动作用，防范小农户在农业现代化过程中"掉队"并化解小农户致贫风险，促进新型农业经营主体与小农户协同发展；有利于促进小农户与现代农业发展有机衔接，服务于助推国家乡村振兴战略、农业农村现代化发展进程，实现农民农村共同富裕。

3. 主要创新之处

首先，本书研究内容的主要创新与特色之处是基于我国新型农业经营主体发展与村庄社会密切关联这一独特的国情与农情，剖析了新型农业经营主体与村庄社会和小农户的多维关联，依据新型农业经营主体对村庄社会的嵌入性差异，将新型农业经营主体划分为内生型与外生型两种基本类型，构建了内生型新型农业经营主体带动小农户发展的理论分析框架。在此基础上，本书从组织社会学视角分析了我国新型农业经营主体具有的经济性、社会性、政治性三重组织属性及由此产生的结构性张力,据此分析了新型农业经营主体对小农户贫困脆弱性的作用困境,弥补了既有研究偏重于新型农业经营主体与小农户之间经济关联的不足,有利于洞悉我国现代农业产业发展背后的微观机制与社会基础。

其次,研究方法的主要创新与特色之处是在原国务院扶贫办中国扶贫发展中心的支持下选择了江西省S县开展县域层面的研究,从县级、乡镇、村庄、农户不同层级切入进行实地调研,对农业农村局和扶贫办等县级和乡镇政府部门、村"两委"等开展座谈,对政府部门主要领导或分管领导、新型农业经营主体创办领办人、村"两委"干部和小农户等进行深度访谈,全面了解县域在新型农业经营主体培育及带动作用发挥方面的实践经验和问题。县域社会是我国有别于西方的独特的社会体系,具有联结基层社会与整体社会的功能,且可以作为方法,为观察我国的社会结构和运行机制提供了独特视角。

最后,既有相关研究侧重于从单向度认识新型农业经营主体对小农户的带动作用,而本书则认为带动本身就是一种社会互动。本书采用发展干预研究的行动者研究方法,从农户回应视角剖析新型农业经营主体的带动作用。同时,本书从贫困脆弱性、理性选择等理论视角探究新型农业经营主体带动小农户发展的现实困境及影响因素,并从新型农业经营主体分类培育和精细化引导、提升小农户发展能动性及对外部带动的回应能力、新型职业农民的培育机制创新与社会功能发挥等方面提出新型农业经营主体带动小农户协同发展的对策。

本书通过理论与实地研究提出一系列具有一定创新性的观点。

(1)内生型新型农业经营主体生成于农村社会,与小农户有天然的社会文化关联,对小农户的带动行为源于二重动力,即一方面是谋取利润和促进发展的经济动力,另一方面是注重关系维护和文化价值的社会动力。二重动力的整合使其带动行为兼具经济理性与社会属性。经营态势、政策支持及村庄的文化与利益关系影响二重动力的强度、结构和稳定。需对内生型新型农业经营主体进行精准的动力激发与政策支持,发挥其带动小农户与推动乡村振兴的独特功能。

(2)新型农业经营主体对小农户贫困脆弱性存在作用困境,其中一个重要成因是新型农业经营主体具有的经济性、社会性与政治性三重组织属性的结构性张力,社会性的适度维持有利于协调新型农业经营主体三重组织属性的关系并产生有益于小农户的影响和实践效应。乡村振兴背景下需面向新型农业经营主体属性重构思考破解困境的实践策略,一是维持新型农业经营主体的适度社会性并据此引导其经济性与政治性的发展,二是基于新型农业经营主体的三重组织属性精准激发其对小农户的正面作用。

(3)新型农业经营主体是产业扶贫的重要带贫主体。小农户对其带动行为的回应是小农户基于自身利益诉求和资源条件与新型农业经营主体进行的认知、应答、认同及博弈的实践互动过程。小农户回应乏力会限制新型农业经营主体的带动作用,使其难以达到预期政策目标。乡村振兴背景下要注重优化小农户回应机制,消减小农户的信息不对称,破解资源匮乏困境,发掘农户潜能,把外部带动转化为小农户内生能力,推动小农户与新型农业经营主体的良性互动和协同发展。

(4)我国农业农村现代化进程中的新型农业经营主体、新型职业农民、小农户之间具有内在贯通性,新型职业农民在新型农业经营主体与小农户的互动关联中扮演着重要的中介角色,需立足乡村振兴战略整体思考与把握三者之间的关系。发挥新型农业经营主体对小农户带动作用的一个关键路径就是依托乡土社会培育对农业农村有情怀的新型职业农民。我国新型职业农民培育中存在培育主体和资源碎片化、培育对象识别和遴选缺乏精准度、培育对象的主动性无法有效发挥、培育效果跟踪评价缺失等现实问题,因此在完善政策支持的同时,吸纳社会工作等专业化社会力量创新和优化新型职业农民培育机制是有必要的。

三　核心概念阐释

(一)新型农业经营主体

就政策层面讲,新型农业经营主体是有别于普通家庭经营的农业规模经营主体，是我国农业农村现代化的引领力量。2017年中共中央办公厅、国务院办公厅印发的《关于加快构建政策体系培育新型农业经营主体的意见》提出"在坚持家庭承包经营基础上，培育从事农业生产和服务的新型农业经营主体是关系我国农业现代化的重大战略"。2020年农业农村部印发的《新型农业经营主体和服务主体高质量发展规划（2020—2022年）》提出"大力培育发展新型农业经营主体和服务主体，不断增强其发展实力、经营活力和带动能力，是关系我国农业农村现代化的重大战略，对推进农业供给侧结构性改革、构建农业农村发展新动能、促进小农户和现代农业发展有机衔接、助力乡村全面振兴具有十分重要的意义"。

关于新型农业经营主体的内涵，西方相关研究主要根据主体分类将其划分为企业化经营的农场、农业合作社和兼业农户等。新型农业经营主体在我国的发展嵌入我国特定的政治与经济情境，党的十八大报告提出要"构建集约化、专业化、组织化、社会化相结合的新型农业经营体系"。国内首次正式提及"新型农业经营主体"概念是2014年中共中央、国务院印发的《关于全面深化农村改革加快推进农业现代化的若干意见》中所用的"新型农业经营主体"表述，其前身源于2012年12月中共中央、国务院发布的《关于加快发展现代农业进一步增强农村发展活力的若干意见》中提及的"新型农业经营体系"与"新型生产经营主体"。自此，"新型农业经营主体"这一表述开始从学术研究领域正式进入政策关注的视野。

从经营层面上看，新型农业经营主体之所以被称作"新型"，是因为其是对传统农业经营方式进行的创新，不再是传统意义上的为了生计而不得不选择农耕方式的分散农户。新型农业经营主体经过理性决策之后选择了农耕，是因为创新且专业的经营方式不仅能使其适应快速变化的市场需求，也能帮助其在农业生产与经济方面创造更大的效益。从职业属性上看，现有的新型农业经营主体是由大量的新型职业农民构成的，他们更懂现代农业和科学技术，将种地当作一门职业。有学者较早归纳了有别于小农户家庭经营的农业规模经营主体类型，并将其统合到一个统一的"新型农业经营主体"概念框架下来进行专题研究，认为其具有共性特征，即体现了改造传统农业的历史规律，引领现代农业的发展方向，符合农业现代化的基本要求，同时将专业大户、农民合作社和农业企业纳入"新型农业经营主体"这一范畴（黄祖辉、俞宁，2010）。陈晓华（2014）认为新型农业经营主体有三种类型：一是家庭经营，包括专业大户、家庭农场；二是合作经营，包括专业合作社、土地股份合作社；三是公司制经营，包括龙头企业、专业服务公司。在实际运行中，各类新型经营主体既不互相排斥，也无高低优劣之分；既可以独立运行，也可以多种形式组合运行，形成充满活力的新型农业经营体系。

综上，本书所说的新型农业经营主体是指有别于普通农户家庭经营，适应现代市场经济与农业现代化发展需求，从事专业化、集约化、科学化农业生产经营的组织化和社会化程度较高的现代农业生产经营组织形式，主要包括家庭规模经营主体、合作经营主体、公司经营主体三种类型，包括家庭农场、专业大户、专业合作社、龙头企业、农业产业化联合体等具体组织形式。

（二）小农户

党的十九大立足我国独特的国情农情提出"实现小农户和现代农业发展有机衔接"的战略思路。这是改革开放以来在国家层面首次提出并强调小农户的重要性。有学者认为，党中央之所以提到"小农户"，可能是想避免与"小农"概念混淆，"小农户"概念比较纯粹，指的是现代意义上从事小规模农业生产的农户（徐旭初、吴彬，2018）。小农是中国传统农业的主体力量，学界诸多经典研究均揭示了改革开放前我国传统农民生产生活的内在逻辑与发展图景（费孝通，2001；林耀华，2015）。20世纪80年代以后，家庭联产承包责任制使小农户成为农业经营的基本单位且具有农村集体经济属性，使现阶段的小农户与传统农业下的小农有了迥然不同的特征。以小农户为主体的农业经营在我国农业现代化中发挥着与规模农业经营主体不同的作用（贺雪峰，2015a；杨华，2016）。

本书所说的小农户是指我国家庭联产承包责任制实施以后产生的，以家庭成员为劳动力、未进行规模化经营的普通农户。小农户的生产经营尽管和家庭农场有相似之处,都是以家庭为主体单元进行的农业生产经营,但是两者的差异也很明显,最主要的差别是家庭农场是以获取市场利润为目而进行的适度规模经营方式,而小农户的农业生产经营则主要以满足自我消费和维持家庭生计为目标,并非以市场利润为目标,两者的初衷和组织逻辑有很大不同。

(三)带动作用

总体来看,在既有的政策话语中,新型农业经营主体对小农户的"带动作用"较为侧重强调产业带动和经济意涵。中共中央、国务院于2018年印发的《乡村振兴战略规划(2018—2022年)》提出"鼓励新型农业经营主体与小农户建立契约型、股权型利益联结机制,带动小农户专业化生产"。中共中央办公厅、国务院办公厅于2019年印发的《关于促进小农户和现代农业发展有机衔接的意见》提出要"发挥新型农业经营主体对小农户的带动作用,健全新型农业经营主体与小农户的利益联结机制"。2020年中央一号文件提出要"重点培育家庭农场、农民合作社等新型农业经营主体,培育农业产业化联合体,通过订单农业、入股分红、托管服务等方式,将小农户融入农业产业链"。农业农村部和财政部于2019年印发的《关于支持做好新型农业经营主体培育的通知》提出要"推进农民合作社、家庭农场、农业产业化联合体等新型农业经营主体健康规范有序发展,引导新型农业经营主体提升关键发展能力、激发内生活力,开展集约化、标准化生产,完善利益分享机制,更好发挥带动小农户进入市场、增加收入、建设现代农业的引领作用"。

从目前来看,学界对新型农业经营主体带动作用的研究主要是透过经济学学科视角,对新型农业经营主体的带动作用偏重于从经济层面进行界定。韩长斌(2018)认为要帮助贫困地区引进龙头企业等新型农业经营主体,带动当地贫困农户脱贫增收;要重点扶持带动小农户发展的新型农业经营主体,支持其通过股份合作、订单农业等方式与小农户建立利益联结机制。廖小静、沈贵银(2018)总结出新型农业经营主体带动农户的三种模式:以新型经营主体作为科技成果应用平台带动农户模式、企业化运作下产业融合带动农户模式和农业专业化分工下纵向协作带动农户模式。林万龙（2019）认为新型农业经营主体可以通过与小农户之间建立契约型、股权型利益联结机制，实现小农户与现代农业的有机衔接。新型农业经营主体可以为小农户提供技术培训、市场营销等方面的服务。同时，有研究扩展开来，从农业、农村和农民层面探析新型农业经营主体的带动作用。比如，阮荣平等（2017）认为新型农业经营主体的辐射带动作用包括农民、农村和农业三个层面，对农民的辐射带动包括农户带动、金融服务供给、技术服务供给、信息服务供给，对农村的辐射带动包括公共物品供给、就业带动，对农业的辐射带动包括标准化生产、三产融合、涉农业务收入等方面。

  本书中的"带动作用"是指在我国农业农村现代化进程中新型农业经营主体对小农户的带动作用，包括直接带动和间接带动两个层面。直接带动主要是指产业带动，指新型农业经营主体通过雇佣就业、生产合作、技术支持、资金入股等多种方式带动小农户参与农业市场经营，提高小农户的产业能力。这种带动作用是当前发展实践中的主要显性形态。间接带动主要是指新型农业经营主体通过优化乡村治理结构、促进乡风文明、推动城乡资源融合等路径为小农户发展提供良好的经济与社会文化环境支持，让小农户有更好的发展机遇和资源条件。新型农业经营主体在脱贫攻坚背景下对小农户的带动主要侧重于产业带动，致力于带动小农户增收脱贫，而在乡村振兴背景下对小农户的带动则是更加全面的带动作用，致力于产业兴旺、治理有效、乡风文明和生活富裕等更高目标的实现。

  因此，随着我国从脱贫攻坚到乡村振兴的战略转移，新型农业经营主体对小农户的带动作用也要随之实现转型升级，一方面在带动内容上要从产业层面升级扩展到治理、乡风、生活等多个层面，另一方面在带动模式上要由过去侧重于单项带动走向更加注重双向互动、互利共赢的协同发展，从而实现不同规模经营主体协同共生的良好产业生态，既在相当长的一段时期内保障家庭经营的基础性地位，又能不断提升新型农业经营主体的引领带动作用，最终通过农业经营方式的创新改革推动我国农业农村现代化发展与乡村振兴。

四 研究对象、研究内容与研究方法

(一) 研究对象

本书主要透过社会学的学科视角,剖析新型农业经营主体的村庄嵌入性及其与小农户的多维关联,从带动意愿和能力不强、带动方式不优、带动效果不佳等现实问题切入,探明新型农业经营主体带动小农户发展的现实困境与影响因素,立足我国乡村振兴战略和小农户发展能力提升,从社会关联、动力机制、制度设计、政策引导等方面提出破解困境的路径和对策。

(二) 研究内容

1. 新型农业经营主体带动小农户发展的理论意涵与分析框架

首先探明新型农业经营主体的村庄嵌入性及其与小农户的多维关联。考察不同类型新型农业经营主体的经营模式、组织特征及其对村庄资源的动员,借助社会学的嵌入性理论剖析新型农业经营主体对村庄的嵌入性及其与小农户的经济与社会等多维关联,在此基础上阐释与构建新型农业经营主体带动小农户发展的理论意涵与分析框架。根据新型农业经营主体是否来自农村社会内部(考察是否有村庄社会资源及其是否与小农户有天然的社会文化关联),将新型农业经营主体划分为内生型新型农业经营主体与外生型新型农业经营主体。基于乡村振兴战略厘清不同类型新型农业经营主体带动小农户发展的理论意涵、目标定位、动力机制、路径差异,构建理论分析框架。

2. 新型农业经营主体带动小农户发展的现实困境与影响因素

选择农业现代化程度不同地区特别是有代表性的农业发展区域进行深入的实地调研,对新型农业经营主体创办领办人、相关政府部门工作人员、村"两委"干部、为新型农业经营主体做工的村民及不为新型农业经营主体做工的村民等相关行动主体进行深度访谈,从带动意愿和能力不强、带动方式不优、带动效果不佳等现实问题切入,基于不同理论视角,从学理与制度设计、实践与政策实施层面探明内生型和外生型新型农业经营主体带动小农户发展的现实困境与影响因素,厘清制度设计、路径选择、动力机制、主体协同、资源整合、政策跟进等存在的短板和不足,并在此基础上研判潜在风险、健全防范机制。

3. 农业规模经营主体带动小农户发展的成功案例与经验借鉴

梳理我国农业农村现代化进程中农业规模经营主体带动小农户发展的研究成果与典型案例,特别是从实地调研过程中收集新型农业经营主体带动小农户发展的实践案例,总结归纳成功做法与有益经验,尝试比较分析不同类型规模经营主体带动小农户发展的模式和路径。

4. 乡村振兴背景下新型农业经营主体带动小农户协同发展的对策建议

乡村振兴背景下,立足小农户发展能力提升,基于内生型和外生型新型农业经营主体与小农户的不同关联及其带动小农户发展的现实困境,从社会关联、动力机制、制度设计及政策引导等方面切入,系统提出破解现实困境的精准对策,促进新型农业经营主体带动小农户协同发展。

(三)研究方法

1. 深度访谈法

选择在新型农业经营主体培育及带动作用发挥方面具有一定代表性和典型性的区县与村庄进行实地调研,在县级、乡镇、村庄、农户不同层面召集相关人员进行集体座谈,同时对家庭农场与专业合作社等不同类型新型农业经营主体负责人或主要管理人员、村民(包括为新型农业经营主体做工的村民及不为新型农业经营主体做工的村民)、农业农村局和扶贫办等政府部门主要领导或工作人员、乡镇与村"两委"干部等相关行动主体进行深度访谈,系统全面收集新型农业经营主体对村庄社会的嵌入性及新型农业经营主体带动小农户发展的方式选择、动力机制、实践逻辑、路径差异、现实困境、政策支持与影响因素等方面的材料,从不同角度深入了解新型农业经营主体与小农户的社会互动及影响因素。

2. 实地观察法

在实地调研过程中对新型农业经营主体的日常生产经营及负责人参与的村庄活动（如在宗族祠堂中举行的捐资助学、祭拜祖先等仪式性活动）进行细致观察，特别是注重观察新型农业经营主体雇用小农户进行生产经营的日常场景，了解它们的生产生活与社会互动，洞悉村庄内生型和外生型新型农业经营主体与小农户的实践关联及其带动小农户发展的行为选择及影响因素，探明小农户对新型农业经营主体带动行为的回应机制。

3. 案例研究法

收集我国农业农村现代化与脱贫攻坚进程中涌现出的新型农业经营主体带动小农户发展的典型案例并进行深入剖析，总结归纳成功做法与有益经验，从县域动员、村庄社会与农业经营主体等不同层面和视角探索我国新型农业经营主体培育及带动小农户发展的实践经验，形成典型性实践案例，并与不同理论视角下的分析相结合，形成对我国新型农业经营主体带动小农户发展实践的全景式认知。

4. 调研情况

实地调研主要在江西、广东、陕西和甘肃等地选点进行（以江西为主）。本书在江西的调研得到原国务院扶贫办中国扶贫发展中心的大力支持。为更好地体现"新型农业经营主体带动小农户发展"的政策意涵与现实价值，本书选取了地处"罗霄山集中连片特困地区"和"赣南革命老区"的江西 S 县[①]进行集中深入调研，同时选取赣中地区的几个区县进行实地调研，以全面了解脱贫攻坚背景下新型农业经营主体带动小农户发展的情况及未来走向乡村振兴的实现路径。选择江西 S 县，还有一个重要原因，就是该县贯彻习近平总书记指示精神实施了创业致富带头人培育的"千人铸造计划"，受到中组部和原国务院扶贫办的肯定。截至 2019 年 6 月，全县培育创业致富带头人 706 名，带领 4200 多名贫困群众实现增收脱贫。[②] 同年 10 月，S 县荣获国务院扶贫开发领导小组授予的

[①] 按照学术惯例，文中所涉及的人名、新型农业经营主体名称均进行了匿名处理。
[②] 国开办函〔2019〕82 号《国务院扶贫办关于转发江西省 S 县培育创业致富带头人经验做法的通知》。

"全国脱贫攻坚组织创新奖"。"千人铸造计划"培育的致富带头人中，合作社领办人与产业大户等新型农业经营主体类型的致富带头人有180人，占25%，在带动小农户增收脱贫和发展产业方面发挥了关键作用，形成了有推广价值的实践经验，但也暴露出一些实际问题，值得深入研究。

针对江西S县的调研主要是在2019年暑期进行的。本书依据研究目标和研究内容制订了具体的工作方案，在进入调研现场前进行了充分的理论学习和交流研讨并进行了预调研。调研时间是2019年7月15日至8月30日。调研的基本流程如下：研究团队首先与S县召开县级座谈会，请分管农业与扶贫的县领导、农业农村局和扶贫办等单位的相关领导和工作人员介绍S县脱贫攻坚情况以及在此过程中新型农业经营主体的培育和作用发挥情况，并进行交流探讨；然后研究团队分别与农业农村局和扶贫办等相关部门的工作人员开展座谈交流，从整体层面了解S县脱贫攻坚期间新型农业经营主体培育的具体举措、政策体系和实际成效；随后重点选择PS镇WS村、XS镇TJ村、ML乡CL村、QJ镇CT村、ZK乡LX村等乡镇和村庄开展深度调研，合计访谈县扶贫办、农业农村局等职能部门负责人和工作人员15人，乡镇领导、村干部、村民（包括贫困与非贫困、为新型农业经营主体做工及不为新型农业经营主体做工等类型）、新型农业经营主体负责人或主要管理人员等53人，涉及家庭农场、专业合作社、龙头企业等不同类型的新型农业经营主体。S县是传统的农业大县，烟叶、白莲、蔬菜是其主要的三个产业，因此调研主要围绕上述产业领域开展。研究团队收集了《S县县志》、《S县统计年鉴》（2000~2019）、《S县政府工作报告》（2014~2019）、《S县国民与经济社会发展统计公报》（2014~2019）以及县农业农村局和扶贫办等部门关于新型农业经营主体发展与致富带头人培育的政策文件等各类文本材料。

研究团队成员于2020年7月8~30日分别在广东GZ市郊区、陕西SN县和甘肃GL县等地选点进行了实地调研，访谈围绕新型农业经营主体展开，选择了花果种植、畜牧、渔业养殖等不同产业领域的新型农业经营主体负责人或主要管理人员进行深度访谈，随后围绕被访的新型农业经营主体，对为新型农业经营主体做工的村民、不为新型农业经营主体做工的村民、与被访的新型农业经营主体有互动关联的周边村庄村"两委"工作人员和乡镇政府工作人员等相关行动主体进行深度访谈，多角度全方位了解新型农业经营主体的生产经营状况、与村庄社会和小农户的关系及对小农户的带动作用等情况。

  研究团队后来又在江西省内进行了补充调研，补充调研主要集中于江西G市S县与J市的Y县、T县、Q区、J县等区县。在G市S县的第二次调研于2020年8月10~20日进行，此次调研集中关注产业扶贫过程中新型农业经营主体对小农户的带动作用及现实问题。在J市各区县的调研主要于2021年1月6~20日进行，合计对20位新型农业经营主体领办创办人、15位乡镇与村"两委"干部、32位村民进行了深度访谈。被访的新型农业经营主体分布于水稻与瓜果种植、牲畜饲养等农业产业领域，对调研对象的选择是在各区县农业农村局和扶贫办等的协助下进行的，选择了当地土生土长的及通过招商引资进入等不同类型新型农业经营主体，涵盖了发展较成熟与不够成熟的新型农业经营主体。对村庄和农户的调研一方面是对村干部进行访谈，了解全村的自然地理、社会人口、脱贫攻坚进程及效果、新型农业经营主体发展状况及现实困难；另一方面是对新型农业经营主体创办领办人、小农户及相关行动主体，如企业、社会组织和个人等，进行深度访谈。本书通过深度访谈一方面评估脱贫攻坚背景下新型农业经营主体的发展历程及其对当地经济发展、人文风貌、社区治理等的影响，另一方面收集新型农业经营主体创办领办人在带动农户脱贫过程中的内在动机、利益诉求、发展设想、现实困难、政策期望等信息。

第二章　新型农业经营主体的村庄嵌入性及带动作用发挥

　　从前文的政策分析与文献梳理来看，我国现代化进程中农业规模经营主体对小农户的影响已备受关注，国内外学界从不同角度探讨了农业规模经营主体对小农户的带动作用，特别是国内学界较多关注到脱贫攻坚背景下新型农业经营主体带动小农户增收脱贫的作用，产生了很多研究成果。但是从整体上来看，这一领域的研究还需要进一步深化，特别是随着我国从脱贫攻坚到乡村振兴战略转型的推进，新型农业经营主体对小农户的带动作用有了新的目标和内涵，这更加需要拓展其研究领域。具体而言，既有研究偏重于新型农业经营主体带动小农户发展的政策环境、治理结构及带动方式和内容，缺乏对其内在动力机制的探究，这无疑会制约人们理解"带动意愿和能力不强、带动方式不优、带动效果不佳"甚至与小农户争利等现实困境的机理和成因。与国外不同，我国新型农业经营主体的生产经营总是与村庄社会有着千丝万缕的联系，它们中的一部分内生于农村社会，具有农村社会资源，与小农户有天然的社会文化关联，另一部分外生于农村社会，缺乏农村社会资源，与小农户缺少天然的社会文化关联。这两类新型农业经营主体与村庄社会和小农户有不同关联，带动小农户发展的动力机制、影响因素和实际效果有很大不同，辨明其内在机理并对其进行精准政策干预，对有效发挥新型农业经营主体对小农户的带动作用并促进两者协同发展有很大价值。

>>> 第二章 新型农业经营主体的村庄嵌入性及带动作用发挥

因此，本书主要立足社会学的嵌入性理论视角，解析内生于村庄社会的新型农业经营主体带动小农户发展的动力机制及影响因素，并说明此动力机制下内生于村庄社会的新型农业经营主体与外生于村庄社会的新型农业经营主体间的差异。新型农业经营主体负责人是新型农业经营主体对小农户带动行为的主要发起者、决策者与推进者，是具有能动性的行动主体，因此，本书主要基于新型农业经营主体负责人的视角探讨新型农业经营主体带动小农户发展的动力机制。

一 新型农业经营主体的村庄嵌入性及类型划分

作为人类一种基本的生产生活方式，农业深深地嵌入宏观政治经济结构与绵长的社会文化传统之中（熊春文，2017），受到特定的经济与社会文化环境的深刻影响。嵌入性理论的思想意涵与分析视角契合了农业的这一本质属性，对认识我国新型农业经营主体与小农户的农业生产活动及相互关联具有重要意义，是解读中国特色农业农村现代化进程中新型农业经营主体对小农户带动作用的内在机理的重要理论视角。

嵌入性理论最早是在经济史研究中出现的一种理论主张。作为韦伯理论的传人，波兰尼（Polanyi，1994）在其著作《大转型：我们时代的政治与经济起源》中首次提出"嵌入性"（embeddedness）概念，强调"市场经济原本是社会的一部分"。20世纪70年代以来，随着学界对波兰尼这一理论的重新发现，"嵌入性"逐渐成为经济社会学的核心概念，并在社会学、人类学、经济学等学科领域产生了深远影响。格兰诺维特（Granovetter，1985）在《经济行为和社会结构：嵌入性问题》一文中提出"经济行动嵌入社会结构"的理论判断，认为经济行动是"嵌入正在运行中的具体的社会关系系统中"的。祖金（Zukin）与迪马吉奥（Dimaggio）在此基础上进一步认为，不仅要探讨结构性嵌入，还要研究"政治的"、"文化的"和"认知的"嵌入（Zukin and Dimaggio，1990）。总而言之，嵌入性理论为立足农村社会整体视角分析新型农业经营主体的经济行为及社会属性提供了有力的思想与方法指导。

我国现代农业的发展并非单一的经济过程，而是嵌入我国农村的文化体系与社会结构之中。新型农业经营主体在实际生产经营过程中不可避免地要与农村社会互动关联，与当地小农户存在共生关系（张晓山，2009；陈靖，2018）。新型农业经营主体在土地流转及生产经营过程中既可能因与村庄社会的关系和谐而顺利发展，也可能因与当地社会互动不畅而面临困难和阻碍。根据新型农业经营主体对村庄社会的嵌入性差异，本书认为新型农业经营主体可以分为两种基本类型：一种内生于农村社会，具有农村社会资源，与在地村庄的小农户有天然的社会文化关联，它们的主要经营管理者是土生土长的村里人，本书将这类新型农业经营主体称为内生型新型农业经营主体；另一种与此相异，它们外生于农村社会，缺乏农村社会资源，与在地村庄小农户没有天然的社会文化关联，其主要经营管理者来自当地村庄社会之外，本书将这类新型农业经营主体称为外生型新型农业经营主体。这两类新型农业经营主体与村庄社会及小农户具有不同的关联性，因受到村庄文化传统与社会结构的影响而具有明显的差异性，带动小农户发展的动力机制及影响因素也有所不同。

二 新型农业经营主体带动小农户发展的动力机制

（一）理论阐释

内生型新型农业经营主体的主要经营管理者来自当地村庄，与当地的文化价值与社会关系网有较密切的关联，实际经营行为不仅受到理性法则约束，追求市场利润的最大化，也不可避免地要考虑到当地的文化传统、价值理念及村里人特别是彼此熟悉的乡亲邻里的期待和评价，在一定程度上注重当地关系维护和文化价值，从而受到社会法则的影响程度较深。因此，内生型新型农业经营主体带动小农户发展的动力往往兼顾经济与社会两个层面，体现出经济动力与社会动力的二重性[①]（见图2-1）。这种动力特征反映出我国新型农业经营主体发展逻辑的特殊性，在一定程度上契合了韦伯关于经济行动的观点，即经济行动可以是理性的，也可以是传统的或者情感性的（Weber，1976），同时可部分解释在我国现代农业发展中这类新型农业经营主体的负责人更关心村庄公共事务，更注重乡亲邻里的口碑，也更有意愿参与村庄发展，更注重在当地生产经营的持续性的原因。比较而言，外生型新型农业经营主体的主要经营管理者不是来自本地村庄，与村庄文化和社会结构缺乏天然的关联性，体现出一定的"脱嵌性"，不必面临来自当地文化传统、价值理念及乡亲邻里的惯常性期待和评价，在生产经营过程中往往追求明确的理性法则，希望获得经济利润最大化，较少受到社会法则约束，这使其难免存在与小农户争利的情况，甚至给小农户带来负面冲击（贺雪峰，2015b；焦长权、周飞舟，2016）。由于在实际生产经营过程中总是与村庄社会和小农户发生关联，为了应对激烈的市场竞争，避免与乡土社会发生矛盾和冲突，保障稳定的经济收益，它们逐渐学会利用中介、担保人等熟人社会的关系纽带和人情、面子等乡土习俗建立与乡土社会的关联（陈靖，2018），在征召代理人、生产用工、土地流转、委托管理、收益分配等方面在一定程度上兼顾小农户的期待和利益，展现出对乡土

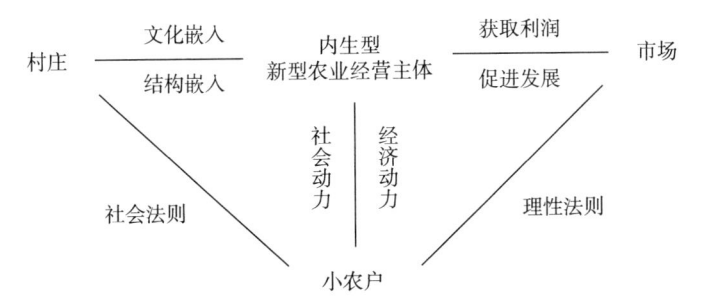

图 2-1 内生型新型农业经营主体带动小农户发展的动力二重性

[①] 本书主要关注对小农户有较好带动作用的内生型新型农业经营主体，探究带动行为背后的动力机制，提取带动行为的实践逻辑。对小农户缺乏带动意愿甚至与小农户争利的内生型或外生型新型农业经营主体的动力机制与影响因素另文再述。按照本书的理论分析框架，两类新型农业经营主体对小农户缺乏带动意愿甚至与小农户争利皆与其嵌入性有密切关联，且可从经济与社会两个层面激发其带动小农户的动力。

社会的"亲和"与对社会法则的"顺从",显现出对村庄社会某种程度的"嵌入"。尽管如此,外生型新型农业经营主体带动小农户发展的动力总体上仍遵循理性法则和市场逻辑,体现出经济动力的蔓延与扩展,这在本质上有别于内生型新型农业经营主体带动小农户发展的动力二重性。

(二)案例解析

本书经过鉴别选择了一个代表性实践案例来阐述内生型新型农业经营主体带动小农户发展的动力机制。该案例是来自中部农业大省江西的一家农业企业Z。该农业企业是江西J市人L初中毕业后在自己村里流转与置换200余亩土地的基础上创立的,经营场所在L从小长大的村子附近,离村子约400米,主要从事食用菌的研发、种植和销售。L在20多年的生产经营过程中总结出一套独特的食用菌种植方法,创建了一个以食用菌为主的标准化菌稻循环轮作生产栽培基地。该基地现在建有自动喷灌温室钢架大棚100余座,冷库3000多立方米,生产烘干包装车间1000多平方米。2018年下半年L又在附近村庄流转土地600亩,采用菌稻循环轮作方式进行水稻种植。Z企业目前有各类工人35人,年种植食用菌100余万袋,年产香菇、平菇等菌菇1000余吨。Z企业由于产业影响力及在带动农户发展和参与扶贫方面的贡献,得到地方政府的重视与支持。L是土生土长的本村人,尽管兄弟姐妹目前不在村里生活,但他们的老房子和新房子都在村里,村里祠堂修缮捐赠名单中还有L及其姐姐的名字。Z企业的创立与生产经营显著地嵌入村庄社会,属于典型的内生型新型农业经营主体。Z企业是带动小农户发展的代表和典范之一,其成效受到当地农业主管部门和扶贫部门的认可。笔者两年多来持续追踪Z企业发展,对L的所思所想以及Z企业的组织行为有较为深入细致的了解。以下材料主要来自对L、相关部门管理人员及村民的访谈。

Z企业带动当地小农户发展的方式主要有三种。

一是直接用工。Z企业现在有不同类型的工人35人,除了3人从事技术性较强的工作的年轻人是按月发工资,属于较为稳定的用工形式外,其他都是灵活用工,其中包括16位本村及附近村庄的贫困户。所谓灵活用工,就是不签订固定的用工协议,村民有空的时候来Z企业工作,实行打卡计时，按工作的实际时间支付报酬。工资差异主要根据性别和工作难易程度来定，女工的工资有10元一个小时的，也有13元一个小时的；男工的工资普遍比女工要高一点，有12元一个小时的，也有20元一个小时的。年轻人一般承担难度较大或技术性较强的工作，工资比年老的村民要高一些。据L讲，他正筹划增加流转土地600亩，届时会增加用工数量并改变用工形式，在村里请几个代理人进行管理，把新流转的土地划分成片，让村里有一定经验的、耕种较大面积土地的农户负责管理。

> 请那些耕种二三十亩土地的大户每个人都帮我种一两百亩。大户有经验，我可以给他们做捆绑，没有病虫害，一年保底达到一定产量，我分给他们5%~10%的毛利作为奖金。（访谈材料：农业企业Z的创办人L）

二是资金入股。在Z企业入股资金的主要是L村的贫困户，这与当地政府的推动及L对当地扶贫的参与直接关联。按照当地政策，建档立卡的贫困户可以通过小额免息贷款来发展产业，每户可以贷款3万~5万元，政府贴息给贫困户，但贫困户不能直接贷款，需要依托一定的产业。经地方政府协调沟通，贫困户申请的扶贫贷款可放到Z企业作为股份，享受经营收益分红。L所在村的贫困户中贷款的有9户，共贷款入股几十万元。有几户具有劳动能力的，除了资金入股外，还会从L那里承包大棚来经营或者一个月有10天左右在Z企业做工。据L介绍，没有劳动能力的，L就直接给他们分红；劳动能力差的，L就安排他们干比较轻松的活。每名贫困户保底分红是一年3000元左右，平均每个月200多元。扶贫贷款的周期一般是3年，到期由L偿还银行本金。

三是生产合作，主要包括租赁大棚、菌棒原料供给与菌菇产品回收等形式。Z企业共有65个大棚种植菌菇，村里希望获得更多收益的、更有干劲的年轻人或中年人可以从L那里承包大棚。承包大棚的农户可以更多地参与菌菇种植，承包一个大棚的收益每年为5000~10000元，个别精力充沛的年轻人甚至承包了10多个大棚，这样一年下来，可以赚一二十万元。另一种生产合作方式不仅是 L 目前重点关注的，也是当地政府及周边村庄非常重视的，那就是与周边村庄合作，通过提供菌棒和回收菌菇等方式带动村庄发展集体经济，这不仅符合国家政策导向与村庄发展需要，也是 Z 企业扩大产业规模的重要途径。周边有一个村就因为种植菌菇、发展集体经济成效显著而受到上级部门表彰。

作为一个内生型新型农业经营主体，Z 企业的生产经营嵌入当地的文化与社会结构中，其带动小农户发展的动力与村庄社会有密切的联系，体现出比较明显的经济动力与社会动力的二重性，即 Z 企业对小农户的带动一方面遵循市场规律，考虑到自己的产业发展与经济收益，希望能不断扩大菌菇产业规模，获得持续的产业利润；另一方面兼顾作为土生土长的新型农业经营主体的社会责任，注重在当地经营的社会基础和持续性，在生产运营中顾及当地的关系维护与文化价值，并非一味追求利润最大化，对村里贫困户的带动及对地方扶贫工作的持续参与就是显著体现。经济动力与社会动力兼容整合，框定着 Z 企业对小农户发展的带动行为，使 Z 企业的生产经营及带动行为在理性法则与社会法则之间维持着某种动态平衡，这种动力二重性主要体现在以下三个方面。

一是牺牲部分管理效率，对当地村民实行宽容性用工。格兰诺维特所说的"关系嵌入"强调的是"经济行动嵌入运行中的具体的社会关系系统中"（Granovetter，1985）。除了 3 名技术人员外，Z 企业的工人基本上都来自 L 所在村庄或周边村庄，其中一些本身就是 L 在村里的邻居或同家族的人，L 与他们有紧密的社会联系。换句话说，他们都是 L 的"自家人"，这使 Z 企业具有了明显的"关系嵌入"。来自乡土社会关系的期待与约束使 L 无法对做工的村民进行严格的标准化管理以追求整齐划一和高效率，而是一方面兼顾 Z 企业生产经营的相对稳定有序，另一方面照顾到村民的实际生活需求，尽量达成二者之间的平衡。村民到 Z 企业上班不用严格遵守时间，早上八点或九点上班都可以，如果家里临时有事，比如照顾老人、接送小孩或家里来客人了，就可以回去办事。这也是很多村民愿意长期在 Z 企业工作的原因之一。这种管理方式虽然对 Z 企业的生产效率与工作安排有一定的影响，但应该是一种务实的选择，L对此有清醒的认识。

> 对我这边搞生产有一些影响，但是没有办法。农村就是这样，如果你管得太严，早上八点钟上班、十二点钟下班，下午一点半上班、五点半下班，那是没有人跟你做的。农村人家里事情比较多，要照顾老人、接送小孩什么的。（访谈材料：农业企业Z的创办人L）

特别是来Z企业做工的很多是与L同一个大家族的"自家人"，甚至有些跟L还沾亲带故，L就更不方便对他们进行科学化管理而不照顾他们的生活需求及特殊情况了。同时，对于劳动能力差但又希望在Z企业做工的贫困户，L会给他们安排比较轻松的活，比如看管菌棒培育库房或协助进行菌棒肥料加工，而不是简单拒绝或裁员。总之，Z企业的村庄社会嵌入使其生产经营不可避免地受到村庄社会的影响，这制约了L的管理方式，使其生产管理有一定的宽容度与灵活性，甚至通过牺牲部分管理效率来维系良好的家族关系。

二是让渡部分眼前利益，参与当地扶贫与民生事业。Z企业的生产经营对村庄社会不仅有关系嵌入，也有文化嵌入。文化嵌入被认为是"共享的集体性理解在形塑经济策略和目标上的作用"，强调文化因素对经济行为的影响（Zukin and Dimaggio，1990:17）。宗族文化在江西农村生活中占据着非常重要的地位，具有深远影响（赵旭东、罗士泂，2016）。Z企业所在地区更是如此，每个宗族分支都有自己的祠堂，人们有浓厚的宗族观念，同一宗族的人有共享的群体认同与文化价值。L自1996年初中毕业后就开始在当地种植菌菇，一直未外出打工，长期扎根当地村庄的农业生产经营培养了L帮扶邻里的意识和为农惠农的观念，使Z企业的生产经营在关系嵌入的同时具有了文化嵌入特征。Z企业在生产经营过程中雇用的主要是本村及周边村庄的村民，且较为固定地雇用了一些村里的贫困户。在访谈过程中，L在不经意间展现出自己的发展理念。

> 我经营的是一个企业，带动贫困户可以说是一个职责，特别是农业企业，对农村经济总要有一定的贡献。假如我现在不做扶贫（与地方政府合作进行产业扶贫），还是会请贫困户做工的。我们农业企业做大了就是服务于农业、服务于农民。（访谈材料：农业企业Z的创办人L）

参与扶贫可使L获得政府支持和村民的信任与口碑，但对于L而言要付出成本与承担风险，比如，有的贫困户租赁大棚时会赊账，什么时候可以偿还很难确定，影响L的资金流动；有的贫困户劳动能力偏弱，生产能力有限，不能完全胜任工作岗位，对生产效率产生一定的影响。L在生产经营过程中总是试图兼顾理性目标和社会法则。

> 农业是实实在在干事，钱是有得赚的，但也要考虑社会效益，社会效益主要就是带动就业……直接经济收益不多，但是大家都来参与了，规模做起来了，知名度就大了，对企业以后的品牌发展和产品销售也有好处。（访谈材料：农业企业Z的创办人L）

目前Z企业带动贫困户16户，在地方政府的推动下参与了村庄扶贫。笔者访谈时，L刚拿到一个地方政府发包的产业扶贫项目。按照项目设定，村民与Z企业一起发展菌菇产业，每种植一个菌棒，政府就通过Z企业额外补贴农户1.5~2元，L正在与区农业农村局和扶贫办等商议推进这个扶贫项目。这个扶贫项目由Z企业承接与其对扶贫的长期参与及扎根乡土的经营理念有很大关系。对扶贫和民生事业的参与意味着Z企业不能单一追求产业利润最大化，而要同时考虑小农户的需求，在一定条件下要让渡部分眼前利益，寻求产业利益与社会效益的适当平衡。

三是承担部分风险，带动村庄发展集体经济。文化与关系的嵌入使Z企业在发展过程中对小农户有较多帮扶和带动。在脱贫攻坚背景下，Z企业受到地方政府的重视，时常作为镇里带动农户增收脱贫的先进典型接受上级部门考察，L因此获得地方政府的系列荣誉，如"区五一劳动奖章""区十佳创新创业典型""市优秀共产党员"等。Z企业的生产经营呈现出相当程度的"政治嵌入",这一点从笔者访谈时地方农业主管部门相关领导对L的肯定可得到某种印证。根据祖金与迪马吉奥的观点,"政治嵌入"强调政治结构与权力运作等政治因素对经济行为的影响(Zukin and Dimaggio, 1990:19-20)。Z企业在生产经营过程中与地方政府特别是区农业农村局和乡镇政府有较多互动。发展农村集体经济和推动乡村振兴是我国当前农村的重要政策关注点, Z企业自然被地方政府赋予期望而参与其中,主要推进方式是被帮扶村的村干部筹资建大棚, L提供菌棒和技术指导,村里组织农户进行生产管理,生产的菌菇由Z企业以保底价回收。据L介绍:(被帮扶的村庄)村干部自筹资金建大棚,我这边提供菌棒给他们,他们组织村里的贫困户或其他农户参与管理,生产出来的菌菇,我全部回收。当然,他们也可以直接卖到市场上去。(访谈材料:农业企业Z的创办人L)但Z企业并非被动参与, L对村庄的带动有较大自主性,他在选择带动对象与带动方式时既考虑经济收益,也考虑菌菇产业发展的地方基础和社会法则,努力做到两者兼顾,正如他所言:

> 跟他们村合作,市场价格高的时候,他们有时卖给别人。我以前没收他们钱(菌棒费用),从今年开始,我跟他们说,最少要先出一半钱给我,剩下的一半钱再从交回来的菌菇里抵扣。(他们)都卖到别人那里去了,我亏了几万元。周边村庄我信得过的,就先帮他们做起来,先帮他们做两年(菌棒或建大棚可以赊账),第三年他们全部要自己掏钱(支付菌棒或建大棚的费用),不掏钱我就卖给别人。本来我的菌棒好多地方要,外省都有人要来我这里拉菌棒,全部现金交易。为什么我宁愿赊账也要给他们(周边村庄)做?因为我要推动这个(菌菇)产业发展,还是要靠地方,我的菌棒全都卖给别人(外地人),这个产业就没什么影响了。(访谈材料:农业企业Z的创办人L)

L作为新型农业经营主体的负责人,敏锐地察觉到菌菇产业发展与地方社会的密切关联，明白产业发展既要遵循市场规律、追求市场效益，又要考虑产业在当地的社会基础，甚至必要的时候要牺牲部分眼前利益或承担一定风险以维系地方关系，回应和满足地方政府部门与村庄社会的期待和需要。

值得注意的是，Z企业带动小农户发展的动力并非稳定如一、静态不变的，其强弱与结构呈现出明显的对其他外部因素的依赖，有一定的不确定性与波动性。从总体上看，主要受以下三方面因素影响。

一是企业自身的经营态势。L愿意在多大程度上带动小农户发展，主要取决于Z企业的经营态势，即能否获得必要的经济收益维持生存与发展。如果经营态势良好，则动力会强一些；如果经营态势不佳，甚至连生存都难以保障，则带动小农户发展的动力会随之减弱，特别是社会动力弱化相对来说更加明显。L多次提及菌菇产业的发展态势与带动小农户发展之间的关联。

> 我把菌棒厂做好了，把蘑菇小镇（L的产业发展设想，正在与相关部门沟通）做起来了，他们（周边农户）想发展的，可以全部用我的菌棒。我回收他们的产品回来加工，他们只管做生产就可以，能卖就自己卖，不能卖我就全部回收。但是如果我自己这个产业都不能发展壮大，那怎么去带动他们？没办法带动。（访谈材料：农业企业Z的创办人L）

Z企业这些年对小农户特别是贫困户的带动与其较大的产业规模和良好的发展态势有很大关联。Z企业自创立以来发展较为顺利，L在多年生产经营过程中总结出一套独特的食用菌种植方法，创建了一个标准化的生产栽培基地，在当地甚至周边区域形成了差异化的技术优势与良好的产业影响，L先后获得"中国乡村菌业专家"（国家农业农村部颁授）、"十大科技致富标兵"（地方科协颁授）等称号。此外，Z企业还成为全省"三培两带两服务"示范基地。L对菌菇产业的发展前景很有信心，带动小农户发展的动力比较充足，希望通过带动周边农户发展，为产业发展创造坚实的公众群体和社会基础。

第二章 新型农业经营主体的村庄嵌入性及带动作用发挥

二是政府的政策支持。政府政策是影响我国新型农业经营主体发展的一个共同性因素，Z企业也不例外。对于Z企业而言，当前最需要的政策支持的第一个方面是产业发展用地。实现菌菇产业的规模经营一直是L的愿望。在笔者访谈的最新节点（2019年7月），L正筹划打造一个具有种植、加工、休闲观光等综合功能的菌菇小镇，但土地流转迟迟不能到位。政府的政策支持显得非常迫切，特别是在土地流转面临困难的时候。

> 村里那块地我要用，村民都同意，就是村支书跟村主任不签字。我要拿那块地，他们就推脱，说老表们不同意。[1]（访谈材料：农业企业Z的创办人L）

按L的说法，这时候最需要政府出面进行沟通协调，同时需要政府在产业用地方面提供必要的政策支持，不然单靠Z企业自身的力量很难扩大发展。政策支持的第二个方面是专项配套资金。L有意扩大产业规模，推进品牌化运营，目前正筹划投资菌棒厂，创建一个产业示范园，需要专项配套资金支持，但他过去几个月一直在申报，都没有申报下来扶持项目。即使区里把他的项目作为唯一的项目申报上去，也会因为各种因素落选，这让L很苦恼。笔者翻看了L的项目申报书，制作精致，扩大经营的思路与设想很清晰。第三个方面是一些政策的落地。地方政府某些政策支持的不确定性在一定程度上影响了L带动小农户发展的积极性。据L讲，之前镇里主管扶贫的副镇长告诉他，新建菌菇大棚带动贫困农户发展菌菇产业，每个大棚可补贴搭棚费用的30%~50%，等L把大棚差不多建好了，相关领导又说没有大棚扶持项目了，补贴的钱全部算在带动贫困户的补贴里[2]。这样建菌菇大棚的补贴降了很多。L带动

---

[1] 通过进一步了解发现，L在2018年曾参与本村的村支书竞选，这让上一任村支书（本届连任）有些不愉快，在镇领导干预等因素的影响下，L中途放弃了竞选。这是村支书不太支持L在本村流转土地的重要原因。

[2] 按照当地之前的扶贫政策，一个贫困户在Z企业连续工作半年以上，如果每个月保底有1000元以上收入，则Z企业当年可获得3000元扶贫奖励。按照地方相关领导最初的意思，这个奖励与帮扶贫困户建菌菇大棚发展菌菇产业的补贴可分开享有，并不重叠。

小农户发展的意愿是有的，但政策支持的方式和实效显然影响了他的积极性，使L有些摇摆不定："农业政策比较好，但真正要落到实处，有些地方还是比较难。如果政策稍微倾斜一点，我就可以（辐射）带动全村乃至全镇（农户参与菌菇产业）。政府如果扶持，我就多带动一些贫困户；如果不扶持，我就很难做。"（访谈材料：农业企业Z的创办人L）由此可以看出现代农业生产对政治经济结构的嵌入。

三是村庄的文化与利益关系。Z企业是L初中毕业后依托本村土地成立的，其发展与L所在的村庄有密切的联系。随着Z企业的不断发展壮大，其生产经营与村庄社会运行的关联日渐增多，L有意向在村"两委"担任职务，从而把Z企业的发展与参与村庄事务更好地结合起来。L说："在村里牵头发展集体经济和搞扶贫，会更好做，要凭个人来做这些，还是比较难。"（访谈材料：农业企业Z的创办人L）但村庄的宗族分化和利益关系在一定程度上影响了L带动小农户发展的动力。

> 村里宗族有不同的派系，有些人看你富裕了，心里不平衡，他们怕我会夺走村支书的职位，对我有一点打压的意思，村里那块地我要用，他们就推脱。（访谈材料：农业企业Z的创办人L）

L所在的村庄总共1300多人，L的姓氏是村中大姓，占90%左右，历史上曾是一个大家族。在长期发展过程中，该姓氏内部分化为不同的分支，形成了当前的上村和下村。上村大概占1/3人口，下村大概占2/3人口。上村和下村拥有不同的群体归属和利益诉求，按照村民的说法，"相当于两个村"，再加上剩下10%人口的宗族分支，L所在村庄有较为复杂的宗族认同与利益关系。L是上村的，本届连任的村支书是下村的。2018年上半年，村里换届选举，L本来要参选村支书，但竞争对手利用宗族力量动员和影响村民，如"你还是不是我们一个家族的""如果你选了别的家族的，以后我们在祠堂开会你们就不要来了"。L本来计划当选村支书后就把"蘑菇小镇"项目做起来，把蘑菇生产区域分成不同模块，让村民参与进来，由他统一进行技术指导和收购，带动村民发展，但事情没有他预想得那么顺利。

第二章 新型农业经营主体的村庄嵌入性及带动作用发挥

现在我没有在村里任职,这里面太复杂了。他们在后面活动。后来镇里某领导打电话给我说,你不要去搞(参与村"两委"竞选),我们会全力支持你的食用菌产业。(访谈材料:农业企业 Z 的创办人 L)

L 本来写好了竞选报告,准备当选后,除了带动菌菇产业外,还通过推动光伏产业来壮大村集体经济。但他最终放弃了村"两委"竞选,避开了村庄内的宗族矛盾与利益关系,专注产业发展。

从总体上看,Z 企业带动小农户发展的经济动力和社会动力相互影响,在不同因素的影响下呈现出不同的强度状态、结构特征与稳定性。如果 Z 企业自身发展态势良好,则带动小农户发展的经济动力和社会动力都会更强一些,不容易陷入动力的消极衰减与结构性冲突;如果发展态势不佳,甚至生存都难以保障,则其带动小农户发展的动力会随之减弱,特别是社会动力弱化会更加明显。在整个过程中,政策因素的影响不可忽视,政策支持的有力、透明和稳定可让 Z 企业对带动小农户发展的经济效益与社会效益有明确预期,带动小农户发展的内在动力会随之增强,经济动力与社会动力会相互促进。若政策支持不足或变动不定,则 Z 企业带动小农户发展的内在动力会受到制约,Z 企业会变得消极被动甚至陷入一种摇摆不定的困境。L 所在村庄的文化与利益关系也会给 Z 企业带动小农户发展的动力带来影响,获得所在村庄的文化认同与社会支持的期待让 L 更有意愿带动本村村民发展。如果能获得村里的认可甚至有机会在村"两委"任职,则 L 会更有动力将 Z 企业的发展和改善村民福利结合起来,但若村内的宗族矛盾和利益关系对自己的愿望构成某种限制,则 L 便会选择个人化的行动方式,改善村民福利并以村庄集体经济为路径带动本村农户发展的积极性会随之减弱。

(三)总结与启示

Z 企业作为一家生产经营较为成功且在带动小农户发展方面做得相对较好的农业企业,代表了我国脱贫攻坚背景下发展起来的与地方村庄社会和小农户有良好互动关系且具有一定社会责任意识的规模经营主体,其拥有未来参与乡村振兴的巨大潜力。尽管Z企业作为一个个案具有一定的特殊性,但是其带动小农户发展的动力机制及影响因素有相当的普遍性,不仅有利于我们认识到对小农户有良好带动作用的内生型新型农业经营主体的行动逻辑与动力机制,也有利于我们认识到从哪些路径着手激励和保障内生型新型农业经营主体对小农户的带动作用,还有利于我们认识到培养新型农业经营主体为农惠农理念的政策支持与条件保障。总之,Z企业带动小农户发展的实践为思考内生型新型农业经营主体在推动农业农村现代化及乡村振兴中的独特作用提供了有益的启示。

  本书基于新型农业经营主体的村庄嵌入性差异对其进行了类型划分,主要通过个案研究探索了内生型新型农业经营主体带动小农户发展的动力机制,发现内生型新型农业经营主体带动小农户发展的动力具有二重性,即一方面是谋取利润和促进发展的经济动力,另一方面是注重关系维护和文化价值的社会动力。这两方面动力的整合框定了内生型新型农业经营主体带动小农户发展的实际行动,也影响了其带动作用的路径选择和面临的现实困境。这种动力二重性是由内生型新型农业经营主体与小农户的独特关联所决定的,本质上有别于外生型新型农业经营主体基于理性法则带动小农户发展的动力机制,后者对小农户发展的带动体现出经济动力的蔓延与扩展,尽管二者对小农户的带动在现实表现上有共同性。基于研究发现,为更好地落实中共中央办公厅、国务院办公厅提出的"发挥新型农业经营主体对小农户的带动作用"目标,政府需立足新型农业经营主体的村庄嵌入性及其带动小农户发展的动力机制进行精准的理论与政策研究,以更有效地激发新型农业经营主体的内生动力,破解其发展困境,增强其带动意愿,提升其带动能力,优化其带动方式与成效。

  分析农业问题要坚持社会性的首要地位,即任何特定的经济关系都以一系列社会条件为前提(熊春文,2017)。因此,未来相关研究可进一步深入探究新型农业经营主体的社会性,借用乌齐(Uzzi,1997)提出的"嵌入不足"(underembedded)及"嵌入过度"(overembedded)概念研究新型农业经营主体对村庄社会的嵌入机理,分析嵌入程度如何具体影响其带动小农户发展的意愿、方式、能力和成效，比如，"嵌入不足"是否制约新型农业经营主体带动小农户发展的动力和成效？"嵌入过度"是否对新型农业经营主体的发展及其带动小农户的成效有不利影响？不同嵌入性的新型农业经营主体带动小农户发展的经济动力与社会动力呈现何种特点？两种动力整合的实践逻辑是什么？等等，进而构建新型农业经营主体与小农户协同发展的理论框架与政策思路。政府可在农业现代化发展程度不同的地区实施调研，以新型农业经营主体与村庄社会及小农户的互动关系为切入点，全面细致地探究新型农业经营主体的村庄嵌入性及其与小农户的多维关联，比较分析不同类型新型农业经营主体带动小农户发展的实践机理、动力机制与路径差异，辨明存在的现实困境，并在此基础上提出激发新型农业经营主体带动小农户发展的路径，为促进小农户与现代农业发展有机衔接及中国特色农业现代化之路提供学理支持。

  基于我国国情、农情及乡村振兴战略需求，本书认为，来源于当地村庄社会、与当地小农户有天然社会文化关联的内生型新型农业经营主体是我国实现农业现代化及乡村振兴重要的依靠力量，但发展实践中其带动小农户发展的动力及经济与社会文化功能的发挥具有不确定性与环境依赖性，需要予以密切关注和精细化培育。有效发挥新型农业经营主体对小农户的带动作用，需要重点做好内生型新型农业经营主体的培育及政策引导工作，加强它们与小农户的联系构建利益共享机制，激发其带动小农户发展的经济动力与社会动力，通过完善政策与制度支持体系，培养其为农惠农理念，发挥它们在带动小农户发展、促进乡村产业兴旺及农村社会发展中的独特作用，使内生型新型农业经营主体在实现经济与产业价值的同时，能够实现良好的社会文化价值，这对我国农业农村现代化进程中小农户贫困脆弱性治理、促进农业农村均衡化发展及乡村振兴平稳有序实现意义重大，是实现费孝通、鹤见和子等（1991）提出的我国农村振兴的"内发型发展"的重要路径，是中国特色农业农村现代化之路的务实选择。

三　新型农业经营主体的嵌入式培育及带动作用

　　前文已述，对村庄社会有良好嵌入性的内生型新型农业经营主体带动小农户发展的动力机制具有经济动力与社会动力的二重性，它们可以克服单纯追求利润最大化带来的弊病和局限，而追求经济效益与社会效益的动态平衡和双重实现。也就是说，来源于当地村庄社会、与当地小农户有天然社会文化关联的内生型新型农业经营主体是我国实现农业农村现代化及乡村振兴重要的依靠力量，有利于实现脱贫攻坚与乡村振兴的有效衔接。与此相关的另一个问题是，内生型新型农业经营主体该如何培育？特别是作为我国重要的基层治理主体的县域政府该如何统筹推进新型农业经营主体培育工作？作为国家级贫困县的江西 S 县的实践探索为我们提供了有益的参考和借鉴。

　　2017 年 2 月习近平总书记在主持中共中央政治局第三十九次集体学习时指出要"培养农村致富带头人，促进乡村本土人才回流，打造一支不走的'扶贫工作队'"（中共中央党史和文献研究院，2018）。江西 S 县立足县域脱贫需要与本土实际，贯彻习近平总书记重要指示精神，实施"千人铸造计划"，培育创业致富带头人，成绩斐然，受到中组部和国务院扶贫办的充分肯定。"千人铸造计划"培育的致富带头人中，合作社领办人与产业大户等新型农业经营主体类型的致富带头人有 180 人，占 25%，在带动农户增收脱贫与生计发展方面发挥了关键作用，形成了有推广价值的实践经验。中共中央办公厅、国务院办公厅于 2019 年 2 月印发的《关于促进小农户和现代农业发展有机衔接的意见》强调要"发挥新型农业经营主体对小农户的带动作用"。因此，立足我国脱贫攻坚与乡村振兴战略，对新型农业经营主体带动小农户发展的 S 县经验进行探究有重要的理论与实践价值。

　　尽管国内外的国情、农情有显著差异，但现代化进程中规模农业经营主体对小农户的带动作用普遍受到关注。新型农业经营主体带动小农户发展的既有研究主要关注宏观政策的影响及微观的新型农业经营主体带动小农户发展的内容与方式，而对我国治理体系非常关键的县域的政策设计与推进路径则极少关注。随着我国社会治理重心向基层下移（李增元、李芝兰，2019），县级政府在政策实施与经济社会发展中将扮演更加重要的角色。江西 S 县推出的"千人铸造计划"立足县域脱贫需要，举全县之力推进包括新型农业经营主体创办领办人在内的农村致富带头人培育及带动作用发挥，为新型农业经营主体带动小农户发展的县域视角研究提供了独特而有价值的实践范例。

本书主要透过嵌入性理论视域提炼总结新型农业经营主体带动小农户发展的 S 县经验，分析县域行政动员下新型农业经营主体嵌入式培育及带动作用发挥的实践机理。农业作为人类一种基本的生产生活方式，嵌入宏观政治经济结构与绵长的社会文化传统之中（熊春文，2017）。嵌入性理论对认识我国新型农业经营主体与小农户的关联有重要意义。我国现代农业的重要特色不在于农业经营规模，而在于农村的社会形态——村庄的存在（陈锡文，2012），我国新型农业经营主体需要与村庄社会打交道，对农村社会有显著嵌入性。嵌入性理论（embeddedness theory）是经济社会学的重要理论概念，其核心意涵强调经济行为对社会关系网络、文化价值体系和政治运行结构的嵌入，即"关系嵌入"（Granovetter，1985）、"文化嵌入"与"政治嵌入"（Zukin and Dimaggio，1990）。嵌入性理论为分析新型农业经营主体对小农户发展的带动行为提供了有力的思想与方法指导，有利于发掘我国农业农村现代化的内在规律。

需要说明的是，本书论述的 S 县"千人铸造计划"相关举措有一部分是针对包括新型农业经营主体创办领办人在内的所有农村创业致富带头人的，并非单独针对新型农业经营主体的创办领办人，但所涉及的举措与新型农业经营主体带动小农户发展都有直接或间接关联，都构成新型农业经营主体带动小农户发展的直接且重要的影响因素，因此一并进行梳理和分析，以便立足整体对整个县域层面的政策与制度机制形成系统性认识。

（一）县域动员下扎根乡土社会推进新型农业经营主体的嵌入式培育

1. 嵌入式培育的实践缘起：县域脱贫与发展的内生需要

S县推出"千人铸造计划"有深刻的现实基础和内生需求。S县属于罗霄山集中连片特困地区，地处"赣闽两省四地市"（江西省G市、FZ市，福建省SM市、LY市）交汇处，总面积1582平方公里，总人口33.4万人，辖11个乡镇、131个行政村、1881个村民小组。S县是一个典型的山区县，"八山半水一分田，半分道路和庄园"是其真实写照，特殊的地理位置决定了其面临特殊的区位特点与短板。S县是中国白莲之乡、温泉之乡，有丰富的农产品资源，但资源效益发挥并不明显。大多数贫困人群受文化水平、身体状况等影响，独立发展能力差，即使有发展意愿，也多由于缺乏技术、资金等或畏惧风险而参与产业发展程度不高，产业扶贫难以达到理想效果，迫切需要本土能人带领他们增收致富。为培育摆脱贫困和地方发展的内生带动力量，S县于2017年3月在整个县域层面推动实施"千人铸造计划"，计划用三年时间，分批组织有创业条件、有带动贫困户增收意愿的培育对象参加创业培训，每人再帮带孵化6名创业致富带头人，通过"1+6"帮带孵化模式，三年预计培育1000名左右创业致富带头人，[1]以此增强地方发展的内生能力，加快县域精准脱贫的步伐。

为在本地遴选并培育真正具有带动能力又有带动意愿的农村致富带头人，S县发挥县级政府的行政动员力量，在县域层面颁布总体性培育方案，制定专门管理办法并出台配套举措。在选择人才方面，S县设定严格的制度标准，坚持从把握条件与注重程序两方面着手，以选出对普通农户有带动意愿的本土能人。[2]在条件上，S县突出政治思想、创业意愿、创业基础和带领能力四项遴选指标，要求培育对象政治上忠诚可靠，坚决拥护中国共产党的领导，爱国、爱民，有社会责任感，无不良信用记录，无违法违规行为；热爱家乡，渴望创业致富，能为家乡发展做贡

---

[1] 石党办发〔2017〕31号《S县创业致富带头人培育管理办法（试行）》。
[2] 国开办函〔2019〕82号《国务院扶贫办关于转发江西省S县培育创业致富带头人经验做法的通知》。

献；年龄在25~45周岁，有一定文化基础，有生产经营管理能力和产业开发能力，有一定资金和技术，重点是属于新型农业经营主体创办领办人和村组干部；具备较强的组织管理能力，愿意帮助当地贫困户改善生产生活条件。在程序上，S县按照"个人报名、村级推荐、乡镇初审、县级确定"的程序择优选拔，确保培育对象政治合格、基础较好、群众认可。为了增强培育对象的社会基础和带动能力，S县优先从村"两委"和农民专业合作社领办人中挑选培育对象。

S县是农业大县，"千人铸造计划"从一开始就特别注重发挥新型农业经营主体的带动作用。以S县传统优势产业——白莲产业为例，为有效发挥创业致富带头人的带贫作用，S县与中国扶贫基金会等合作，最初在一个乡镇进行试点，以白莲专业合作社为载体培育孵化创业致富带头人，在支持专业合作社领办人规范运作、科学管理、不断提高市场经营能力的同时，突出其带贫益贫的理念与能力培育。专业合作社的带动增强了贫困户的信心与发展意愿，降低了他们对接市场的风险与成本，产生了良好的实践成效。这一模式后来在S县范围内全面推广，有力助推了贫困户增收脱贫。白莲扶贫是S县探索新型农业经营主体与贫困户利益联结的缩影。S县充分发挥专业合作社、龙头企业、家庭农场等新型农业经营主体的作用，在县域层面推行租赁返聘、抱团互保、平台统销、订单收购等利益联结模式，白莲产业的组织化程度大大提高，贫困户受益面大大增加。为实现本土人才再培育，S县按照个人自荐、乡（镇）村和各级组织推荐、县创业致富带头人培育工作领导小组择优选聘的方式建立扶贫创业导师队伍，指导帮助创业致富带头人培育对象创业。创业导师与创业致富带头人培育对象签订结对帮扶协议，免费为其提供日常创业指导和咨询服务。

2. 嵌入式培育的产业选择：种植传统与地方资源的衍生构建

S县有悠久的农业种植传统，据相关记载，S县自明朝万历年间从福建省引进烟叶及相关种植技术。白莲在江西种植已有1300多年的历史，S县的白莲是在清朝宣统年间（1909~1912）从江西广昌引进的。自2016年开始，S县立足地方实际，依托地方优势资源出台系列政策支持建立"3+X"特色产业扶贫，发展以白莲、烟叶、蔬菜为主导的农业产业，以山地鸡、脐橙、油茶、薏仁等为主打的特色产业，培育包括新型农业经营主体创办领办人在内的扎根乡土的创业致富带头人。截至2019年上半年，"3+X"特色产业扶贫累计覆盖带动全县9889户贫困户39076贫困人口增收，实现了贫困户户均年增收3000元以上，达到全县特色产业扶贫占再识别后建档立卡贫困户的79.3%[①]。

  S县依靠地方种植传统和优势资源为新型农业经营主体培育及带动作用发挥打造了本土产业平台。自20世纪80年代起，S县调整农产品种植结构，白莲种植面积逐年扩大到3万多亩。1996年国务院发展研究中心将S县认定为"中国白莲之乡"。白莲几乎是每家每户都会种植的经济作物，每逢收获时节一家男女老少齐上阵是最常见的场景。2000年以来，受农业产业结构调整及白莲市场的综合影响，白莲种植面积日益扩大，稳定在5万~6万亩。2010年S县全县白莲及其系列产品的年产值已经超过3亿元，农民人均从白莲产业获得的纯收入近1200元，占人均总收入的40%以上（程飞虎等，2011）。S县自2015年开始将白莲作为产业扶贫三大基础农业产业之一，形成了两个白莲种植示范基地——XS镇QL村白莲种植示范基地及DY乡LT村、SN村白莲种植示范基地。XS镇QL村白莲种植示范基地采取"合作社+基地+贫困户"模式，向贫困户推广白莲良种良法栽培技术，达到白莲增产、贫困户增收、合作社受益的目标，与江西农业大学和县农业农村局进行技术合作，为白莲选种、种植、病虫害防护提供技术指导。S县组建ZL种养专业合作社，全方位开展白莲种植技术业务培训，提高种莲户的科学种植水平，助推白莲产业扶贫。在烟叶种植方面，政府通过政策支持、资金奖补、技术保障、保险兜底等动员有种植意愿的贫困户参与烤烟种植。对于不想自己种植烤烟的贫困户，政府采用通过其他贫困户或非贫困户的烤烟产业带动，鼓励不想自己种植烤烟的贫困户以土地入股等形式加入烟农专业合作社，由专业合作社为贫困户提供劳务岗位，贫困户通过为烤烟种植户提供劳动获得工资性收入。

  "千人铸造计划"培育的特色产业尊重S县的地方实际和资源条件，

---

① 石精扶字〔2019〕62号《S县2019年农业产业扶贫实施方案》。

注重从乡土社会中选择培育对象。S县人少山多、水源好，适合野外养殖。以ML乡为例，以往当地农民会在自家养少量山地鸡，很受市场欢迎，需求旺盛，可卖到很高价格。但山地鸡养殖对技术、销售要求较高，农户自发养殖风险较大，很多农户望而却步，只是少量散养，没有形成规模。S县通过资金、信息等帮扶措施，扶持民间养殖大户，引导养殖大户成立山地鸡养殖专业合作社，发挥示范带动作用，XHS、WCS等本土能人便是在这个背景下被选为创业致富带头人的。2017年，XHS参加了S县第一批创业致富带头人培训，成为"千人铸造计划"第一批创业导师。XHS积极带动贫困户发展，为贫困户提供鸡苗，在养殖过程中提供技术指导，政府为有养殖意愿且有一定养殖条件的贫困户免费单次发放100只鸡苗，贫困户饲养后可直接卖向市场，也可以保底价卖给XHS，确保了贫困户的养殖利润。通过饲养山地鸡，贫困户一年增收3000元左右，年收入保底有2000元。截至2019年6月，S县山地鸡养殖专业合作社累计带动200多户贫困户参与山地鸡养殖。

3. 嵌入式培育的社会基础：社会关系与家乡情感的顺承激发

S县是客家民系重要发祥地和客家先民迁徙的最大中转站之一，素有"客家摇篮"之称（陈水连，2009），是纯客家县，95%左右人口为客家人。外出打拼、返乡回报的客家文化对S县人有潜移默化的影响。很多S县青年崇尚外出闯荡、自主创业，有了一定的社会资源和经济基础后，便会有返乡帮助邻里的想法。这种关系连带与文化氛围对S县吸引在外人才返乡、充实新型农业经营主体培育的社会基础具有重要作用。同时，宗族在江西农村生活中占据重要地位，具有深远影响。互帮互助的宗族意识有利于S县吸引外流人才返乡。S县作为全国第三批结合新型城镇化开展支持农民工等人员的返乡创业试点地区，非常重视吸引外流人才返乡创业，特别是领办扎根本土的新型农业经营主体。据统计，S县目前培育的706名创业致富带头人中，返乡创业人员有134人。这些返乡创业者中有相当一部分选择了创立或领办新型农业经营主体，在当地发挥了良好的示范带动效应，如从江苏KS返乡依托本地特色茶油产业领办专业合作社的XL、放弃广东百万年薪返乡创业成立果蔬专业合作社的HXY、从广东返乡创立农业发展有限公司的LBL等。

S县是劳务输出大县，全县有33.4万人口，常年外出务工人员达10万人以上。S县出台了《支持农民工等人员返乡创业实施方案》，优化返乡创业环境，吸引人才返乡创业，为新型农业经营主体培育积累了本土人力资源，使新兴的新型农业经营主体与本地社会有较深入的经济与社会文化连带，从而使其生产经营具有坚实的社会基础。S县促进人才返乡的举措包括建立返乡创业园、落实减税降费政策、健全职业补贴制度、加强创业担保贷款扶持等。S县通过人才回归工程，创建外出创业人才库和商会，对在外优秀人才实行返乡召回机制，择优推荐为"千人铸造计划"培育对象，激发了外流人才返乡创业就业的热情与动力。在国内一些产业下乡案例中，我们常常可以看到产业运作与乡土伦理相冲突的"水土不服"（徐宗阳，2016），而"千人铸造计划"则瞄准对家乡充满感情、与当地社会有密切联系的本土人才，动员他们返乡创业，有利于拉近与村民的关系，使"千人铸造计划"更符合乡土伦理与地方社会规范，有效避免了产业运作与乡土伦理的冲突。返乡创业的新型农业经营主体创办领办人带领乡亲邻里发展现代农业，在雇工、技术和创业引导等方面与农户有密切交流，有助于重建村庄熟人社会，让现代农业产业更有人情味，更切合农户需求。

4. 小结：基于行政动员与乡土嵌入耦合的新型农业经营主体嵌入式培育

　　S县"千人铸造计划"在立足县域脱贫与发展需要进行行政动员的同时，注重扎根乡土社会，善于利用本土资源，尊重农户种植传统与社会文化，使政府政策目标与乡土逻辑实现了较为有效的衔接，在很大程度上避免了农村基层行政动员可能遭遇的"最后一公里"困境和碎片化问题，克服了政策资源"悬浮"于村庄社会的风险。"千人铸造计划"注重遴选在当地有良好社会基础的培育对象，培育专业合作社和龙头企业等新型农业经营主体，普遍吸纳本村或附近村庄农户特别是贫困户参与生产经营或入股分红，有些贫困户甚至本身就是新型农业经营主体创办领办人同一个大家族的"自家人"，使新型农业经营主体与本村或附近村庄的乡亲邻里有较密切的社会联系，其经营行为嵌入当地社会关系系统中，显现出"关系嵌入"特征。"千人铸造计划"在培育过程中对本地文化、政府组织机制和政策目标的重视，使培育的新型农业经营主体不可避免地受到地方群体与宗族观念等本土社会文化因素及县域政治结构和政策意图等政治因素的影响，显现出"文化嵌入"与"政治嵌入"特征，使培育出的新型农业经营主体对当地社会有多重嵌入。

S县"千人铸造计划"是在我国脱贫攻坚的特定历史背景与政策条件下产生的，响应了习近平总书记"培养农村致富带头人，促进乡村本土人才回流，打造一支'不走的扶贫工作队'"指示精神（中共中央党史和文献研究院，2018），不是单一的农村人才培育行动，而是嵌入脱贫攻坚的重大政治任务与政策目标之中，其过程具有"行政下乡"的特点，但又不单纯是政府行政力量向乡土社会的渗透、介入与扩展。S县在进行县域行政动员的同时，注重依托当地资源条件和社会文化背景，通过培育扎根乡土社会的新型农业经营主体和产业组织来实现行政目标，妥善协调了新型农业经营主体培育中县域行政动员与乡土社会嵌入的关系，通过从上到下和从下到上的行政力量与乡土社会的双向互动推进了新型农业经营主体的嵌入式培育及带动作用发挥，这是S县"千人铸造计划"取得良好实践成效的重要基础和机制保障。总之，S县基于行政动员与乡土嵌入的耦合，在县域脱贫与发展实践中探索走出了一条行政动员下推进新型农业经营主体嵌入式培育及带动作用发挥的实践创新之路。

S县"千人铸造计划"遴选培育对象时关注其乡土特点与社会基础，以培育农村致富带头人为核心目标，在条件上突出"热爱家乡、愿意为家乡发展做贡献"等标准，坚持优先从村"两委"干部和农民专业合作社负责人中挑选培育对象。S县利用其作为"客家文化发源地"的优势及客家文化中注重"外出打拼、返乡回报"的家乡观念，对本县在外的优秀人才实行返乡召回机制，择优推荐其为创业致富带头人培育对象并纳入"新乡贤"数据库和村组后备干部人才库管理。上述举措有利于遴选的新型农业经营主体创办领办人等培育对象具有扎根乡土社会的本色，与当地农村社会有较密切的联系，拥有较多的社会资源，与小农户有天然的社会文化关联，也使他们更有动力带动小农户发展。

S县发挥我国县级政府的行政动员优势，在县域层面设定了比较系统的、有利于新型农业经营主体嵌入性特征生成的组织机制与产业政策，在很大程度上消减了科层体系内不同部门本位主义和利益分化的不利影响，保障了政策目标的实现。S县专门成立县域层面的创业致富带头人培育工作领导小组，把创业致富带头人培育列入各级各相关部门脱贫攻坚和基层党建工作目标管理考评，从县域到村庄每一层级都根据实际情况制定了自己的执行细则和配套政策，有效发挥了科层体系内部的动员力量。在此基础上，S县立足地方实际，尊重当地种植传统，因地制宜，适度创新，依托地区优势资源出台系列政策，发展以白莲、烟叶、蔬菜为主导的农业产业及以山地鸡、脐橙、油茶等为主打的特色产业，孵化培育包括新型农业经营主体创办领办人在内的创业致富带头人，培育了XHS、HXY等一批内生于农村社会且对小农户有良好带动作用的新型农业经营主体创办领办人。比如，山地鸡养殖专业合作社的培育充分尊重了S县山林多、土地少的自然条件及农户普遍散养山地鸡的传统，通过县域政策支持与遴选本土养殖能人实现了山地鸡养殖专业合作社的嵌入式培育。

（二）基于新型农业经营主体的嵌入性激发其带动小农户的内生动力

研究显示，对当地村庄社会有适度嵌入、内生于村庄社会的新型农业经营主体带动小农户发展的动力存在经济动力与社会动力的双重属性。它们不仅会考虑到经济收益和企业自身发展，也会考虑当地的关系维护和文化价值（李耀锋、张余慧，2020）。S县"千人铸造计划"培育的新型农业经营主体具有的多重嵌入性使其农业生产经营在获取市场利润与谋求自身发展的同时，不同程度地要考虑本土的政策意向、社会连带与文化期待，这使它们一方面更有能力调动地方政治与社会文化资源，另一方面更有动力带动小农户发展。比如，SH村创业致富带头人XL在经营茶油合作社过程中热心于当地村庄事务，时常帮助邻里解决日常烦忧，受到乡亲邻里的好评。S县"千人铸造计划"在推进新型农业经营主体嵌入式培育的同时，采取了系列配套措施保障和激发新型农业经营主体带动小农户发展的内生动力。

1. 保障性的组织机制与政策支持

S县在县级层面进行系统的组织与政策设计，有力保障了创业致富带头人的带动作用发挥。县委组织部、县扶贫和移民办负责牵头抓总，协调乡镇各单位做好创业致富带头人和创业导师的人选确定、培训组织、跟踪服务、管理激励、评估考核等工作；县委党校协助做好相关服务管理工作，抓好其他培育对象的培训；县财政局整合涉农扶贫资金，加大资金投入力度；县金融工作局加大金融扶持力度；县委统战部、县委农工部、县发改委、县工信局、县农粮局、县商务局、县林业局、县科技局等部门单位对照培育管理办法做好创业致富带头人的扶持、服务等工作；县委宣传部负责宣传工作，营造扶贫创业致富的浓厚氛围；乡镇党委负责创业致富带头人和创业导师人选的推荐审核及服务、激励等工作。为动员和协调各部门参与，S县成立创业致富带头人培育工作领导小组，办公室设在县委组织部，组织部门、扶贫部门为主要牵头单位，从相关部门抽调人员，负责日常工作的具体协调，统筹全县人力物力全面实施。S县从县域到村庄每一层级都根据实际情况制定了自己的执行细则和配套政策。除规章制度外，S县还利用包村指挥长、驻村工作队、驻村第一书记等帮扶干部机制，将政策较为扎实地贯彻到基层。县域层面系统而有序的组织设计与工作机制为新型农业经营主体培育及其带动作用发挥奠定了坚实基础。

S县采取多种方式对包括新型农业经营主体创办领办人在内的创业致富带头人进行政策支持，[1]涵盖土地、税费、金融、子女教育等不同方面，有力减轻了创业致富带头人的生产经营压力与后顾之忧，为其带动作用发挥提供了托底保障。这些政策支持对新型农业经营主体有不同程度的侧重。比如，在土地政策方面，对流转土地发展新型农业经营主体的，实行奖补并优先安排基本建设项目；在金融政策方面，设立"产业扶贫信贷通""财政惠农信贷通"等金融信贷产品，惠及诸多新型农业经营主体。截至2019年4月，S县累计发放"产业扶贫信贷通"贷款8.91亿元、"小微信贷通"贷款4.27亿元、"财政惠农信贷通"贷款4.2亿元，惠及的新型农业经营主体包括694个合作社、85个家庭农场、841个种养大户。县财政还将创业致富带头人培育工作列入年度预算，用于项目开发、创业培训、奖励兑现等。2018年县财政投入4490万元建立

---

[1] 国开办函〔2019〕82号《国务院扶贫办关于转发江西省S县培育创业致富带头人经验做法的通知》。

"创业致富带头人"发展基金,培育对象创办新型农业经营主体的,可享受农业产业扶贫新型经营主体扶持奖励政策,鼓励培育对象根据地方实际新造油茶林、毛竹林,发展林下经济及相关产业。

2. 多元化的利益联结与激励机制

"千人铸造计划"在实践中探索形成了创业致富带头人与小农户利益联结的不同模式,保障了新型农业经营主体创办领办人及其他创业致富带头人对小农户特别是贫困户的带动作用的发挥。其中,新型农业经营主体创办领办人与小农户的利益联结有几种典型模式。一是抱团互助。创业致富带头人把有劳动能力但是缺乏资金的贫困户组织起来,成立专业合作社,实现抱团互助,主要发展地方优势特色产业。比如,XS 镇 ZXH 创办 HF 畜禽专业合作社,吸纳 268 户贫困户入社发展;PS 镇创业致富带头人 LBL 组织 80 多户农户创办 BY 专业合作社,养殖山地鸡,每户每年增收 5000 元以上。二是租赁返聘。作为新型农业经营主体创办领办人的创业致富带头人在流转贫困户土地的同时,吸纳他们务工,使贫困户能够实现"一块土地、两份收入"。三是生产合作。创业致富带头人领办的合作社和农业企业等新型农业经营主体与贫困户签订生产购销合同,以高于市场价收购贫困户的农产品,帮助贫困户增收。以种养为业的新型农业经营主体创办领办人发放种苗给贫困户代为种养,为他们提供管理、防疫、技术等服务和支持,以高于市场价收购贫困户的产品。比如,ML 乡创业致富带头人 XHS 的山地鸡养殖专业合作社,将鸡苗发给贫困户养殖,然后以高于市场价 5% 的价格回收,由 XHS 的山地鸡养殖专业合作社统一销售。

为了增强创业致富带头人带动小农户脱贫增收的动力,S 县对创业致富带头人实行差异化的物质激励政策,根据他们帮带小农户的方式与成效分为五个等级,每个等级对应不同的奖励标准。[①] 在实行物质激励的同时,S 县非常注重文化激励与政治激励,把创业致富带头人纳入"新乡贤"数据库和村组后备干部人才库管理,优先从中选聘扶贫创业导师。将基层党组织带头人培育和农村创业致富带头人培育有机融合,[②]

[①] 石党办发〔2017〕31 号《S 县创业致富带头人培育管理办法(试行)》。
[②] 石党办发〔2017〕37 号《中共 S 县委办公室关于培育脱贫致富带头人加强农村基层党建工作的意见》。

提升了创业致富带头人带动小农户发展的资源整合能力，同时增强了创业致富带头人带动小农户发展的政治嵌入与政治激励，有利于挖掘和培育有发展潜质与带动能力的农村中青年人才。

  HXY 是 S 县"千人铸造计划"培育下带动小农户发展的本土新型农业经营主体创办领办人代表。HXY 在 2014 年响应当地政策，从广东返乡创业，流转了 S 县 AB 村、LX 村和 ZX 村三村交界的 6000 亩杂化地，成立江西 HMD 生态农业开发有限公司，组建 PF 果蔬专业合作社。2017 年，HXY 参加 S 县"千人铸造计划"，先后到县内创业示范基地和福建蓉中培训基地接受培训。学成后 HXY 与县里签订了帮带贫困户协议，除了流转贫困户土地外，还向贫困户提供就业岗位。AB 村贫困户 HFK 的儿子和儿媳都是残疾人，HFK 通过土地流转获得租金 1.2 万元，又在 HXY 的园区做果树管护工作，月收入 2000 元以上。HFK 说："真心感谢 HXY，让我既可以照看家庭，又有稳定的收入。"HXY 了解到村里一些残疾贫困户有一定的劳动能力但没有合适的就业岗位后，在园区设置残疾人油茶抚育和环境保洁公益岗位，帮助残疾贫困户就业。

  LX 村贫困户 CNJ 夫妻二人均为残疾人，CNJ 时年已经 60 岁了，全家靠低保维持生活。他年纪大，身体又有残疾，所以没人愿意请他做工。HXY 邀请 CNJ 到园区从事油茶管护工作，工资实行日结日清，2017 年 CNJ 拿到了 6000 多元工资。CNJ 说："这是我第一次靠自己赚到了这么多钱，这钱用得特别开心，特别踏实。"在 HXY 的园区，像 CNJ 这样的残疾贫困户有 12 户，年人均增收 4000 元以上。2017 年以来，HXY 累计帮带贫困户 136 户、200 余人实现就业增收，通过"栽富树"项目为 AB 村 92 户贫困户每户每年增加 2000 元左右收益。HXY 在扩大就业的同时，开展了葡萄种植技术培训，免费向贫困户推广现代葡萄种植技术。园区的产业稳定后，HXY 申请成为全县首批创业导师，承接全县创业致富带头人现场观摩活动，通过经验座谈、现场交流与有创业意向、遭遇创业困境的学员分享经验，为他们答疑解惑。对于自己带动贫困户一起发展的动机和内心想法，

HXY坦言："我出生在这里，对这个地方有感情，在家带着乡亲干，比在外面打工更有成就感！"（调研材料来源：S县农业农村局）

3. 小结：多重嵌入性基础上的新型农业经营主体带动作用发挥

我国现代农业的重要特色不在于农业经营的规模，而在于村庄社会的存在（陈锡文，2012），我国新型农业经营主体对小农户的带动意愿和行为与其村庄嵌入性有密切的联系（李耀锋、张余慧，2020）。S县立足地方种植传统、本土文化与资源条件培育的新型农业经营主体有显著的内生性特征，对当地社会的多重嵌入使其与当地的政治环境、文化规范与社会关系网络有较密切的关联，使其实际经营行为具有独特的实践逻辑。新型农业经营主体不仅受到理性法则的约束，追求市场收益和自身发展，也不可避免地要考虑到当地的政策目标、文化传统、价值理念及村里人特别是彼此熟悉的乡亲邻里的期待和评价，在生产经营过程中注重当地关系维护和文化价值，受到社会法则的影响较大。这不仅使其更有内在动力带动小农户发展，也使其对当地农村社会有更强的亲和性，更关心村庄事务，更注重乡亲邻里口碑，更注重在当地经营的社会基础与可持续性（李耀锋、张余慧，2020），如返乡创业的致富带头人LXH。XS镇DX村LXH在2015年响应政策号召返回家乡，利用多年积累的经验在全镇率先种植百香果，创办FX百香果果园。S县将她作为创业致富带头人进行培育并培养发展为党员。她主动帮助家乡贫困户创收致富，用工时主动征求村里贫困户的意见，优先考虑贫困户。对于劳动能力不强的贫困户，LXH在足额发放工资的同时，尽量为他们安排轻松简单的工作。2017年，LXH流转贫困户土地50多亩，发动贫困户入股，鼓励贫困户利用农闲时间参与果园劳动，帮助25户贫困户户均年增收近3500元。2018年村"两委"换届选举，LXH当选为村"两委"干部。

S县致富带头人培育的"千人铸造计划"从推进之初就注重遴选和培养有创业意愿、有为农情怀和社会责任感的地方能人。为了更好地激发他们带动小农户发展的内生动力，S县构建了多元有效的利益联结机制和带动模式，发挥专业合作社、龙头企业等新型农业经营主体的作用，推行了租赁返聘、抱团互保、订单收购等多元化带动模式，小农户特别是贫困户受益面大大增加。在传统优势产业白莲种植中，S县通过"合作社+基地+贫困户"模式，向贫困户推广白莲良种良法栽培技术，以达到白莲增产、贫困户增收、合作社受益的目标；通过组建种养专业合作社，开展白莲种植技术业务培训，提高种莲户的科学种植水平，助推白莲产业扶贫。在山地鸡特色养殖业发展中，S县鼓励山地鸡养殖专业合作社领办人带动贫困户发展，为贫困户提供鸡苗并在养殖过程中提供技术指导；政府为有养殖意愿且有条件的贫困户免费发放鸡苗，贫困户饲养后可直接卖给市场，也可以保底价卖给合作社，由合作社面向市场进行统一销售。这使贫困户规避了市场风险，确保了养殖利润。

农业作为人类一种基本的生产生活方式，嵌入宏观政治经济结构之中，其生产经营对政策有很强的依赖性。S县立足县域战略统筹推进创业致富带头人培育，对包括新型农业经营主体创办领办人在内的创业致富带头人进行土地、税收、教育等多方面的政策支持，为新型农业经营主体带动作用发挥提供了保障。研究表明，政策支持是影响新型农业经营主体对小农户带动意愿和带动行为的重要因素（李耀锋、张余慧，2020）。S县制定县域层面的政策措施，从乡镇到村庄每一层级都根据实际情况出台执行细则和配套政策，有力推进了政策落地执行，在很大程度上解除了新型农业经营主体的后顾之忧，激发了其带动小农户发展的动力。同时，S县在推进新型农业经营主体嵌入式培育的基础上，重视物质、政治、社会文化等多维激励，激发新型农业经营主体带农增收脱贫的内生动力。S县根据创业致富带头人带动农户成效的不同采取差别化奖励，把创业致富带头人纳入"新乡贤"数据库和村组后备干部人才库管理，优先从中选聘扶贫创业导师，将基层党组织带头人与农村创业致富带头人"两个带头人"有机融合，对积极向党组织靠拢的青年创业致富带头人优先推荐培育发展为中共党员，对符合条件的创业致富带头人按规定和程序优先推荐提拔，前述案例中的合作社领办人XHS因为表现突出被选为G市人大代表。上述一系列举措尊重了新型农业经营主体的多重嵌入性，有利于激发新型农业经营主体带动小农户发展的内生动力，也使其更有意愿协助县域政府实现政策目标。

(三)总结与展望

整体来看，S县推进新型农业经营主体带动小农户发展的成功经验的最大特点是立足县域整体脱贫规划与发展需要，充分发挥县域政府的行政动员优势并扎根乡土社会，尊重本土资源条件与乡土社会逻辑，妥善协调了新型农业经营主体培育过程中县域行政动员与乡土社会嵌入的关系，推动了新型农业经营主体的嵌入式培育及内生带动作用发挥（见图2-2），实现了"培育农村致富带头人，促进乡村本土人才回流，打造一支'不走的扶贫工作队'"的初衷，形成了新型农业经营主体带动小农户发展的S县经验。具体而言，S县着眼培育地方内生带动力量设定县域整体培育方案，从产业、人才、组织、政策与制度等多个维度为新型农业经营主体培育及带动作用发挥营造了良好的环境与条件，特别是在行政动员培育新型农业经营主体时能够尊重当地的自然条件、种植传统和社会文化，推进了新型农业经营主体对乡土社会的多重嵌入，激发了其带动小农户发展的内生动力，有力助推了脱贫攻坚目标的实现。

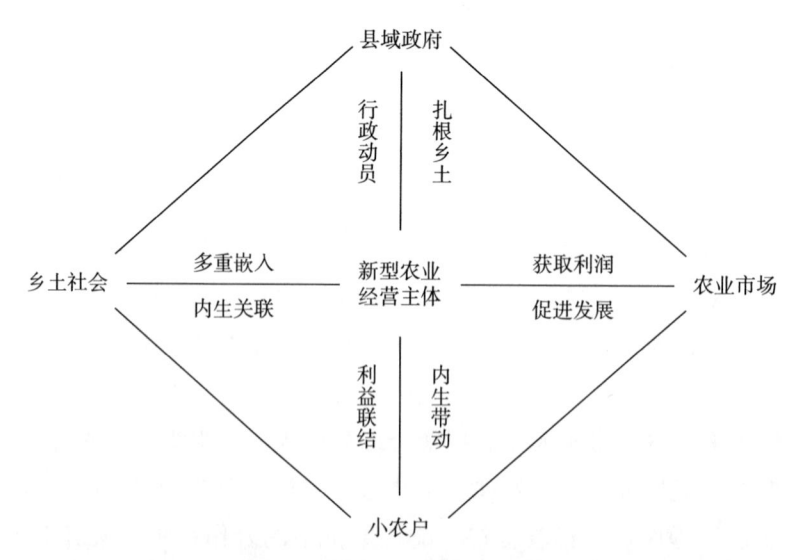

图2-2 新型农业经营主体的嵌入式培育及带动作用理论分析框架

不可否认，江西S县的成功经验与其特定的自然、政治、经济与社会文化背景有着较为密切的联系，但是新型农业经营主体带动小农户发展的S县经验体现了我国脱贫攻坚与农业农村现代化的内在规律，在我国农村贫困治理与乡村振兴战略推进中是有生命力的，有很大的参照意义与推广价值。其蕴含的行政动员与乡土嵌入的耦合逻辑，体现了我国县域政府独特的动员机制及扎根乡土社会的本土创新。S县经验是中国特色农业农村现代化道路上探索形成的重要实践成果，为我国乡村振兴背景下培育扎根乡土的创业致富带头人、实现小农户与现代农业发展的有机衔接提供了重要参照与启示。

综合而言，尽管培育创业致富带头人的"千人铸造计划"取得了良好的实践成效，但仍存在不足，如创业致富带头人的创业成功率不够高、产业带动能力不够强等。据统计，全县培育的706名创业致富带头人中，参加"千人铸造计划"以来创业成功的有105名，占15%，其中很大一部分是有一定产业基础的，产业基础薄弱的创业致富带头人培训后创业成功率并不高。此外，创业人才层次分布不够均衡，较大部分创业致富带头人停留在附加值相对较低的种养行业，产业结构不合理，还存在部分创业致富带头人流失的问题。

因此，为更好地培育扎根乡土的新型农业经营主体创办领办人，助推脱贫攻坚与乡村振兴战略的有效衔接，仍需立足S县经验加强理论与实践研究。理论方面，立足农村社会治理创新加强对新型农业经营主体的乡土社会嵌入性及带动小农户的机制研究，可借用Uzzi（1997）提出的"嵌入不足"（underembedded）及"嵌入过度"（overembedded）概念深入研究新型农业经营主体对乡土社会的嵌入机理，分析嵌入程度不同如何影响其与小农户的关联及带动小农户的意愿、方式和成效。另外，县域政府的强力行政动员在促进新型农业经营主体培育及带动作用发挥的同时，是否会对新型农业经营主体或小农户带来某种风险或不利影响？如何防范与治理新型农业经营主体培育中的排斥小农户现象？这些问题都需要进行更为细致的实地调研和理论研究。实践方面，如何更好地培育扎根乡土的新型农业经营主体创办领办人？如何通过完善政策支持体系保障新型农业经营主体创新创业的可持续性以及拓展和深化新型农业经营主体的惠农益农功能，助力乡村振兴？这些都需加强实践与政策研究。

新型农业经营主体作为我国现代农业发展的引领力量，代表了我国农业现代化的发展方向，被认为是乡村振兴中带动小农户联结现代农业发展的重要载体（叶敬忠等，2018）。江西的 S 县经验为乡村振兴背景下培育扎根乡土的惠农益农的新型农业经营主体提供了有益启示，有利于探索小农户与现代农业发展有机衔接的现实路径。立足 S 县，面向全国，本书进一步认为，对乡土社会有多重嵌入性的新型农业经营主体在我国治理小农户相对贫困与实现乡村振兴中具有独特而关键的经济与社会文化功能，是实现农业农村现代化及乡村振兴的重要依靠力量，需要予以密切关注和精细化培育。政府要通过完善政策与制度支持，保障其创新创业的乡土社会基础与可持续性，培养其为农惠农理念，精准激发其带动小农户发展的内生动力，发挥其在带动小农户发展及优化农村治理中的作用，这对促进我国农业农村均衡化发展及乡村振兴平稳实现意义重大。

第三章　新型农业经营主体带动小农户发展的现实困境与影响因素

立足乡村振兴与农业农村现代化的总体格局，发挥好龙头企业、农民专业合作社和家庭农场等新型农业经营主体的作用，对推进农业供给侧结构性改革及实现农村全面振兴至关重要，但发展实践中它们的作用发挥还不够理想，未能达到预期的政策目标。着眼我国高质量发展的需求，新型农业经营主体自身表现再好，也只是"盆景"，只有发挥其对普通农户的引领带动作用，才能将"盆景"变"风景"（姜长云，2018）。就我国发展现实来看，新型农业经营主体带动小农户仍然存在带动动力不足、带动方式不佳、带动效果不好等诸多现实困境，一些新型农业经营主体特别是工商资本下乡更多地关心经营效益和市场利润，不够注重带动农民发展，使得小农户难以有效分享农业现代化的成果（韩长斌，2018）。因此，要认真分析新型农业经营主体带动小农户发展的现实困境与影响因素。唯有如此，才能够制定精准对策，促进农业农村更加平稳健康地发展。

新型农业经营主体带动小农户发展的实践嵌入宏观的政治经济与社会文化环境中，受到诸多内外部因素的影响，带动过程中的现实困境是多维的、复杂的，难以从单一角度给出定论，只有从多个不同角度进行综合分析，才能对新型农业经营主体带动作用的现实困境有更加全面与客观的认识。因此，本书基于对不同农业产业领域及不同类型新型农业经营主体的实地调研，从不同理论视角出发探究新型农业经营主体带动小农户发展的现实困境与影响因素，以更加立体、全面地认识此问题。新型农业经营主体是一个市场经营组织，需要在激烈的市场竞争中谋求生存与发展。从新型农业经营主体的角度看，对小农户的带动行为是市场行动主体的理性选择问题，因此本书选择了理性选择理论，以解读作为一种组织理性选择的带动行为。新型农业经营主体对小农户的带动尽管在实践表现上更多呈现为前者对后者的作用，但这种带动行为并非一厢情愿、单向和一维的，就其本质而言，带动本身就是一种双向互动关系，是不同行动者之间基于各自资源条件和利益诉求而进行的双向社会互动。因此，本书选择了行动者研究方法，从农户回应角度分析新型农业经营主体对小农户的带动作用。与此同时，新型农业经营主体对小农户的带动作用具有很强的实践性，尽管新型农业经营主体带动小农户发展的政策目标是我们努力追求的方向，但当我们仔细审视新型农业经营主体与小农户的互动实践时，仍然会发现复杂多样的实践形态。从实践层面看，新型农业经营主体对小农户的作用并不都是正面带动，有时可能会产生消极的排斥甚至会对小农户产生致贫效应。因此，本书选择贫困脆弱性理论视角，据此解析新型农业经营主体对小农户的现实作用困境，分析其背后的机理，尝试探索解决之道和未来的政策启示，防范与化解小农户致贫风险，促进新型农业经营主体健康良性发展。

一　基于农户回应视角的分析

在脱贫攻坚背景下，作为农业规模经营主体的新型农业经营主体与小农户之间的互动关系很多时候是发生在特定的实践场域特别是产业扶贫场域中的。因此，立足产业扶贫场域来解读新型农业经营主体对小农户的带动行为以及小农户对带动行为的回应机理，不仅有利于解析新型农业经营主体对小农户的带动逻辑，也有利于为未来乡村振兴背景下的产业兴旺和产业振兴提供有益参照和启示。

本书以江西S县产业扶贫实践为例，从乡村振兴背景下新型农业经营主体与小农户的互动关系入手，立足农户回应视角探讨新型农业经

第三章 新型农业经营主体带动小农户发展的现实困境与影响因素

营主体对小农户的带动作用，据此探寻新型农业经营主体带动小农户发展以及产业扶贫走向产业兴旺的内生发展之道，服务于农业的现代化转型、农村产业振兴与新时期小农户美好生活需求的满足。

产业扶贫是缓解农民贫困状况、实现持续稳定脱贫的根本之策。习近平总书记多次强调要把培育产业作为推动脱贫攻坚的根本出路。产业扶贫相关研究主要关注它的福利效应（朱红根、宋成校，2021）、政策机制（吕开宇等，2020；师磊、朱红根，2021）与治理逻辑（姜庆志，2019；陈天祥、魏国华，2021）等层面的内容，对产业扶贫政策实践在村庄社会落地生根的微观机制研究较少。乡村振兴背景下要推动产业扶贫走向产业兴旺（刘明月、汪三贵，2020），需对产业扶贫的机制和模式进行创新（许汉泽、徐明强，2020），不能仅关注增收，还要关注扶贫产业如何促进农户发展和能力提高（刘杰等，2020），凸显农户自主性与发展能力，应更多关注小农户的利益诉求、资源动员、行动策略和发展潜力，发挥小农户的主体能动性及在产业振兴中的生力军作用。

产业扶贫实践是新型农业经营主体与小农户互动关系发生的重要场域，立足产业扶贫解读新型农业经营主体对小农户的带动行为以及小农户对带动行为的回应，不仅有利于解析新型农业经营主体对小农户的带动逻辑，也可为乡村振兴背景下的产业振兴提供重要启示。近些年，无论是学界还是政策领域都强调产业扶贫要注重新型农业经营主体对小农户的带动作用[1]，相关研究关注新型农业经营主体对贫困户的脱贫作用（张琛、高强，2017）、家庭农场对农户科技与组织需求的激发（朱启臻等，2014）、专业合作社在促进贫困户增收（赵晓峰、邢成举，2016）及在农户反贫困脆弱性中的作用（向德平、刘风，2017）、新型农业经营主体与普通农户的资源流动关系（林秀云、祁春节，2017）等。从总

---

[1] 中共中央、国务院近些年的文件都对此有强调，比如，《关于加快构建政策体系培育新型农业经营主体的意见》（2017）提出"发挥新型农业经营主体对普通农户的辐射带动作用"，《乡村振兴战略（2018—2022 年）》（2018）提出"鼓励新型农业经营主体与小农户建立契约型、股权型利益联结机制，带动小农户专业化生产"，《关于促进小农户与现代农业发展有机衔接的意见》（2019）强调要"发挥新型农业经营主体对小农户的带动作用"。

体上看，随着乡村振兴战略的推进，学界和政策领域日益重视新型农业经营主体与小农户之间的利益联结及在此基础上前者对后者的带动作用，但目前的关注点较为侧重于就业、生产、技术等经济层面（阮荣平等，2017；姜长云，2018），对带动过程的社会属性关注较少，且主要立足脱贫目标关注新型农业经营主体带动小农户的意愿和方式，在乡村振兴背景下，强调带动的同时要更加注重协同发展（李计平，2021）。所谓协同发展，不是一方被动、另一方主动的不均衡状态，而是双方良性互动、互促共赢的均衡状态。因此，关注农户回应及农户主体性发挥势在必行，是推动产业扶贫向产业兴旺转型升级的题中应有之义。

本书通过实地调研深入解读江西 S 县的产业扶贫实践，从乡村振兴背景下新型农业经营主体与小农户的多维互动关系入手，探讨新型农业经营主体带动行为的农户回应，致力于揭示产业扶贫的微观社会机制，思考新型农业经营主体带动小农户发展及产业扶贫走向产业兴旺的实践机理和社会基础，服务于我国农业农村现代化发展与农民农村共同富裕的推进。

（一）产业带动的农户回应：概念内涵与观测维度

作为脱贫攻坚战略的重要实现方式，产业扶贫体现了明确的政策意图，是中央和地方政府基于特定发展目标而动员企业、社会组织、村庄社区、农户等社会各方力量进行的系统工程，涵括了经济与社会发展的多个方面。从微观层面看，产业扶贫是一种着眼于农民产业发展和生活改善的落到村庄社区的发展干预。这种发展干预并非单向的政策实现过程，而是一种不同行动主体博弈互动的社会过程，渗透着不同行动主体的认知倾向、行动意志和利益诉求。不同行动主体互动的实践过程在很大程度上决定了产业扶贫政策目标的实现程度，因此，要真正立足农户回应视角理解产业扶贫，就要在产业发展的基础上通过行动者视角并采用行动者研究方法解读产业扶贫的微观社会机制。

行动者研究方法关注行动者的相互影响与回应机制。它最早在 20 世纪 60 年代末 70 年代初流行于社会学和人类学研究中，后于 70 年代末80年代初被应用于发展干预研究领域。发展干预研究引入行动者研究视野，使人们的注意力从宏观的国家规划转向中观和微观的实践层面。荷兰社会学家诺曼·龙（Norman Long）在《行动者视角的发展社会学》一书中指出，行动者方法试图通过理解个体动机、目的与兴趣来研究和解释社会现象，强调行动者与他人合作、冲突并共同建构起社会生活的过程。他指出，行动者将其自身行为置于个体能够感知其他行动者的"外部世界"中，同时成为其他行动者生活世界的一部分；通过互动，行动者之间有意识或无意识地重塑或改变着其"外部世界"（李春艳，2015）。因此，立足于行动者视角的发展干预过程研究，不应忽视来自不同行动者回应与改变"外部世界"的力量，要深入行动者的互动过程探寻行动者的回应性与主体性，据此探究发展干预的实践机理。产业扶贫是一个包括政府、带贫主体、农村社区、农户等不同行动者相互作用的实践场域，是一个特定政策目标引领下的发展干预过程。透过行动者视角，人们可更深入细致地洞察其社会基础和实践逻辑。

社会情境下的"回应"本质上是一种互动关系[1]，体现了不同行动主体的需要、意图、动力、意志和行动逻辑。它并非孤立存在的，而是嵌入特定的经济与社会文化背景中。具体到农户对外部影响的回应，我国现代化发展背景下普通农户对外部力量干预的回应已受到颇多关注，比如，费孝通（2001，2021）于20世纪30年代在《江村经济——中国农民的生活》及40年代在《禄村农田》中描述了普通农户在面对近代工商业发展浪潮冲击时或主动或被动的回应，折晓叶、陈婴婴（2011）关注到我国20世纪90年代中期分税制改革后村庄社会对外部输入式项目的回应，等等。一般而言，回应是指个体对某一事件或事物的反应、回答、响应或应付的过程，强调的是一种"反馈"。李春艳（2015）立足发展干预研究视角，通过实地研究发现，农户对发展干预的"回应"既包括地方行动者（村干部和村民）在行为、语言以及心理等方面对发展项目表现出的直接反应、回答或响应的方式，也包括农民通过与他人的

---

[1] "回应"（response）有两种代表性界定：第一，an answer or reaction to sb/sth（回答、回复）（斯蒂尔，2005）；第二，多元主体在一定社会结构中基于共同利益、诉求的应答、认同、实化及实践的互动过程（戚攻等，2009：12）。

交往互动等过程间接地对项目所做出的反应或响应。地方行动者围绕发展干预事件，独立地或通过互动与他人共同完成的直接或间接、言语或行为的反应与响应方式。对地方行动者的回应行为进行分析，可以揭示干预项目被解构和重塑的过程。李耀锋（2016）基于不同类型的"项目进村"实践，认为"项目进村"的村庄回应是指村庄在一定的经济与社会结构中基于自身利益诉求和资源条件而与政府、企业、非政府组织等"项目进村"相关行动主体所进行的认知、应答、认同及博弈的实践互动过程。它包括密切关联的三个层面：一是村庄对自身利益诉求和资源的感知过程；二是村庄依据一定的制度规范和价值准则对外来诉求和影响做出认知与评判并产生认同或不认同的过程；三是村庄的互动方式选择以及把诉求、期望或承诺转化为社会行动的过程。这一界定立足项目制视角揭示了"回应"的关系特征与社会属性。

农户特别是贫困农户作为产业扶贫的受益对象，在产业扶贫过程中存在对外来行动主体的反应、回答、响应或应付的过程。他们与外来行动主体具有不同的认知模式、利益诉求、资源条件和行动逻辑，在互动过程中存在复杂的认知、应答、认同和博弈等社会活动。综合既有研究，本书认为，产业扶贫背景下产业带动的农户回应是指农户在一定的经济与社会结构中基于自身利益诉求和资源条件而与带贫主体进行的认知、应答、认同及博弈的实践互动过程。这一实践互动过程包括交相作用的三个层面：一是农户对自身利益诉求和资源的感知过程；二是农户对带贫主体诉求和影响做出认知与评判并产生认同或不认同的过程；三是农户的互动方式选择以及把诉求、期望或承诺转化为社会行动的过程。如果农户在与带贫主体（商业企业、新型农业经营主体、社会组织等）的互动过程中能产生较好的主体性和效能感，具有防范风险并实现发展的能动性，则说明农户具有良好的回应性；如果农户缺乏对自我利益诉求和资源条件的明确辨别，在与带贫主体的互动过程中缺乏主体性和能动性，甚至处于被排斥和失语状态，则说明农户的回应性不足或缺失。本书主要聚焦农业产业扶贫，农业产业扶贫中的带贫主体主要是家庭农场、农民合作社、龙头企业等新型农业经营主体，它们在政府政策支持激励下参与产业扶贫并发挥对农户的多方面带动作用。农户对其带动行为的回应是指农户在一定的经济与社会结构中基于自身利益诉求和资源条件与新型农业经营主体进行的认知、应答、认同及博弈的实践互动过程,包括对自身利益诉求和资源的感知、对新型农业经营主体诉求和影响做出认知与评判并产生认同或不认同、互动方式选择及把诉求和期望或承诺转化为社会行动三个层面。

本书选择将作为革命老区和国家级贫困县的江西S县作为调研点。选择S县,主要是考虑到S县在推动脱贫攻坚特别是产业扶贫方面的典型性和实践成效。S县位于江西省东南部,于五代南唐保大十一年(953年)建县,因"环山多石,耸峙如城"而得名。S县下辖6镇5乡、131个行政村、1881个村民小组,总面积1582平方公里,总人口33.4万人。全县有建档立卡贫困户12470户49820人,有省定"十三五"贫困村29个、深度贫困村15个,是原国务院扶贫办定点帮扶的贫困县。2019年4月S县获批退出贫困县序列。2019年10月17日S县获"全国脱贫攻坚奖组织创新奖"。S县在产业扶贫过程中开创性地推进了创业致富带头人培育的"千人铸造计划",取得了显著的实践成效,受到原国务院扶贫办的肯定和公开表彰。S县是传统的农业大县,有悠久的种植传统和农业发展历史,烟叶、白莲、蔬菜是其三大主打农业产业,很多普通农户都有常年种植烟叶、白莲的习惯,产业扶贫后新型农业经营主体的参与和带动增强了贫困户脱贫增收的实际效果。

本书的实地调研主要于2019年7月15日至8月30日及2020年8月10~20日在江西S县进行,主要对参与产业扶贫的农户和产业扶贫过程中进行农业规模经营的创业致富带头人进行了深度访谈。为全面了解产业扶贫过程中新型农业经营主体产业带动行为的农户回应,本书还对相关的村"两委"工作人员和乡镇干部进行了深度访谈。被访的新型农业经营主体创办领办人和小农户从事蔬菜与瓜果种植、牲畜饲养等农业产业不同领域。调研对象的选择在地方农业农村局和扶贫办协助下进行。本书选择了当地具有一定代表性和示范效应的新型农业经营主体,涵盖了发展较成熟与不够成熟的新型农业经营主体,主要通过深度访谈一方面评估脱贫攻坚背景下新型农业经营主体创办领办人的发展历程、其对当地村庄社会和小农户生产生活及内在心理等方面的影响,另一方面收集普通农户在参与产业扶贫过程中与新型农业经营主体的社会互动过程相关资料，了解其所思所想、利益诉求、行动策略和未来预期等。

（二）产业扶贫中新型农业经营主体带动行为的农户回应

1. 农户回应的第一个层面：对自身利益诉求和资源条件的感知

（1）接受产业带动的意愿和方式受制于是否划算的利益感知

我国的产业扶贫注重新型农业经营主体的带动作用，试图通过构建新型农业经营主体与小农户的利益联结带动小农户增收脱贫和提高发展能力（刘明月、汪三贵，2020），但农户内部存在显著差异，接受产业带动的意愿和方式并非整齐划一，而是受制于是否划算的主观利益判断。农户的年龄、性别、技术水平、生活和生产信念等因素都会产生影响。据担任村小组长的CSH介绍，自己小组30多户中有10多户参加了合作社，有10多户因需要额外缴纳100元而不愿参加合作社，他们觉得种植面积较小，不划算。也就是说，种植面积小的农户觉得参加合作社无利可图，没有收益预期，甚至不愿意缴纳100元入社费用。不同的农户有不同的现实处境、资源条件和利益诉求，对参与合作社生产的想法不同。具体到大棚蔬菜的种植，蔬菜种植是S县三大主打产业之一，对于市场来说大棚蔬菜有一些前景，但不同年龄层次和条件的农民有不同的需求和种植意愿。据一个中年村民讲：

> 像我这个年纪可以种一些比较复杂的蔬菜，如茄子、辣椒这种技术较为综合的、要求较高的蔬菜。但是像我父亲这样年纪的人，就不适合栽种茄子、辣椒了，一是身体不好，二是技术跟不上。他们可以种一些橄榄菜、卷心菜等叶类蔬菜。因为叶类蔬菜对劳动力的素质要求比较低，也没有那么高的技术要求。本地的菜农最好种一些经常吃的蔬菜，如杏瓜、长茄子、芋头之类的。（访谈材料：XF村贫困户CHK，大棚蔬菜种植）

有些农户因身体条件不好而退出合作社，比如，在蔬菜种植合作社工作的村民，年龄最大的 60 多岁，平均年龄 50 多岁。近些年在合作社工作的年龄大的村民不断减少，一是棚里太热，身体弱的受不了，有高血压的也不行，二是化肥味道吸入多会头晕。村里 60 多岁的老年群体不愿意种植这种大棚，他们更愿意夏天露天种植蔬菜、冬季搭简易大棚。很多老人不会开车，不能把蔬菜运输到市场上进行大规模销售，只能少种一些，肩挑到乡镇或临公路的市场零散卖。一些年轻力壮的村民会选择从新型农业经营主体那里租用种植大棚，以获得更多收益。

农户是一个理性的行动主体（王飞、任兆昌，2012），他们会综合自身需要和资源条件及外部政策支持等因素做出是接受新型农业经营主体带动还是依靠自己谋发展的理性选择。农户理性不是一个笼统的概念，不同的农户有不同的理性机制，可感知的有力的外部政策支持会直接影响农户的理性判断和利益预期，使他们更容易产生划算的利益认知而愿意接受合作社的带动，参与合作社的生产经营。

> 刚巧 2018 年吴总[①]来这边做大棚，我看到大棚政策给贫困户有一些优惠和补贴，甚至可以免费获得一个大棚。我通过贫困户的无息贷款贷了 5 万元。就这样，我跟我老婆商议之后，决定开始尝试种植大棚蔬菜。原本想兼顾种植烟叶，后来家里劳动力实在不够用，就放弃了。（访谈材料：XF 村贫困户 CHK，大棚蔬菜种植）

如果身边有成功的榜样，特别是跟自己境况相似的榜样，就会起到很好的示范引领作用，让农户觉得接受新型农业经营主体带动是划算的，产生良好的收益预期，最终愿意通过参与合作社等方式实现合作生产，改变各自为战的状况。正如一个村民小组长所说的：

> 我们这里的贫困户，政府能提供资金入股大的合作社，村民知道后都来询问并自费参加，有的是邻里之间的相互带动，带动的

[①] 村民口中的吴总是指蔬菜企业的老总 WFH。WFH 的企业是 2016 年 G 市发展蔬菜产业后重点引进的龙头企业，目前在 G 市 7 个县有 8 个基地，一共有 1 万多亩地，2019 年 8000 多亩地的总产值达到 13 亿元。

（力度和数量）很大。（访谈材料：村民小组长 PJH，非合作社成员）

（2）与新型农业经营主体互动的经验影响农户的利益感知和预期

新型农业经营主体有更多的资源支持和更强的市场能力，它们对农户特别是贫困农户的带动一直被认为是推动产业扶贫的关键（张琛、高强，2017）。新型农业经营主体对农户的带动行为并非单一的产业发展行为，本质上是一种社会互动与交换行为。社会交换理论认为，行动者之间既有的交换经验会影响其未来的交换预期，如果行动主体从既有的交换过程中能够获得积极的酬赏和反馈，行动主体就会倾向于延续这种交换与互动（布劳，2012）。农户在与新型农业经营主体互动与交换过程中获得的预期收益，会影响农户的利益感知，使农户倾向于继续维护这种互动关系。据 ZL 白莲种养合作社理事长 GZQ 讲：

> 其实一开始，很多村民跟我的想法一样，都觉得合作社是一个空壳，对合作社也没有好印象。他们很害怕合作社关门之后自己投在里面的股金全都泡汤了。但慢慢地，他们就愿意参加合作社了。尤其是2019年，我们开了股东分红大会，给很多加入合作社的社员分了红。

新型农业经营主体对农户的带动也与农户的特征有关，带动逻辑的差异带来了农户利益感知上的差异。调研发现，合作社有部分农户能够获得长期工作的机会，而一些年龄大的、工作能力不足的农户，即使家庭比较贫困且亟须帮扶，也往往难以获得稳定的工作机会。

> 村里有一部分贫困户能够获得长期工作的机会，而我虽然属于贫困户，但他们只雇我打短工。虽然我们也需要帮扶，但不能长期在合作社工作。除了一些大家公认的特别贫困的人之外，在合作社工作的人多是一些跟村干部关系好的人，要么就是有能力、得到大部分村民们认可的人。产业发展得好，对村庄的影响比较大，但对我们的影响确实不大，我也不管那么多。（访谈材料：XF 村贫困户

<<< 第三章　新型农业经营主体带动小农户发展的现实困境与影响因素

CKQ，白莲种植）

比较而言，新型农业经营主体面向现代农业市场，强调科学种植、规范管理，而小农户则以家庭为单位进行农业生产，强调便宜行事、灵活安排、内部协调，两者在种植理念、种植方式、管理水平方面有较大差异。这在一定程度上影响到两者的互动方式及效果。

> 想要统一社员们的种植习惯是非常困难的，比如本来这个时间需要去除草，但是他们不愿意去，或者说不能及时去，你跟他们说了他们也会说我等明天再去，或者我等下午稍微凉快一点再去，但可能到那个时间（他们）又有其他的事情耽误了。而且大部分人都觉得，不及时除草也无所谓，过几天处理也行。但其实按照我们科学的种植计划和田间管理步骤，如果你在这个环节没有很好地把应该做的事情做到位的话，下一个环节就会受到影响，最后种出来的莲子品质肯定不好。（访谈材料：ZL 白莲合作社理事长 GZQ）

由此可知，新型农业经营主体和普通农户在种植理念、种植习惯和种植方式等方面的统一很重要，这不仅会影响新型农业经营主体对小农户的带动成效，也会影响小农户的利益感知。就 S 县产业扶贫中重点发展的大棚蔬菜种植而言，政府的初衷是带动贫困户增收就业，但蔬菜大棚种植更需要积极主动且有能力的农民，无法为劳动能力较弱（更需要帮扶）的贫困户提供有效的收入保障。这在很大程度上与蔬菜大棚种植的特性相关。蔬菜大棚产业"投入大、风险大"，是所谓的资金密集、劳动力密集和技术密集型产业，对农户素质（资金能力、经营能力、抗风险能力等）要求较高，与小农户的种植习惯、技术水平和资源条件存在一定错位。作为带贫主体，新型农业经营主体往往有自己的方法纠正这种错位。

> 对于不听劝和种植习惯不好的农户，我们一般以劝导为主，再加上效果的对比，就是让他和管理比较及时、对种植白莲比较上心

的农户形成强烈的对比,帮助他养成好习惯。如果丈夫懒一点,妻子看到群里有人做得很好,那她会觉得我们合作社推广的种植流程比较合理、科学,她也会提醒自己的丈夫,这样整个村的种植习惯慢慢地就会发生改变。(访谈材料:ZL白莲合作社理事长GZQ)

2.农户回应的第二个层面:对新型农业经营主体影响的评判与认同
(1)对新型农业经营主体的评判与其角色定位有较大差异

新型农业经营主体在我国政策体系中有明确的角色定位和发展导向,它们是适应现代市场经济和农业生产力发展要求的,从事专业化、集约化、规模化生产经营的农业生产经营组织形式(陈晓华,2014)。发挥其引领作用,关系我国形成复合型现代农业经营体系的现实需要(熊磊,2020)。但由于发展时间短、发展不成熟等原因,新型农业经营主体的作用发挥并不明显,农户对它们的评判与其在政策体系中的角色定位仍有较大差异。以农户CSH为例,他虽然加入了合作社,但在他看来,合作社实际上并没有起到太大的作用。合作社虽然开展了一些技术宣传讲座,有一定的帮助,但整体帮助作用不大。据CSH讲,面对莲子栽种过程中的同一种病虫害,农户找不到应对办法,从合作社提供的技术支持中通常也找不到有效的应对办法。对合作社统一采购农资和收购农户莲子的做法,CSH同样提不起很大的兴趣,原因在于,合作社的经营并不像村民想象的那样具有很强的福利性质,而更像是一家追求利润的商业企业。首先,合作社的农资销售价格和产品收购价格与市场价相差不大,做不到以稳定且有优势的价格销售农资和收购农户的莲子。其次,合作社不会收购社员的所有莲子,而是会以一定的标准(考虑莲子的大小、是否死兜和莲子的成熟度等),有选择性地对莲子进行收购。据村干部说,2019年当地莲子比较紧俏,售价较高,合作社几乎收购了村民的所有莲子,对莲子的品质要求也降低了一些。2020年莲子价格下滑,合作社收购莲子的标准变得非常严格,且常以不达标为由拒收非社员村民甚至社员的莲子。按照村民的想法,合作社最起码应当全部收购社员的莲子,尤其是在莲子市场低迷的时候,哪怕是以相对较低的价格收购。在村民看来,这才是合作社的作用,不然合作社就跟市场上的企业没有区别，也就没有加入合作社的必要了。

我国农民专业合作社作为新型农业经营主体的重要形式，处在转型发展时期，存在运作不规范、"空壳社"及部分合作社流于形式、带动能力不强等现实问题（刘明月、汪三贵，2020），这在很大程度上导致村民对合作社的评判存在两面性。就组织属性来说，合作社作为面对市场竞争的农民合作生产组织形式，蕴含营利性与服务性双重组织特征的现实矛盾。一方面，合作社作为市场主体，既需要参与市场竞争，获得利润扩大再生产，又需要考虑成本、收益和市场竞争力问题；另一方面，合作社作为农民合作组织，既需要服务于农民，对农民的生产和福利有一定的保障作用，又需要考虑到作为社员的村民的利益诉求。若这两方面关系处理不好，则容易导致现实矛盾。据 X 合作社监事长 HCG 讲，每次召开社员大会的时候，大家都会对合作社有一些意见。比如，对于莲子的筛选过程，农户没有严格的分类标准，只是把所有的莲子放在一起卖给合作社，他们相信合作社能帮助他们解决市场问题，但合作社在这个环节经常会挑好的买，不好的就会放在一边，因为合作社要面对市场压力，期待从中获得利润。SN 村贫困户 LCL 对此有深切感受。据他说，合作社看重品质，收购莲子时都要将莲子倒出来仔细检查，而外面的商贩就直接称斤拿走，非常省事，收购价格也是一样的，甚至卖到外面市场上可能每斤还会多一两角钱。一些质量不是很好的草莲，合作社会拒收，尤其是在莲子旺季。他虽然没有遇到过因为质量问题莲子被拒收的情况，但其他小组成员遇到过。

> 七八十岁的老人，太阳那么大，（把莲子）挑到合作社，要走 1000 多米。然后合作社的人说，我不要你的莲子（质量不好），叫他挑回去。半斤莲子，低价收购不会花多少钱，可能只要 2 元钱，但合作社的人想不到这一点。（访谈材料：SN 村贫困户 LCL）

尽管收购环节存在不少问题，但村民大多都认为合作社的作用还是有的，可以年底分红，买肥料、农药有一些优惠，目前主要问题是在收购环节。

（2）双方的利益联结和社会关系是评判与认同的重要影响因素

在现代产业关系中，信任能够促进合作。农业产业化发展中农户对公司的信任在两者合作中具有重要影响（陈灿、罗必良，2011）。同样，产业扶贫中农户对新型农业经营主体的认同和信任也影响着两者的合作成效。紧密的利益联结和社会关系能带来小农户对新型农业经营主体的积极评判和认同，特别是"自己人"认知与知根知底的社区关系连带会增强信任，引发积极的评判和情感认同，产生利益一致感，正如某村支书所言："他（村中致富带头人 ZHS，瓜果种植）和大家都很熟，他干什么都会和我们讲，我们很相信他，也很支持他。"（访谈材料：村支书 WXB）白莲是 S 县的传统优势产业，白莲种植历史悠久，产业扶贫过程中地方政府重视以白莲产业和农户种植传统为基础成立合作社等新型农业经营主体带动小农户发展，注重在当地遴选骨干力量并将其培育为新型农业经营主体创办领办人。S 县在把新型农业经营主体培育为带贫主体的同时将其带动成效作为考核指标，激励新型农业经营主体带农发展，这种嵌入乡土的培育方式增强了新型农业经营主体与农户的经济和社会连带（李耀锋等，2020），提高了贫困户对新型农业经营主体的评价和认同。贫困户 CSC 说："以前我自己种莲总是赚不到钱，现在有人带着我种、帮着我卖，产量高了，价钱又好，年底还有分红。我还要跟着干！"从广东返乡领办新型农业经营主体的村民 HXY 在脱贫政策激励下返乡后流转土地组建了专业合作社，他在自身发展的同时不忘带动本地农户特别是贫困户发展，贫困户 HFK 通过土地流转从 HXY 那里获得租金，又在 HXY 的园区做果树管护工作获得工资性收入。HFK 说："真心感谢 HXY，让我既可以照看家庭，又有稳定的收入。"由此可知，带动关系并不必然带来正向的评判和认同，关键是双方是否有正面的利益联结和社会关系。

脆弱或不均衡的利益联结会降低小农户对新型农业经营主体的评价，引发消极认同。不少新型农业经营主体尽管与小农户有用工和租地等利益关联，但利益分配不均等问题，如给农户的地租偏低或拖欠租金，使农户收益减少，容易引发消极评价和消极认同。SN 村贫困户 LCL 因合作社在市场不景气时拒收莲子而愤愤不平，认为合作社"不近人情"。

LCL是合作社的一个小组长，贫困户XSY找到他交了300元入社费进入合作社，但莲子被拒收一事发生后，LCL某次在赶集时碰到XSY的妻子，XSY的妻子就在背后追着他，质问他为什么"骗人"。LCL很无奈，也很气愤，在他看来，合作社说一套做一套，做得不对。脆弱的利益联结会滋生怀疑、迷茫、无助、气愤、敌意等消极情绪，特别是村民看到新型农业经营主体在自己原有的土地上获益丰厚而自己由于失去土地生活艰难时，内心的不满甚至仇视可能随之增加。S县在产业扶贫中大力发展蔬菜大棚，一方面对内培育，另一方面对外引进。LJM就是脱贫攻坚背景下通过招商引资来创办新型农业经营主体的。由于地租给付问题引发了村民的强烈不满，村民破坏了LJM的大棚设施，甚至村里有两个老人还扣了大棚蔬菜基地的钢材。大棚建成后，LJM陆续开始种植辣椒、茄子、油豆角等蔬菜。这些蔬菜成熟后，总有村民割坏大棚，进去偷窃。村民觉得这是他们的土地，拿一些东西是正常的，是"应该的"[①]。2020年矛盾更加激烈，因为许久未得到租金，许多村民把大棚设施周围的水沟挖断，并且将电线破坏，导致大棚无法正常使用，很多大棚都处于报废状态。据大棚管理者XQB讲，LJM觉得，S县的这个产业基地是他投资的产业基地里最麻烦的一个，农户"很难打交道"。

3.农户回应的第三个层面：互动方式的选择与社会行动的实现

（1）沟通不畅与预期利益受损是引发矛盾冲突的重要原因

新型农业经营主体和小农户作为不同类型的农业经营主体，有不同的主体特征与生产经营状况，两者之间的良性互动非常重要（李艳等，2021）。但由于不同的组织特征、现实处境、利益诉求和行动逻辑，在产业扶贫过程中，两者出于各种原因存在沟通不畅和利益冲突问题，导致小农户的预期利益无法达到，特别是征地补偿款欠发等情况导致小农户的基础性利益受损，因此小农户采用不友好的方式进行互动，甚至一些小农户会使用"弱者的武器"，给新型农业经营主体的生产经营带来不必要的麻烦。前述案例中LJM的蔬菜大棚拖欠农户土地租金一直没有

[①] 这里既有实际的利益纠纷问题，也有研究者所说的农民"内外有别"的行动伦理问题，参见周飞舟、何奇峰，2021:88~97。

落实，村民意见很大。村民经常利用大棚与大棚之间的零散和边角地，种植一些他们日常食用的蔬菜，如豆角、红薯、芋头、大豆。这些作物的零碎种植会与大棚里的一些作物种植产生矛盾和冲突，生物之间的相互传染还会导致大棚里的蔬菜产生一些病虫害，而且经常在大棚旁边的边角地种植作物容易引起大棚根基不稳。XQB作为LJM公司大棚的直接管理人，要对LJM的整个蔬菜大棚负责，同时作为村庄一员，他也要维护村民的利益，他觉得LJM在处理一些事情上没有跟村"两委"处理好关系，这是引发矛盾的重要原因。还有很重要的一个原因是村干部这一环节出了问题。因为村民和村"两委"是同一个地方的，村民一般不会将矛盾引向村"两委"，更多是将心中的怨气和不满发泄在蔬菜大棚设施上，这给LJM公司的生产带来了很大麻烦。在部分村民眼里，外来的农业企业在村里发展产业，村民是既不熟悉也不信任这些"外人"的，相比于本土企业，它们更难与村民建立利益一致感，村民跟它们更易存在沟通不畅或利益冲突，而本土企业有一定的社会基础，处境相对好一些。

> 我这个基地遇到土地流转、资金困难时，村里都会考虑到我的困难，宽限时间，延长缴费时间。村里有些素质不是很高的，会来捣乱，村干部和村民会帮忙阻止、帮忙说话。像之前一些外来的大企业，总是跟村民有矛盾，村民也不配合，整得很麻烦，后来它们就走了。（访谈材料：合作社领办人WGQ，鱼虾养殖）

新型农业经营主体与小农户之间的沟通互动不是孤立的，而是以整个农村基层治理结构为背景进行的。基层乡镇政府和村"两委"的沟通协调是新型农业经营主体和小农户矛盾调解的重要中介因素。在S县产业扶贫过程中，政府给企业的优惠和支持力度很大，除了政策支持以外，平常的矛盾纠纷都由村里和乡里支持解决。农户田地和企业大棚在一起容易产生矛盾。二者在土地流转和日常生产过程中产生矛盾后，企业会跟乡里直接联系，甚至会由乡镇党委书记直接出面处理。前述案例中LJM的大棚500元一亩的租金一直没有付给村民，很多村民破坏他的大棚设施，还经常在大棚的边角上种一些作物，影响他的生产。作为公司大棚直接管理者的 XQB 认为是当地的村委会没有在公司和村民之间做好协调，公司已经将租金打给了村委会，但村委会以其他名义将这笔资金截留下来用于其他用途，ZX 村的村支书还因为这件事情涉及贪污腐败问题，今年上半年被抓进了班房。对于依托村庄资源进行生产经营的新型农业经营主体，特别是外来投资的新型农业经营主体，村委会的协调沟通是非常有必要的，它可以为投资者解决很多本土化问题，化解本地村民的质疑、阻挠和抵触。一个在 S 县投资的外来的新型农业经营主体负责人说：

> 我们外地人每到一个地方，都需要当地人来为我们提供支持。我们要跟他们混成老熟人，我们每到一个地方都要依靠当地村委会来帮忙，没有他们的支持，我们肯定不好弄，比如这么大面积的瓜棚，如果有人来偷西瓜我们也不知道，这都要依靠良好的关系才能维持整个地方的经营。我在这里租住的房子也是当地村委会帮忙找的。（访谈材料：来 S 县投资农业的贵州人 RJG，大棚蔬菜种植）

乡镇政府和村委会扮演着重要的中介角色，可协助规模农业经营主体与小农户进行沟通和利益协调，促进它们适应本地社会，进而实现顺利经营。

（2）在与新型农业经营主体博弈互动中形成适应性种植策略

产业扶贫中新型农业经营主体与小农户的互动虽然较多表现为前者对后者的产业带动，但小农户并非完全被动地跟着新型农业经营主体走，小农户依然是一个独立的理性决策主体和行动者。他们会根据自身利益、周围环境的变动以及身边新型农业经营主体的情况调整自己的种植结构乃至生计策略，以获得差异化的市场利润，规避环境变动可能带来的风险，尽力使自己家庭的劳动力价值最大化。这种状况在一定程度上体现出我国传统农户顽强的生命力和很强的自主性，在相当程度上呼应了学者所说的"韧性小农"（陈军亚，2019）。当然，农户的种植策略选择也并非随意而为，而是受限于地方的种植传统和种植结构。在通过种植大棚蔬菜带动小农户发展的村庄中，蔬菜大棚产业与村民自己的耕地经营经过磨合逐步形成了一种相互搭配、融合共生的局面。夏季大棚蔬菜没有市场竞争力，6~9月通常是大棚种植的空档期，而这段时间恰好是莲子的收获期。水稻、红薯等其他作物的种植对劳动力的需求量要比种植白莲小得多，如果安排得当，则小农户可以做到耕种自家土地与到大棚务工两不误，从而实现家庭劳动力价值的最大化，防范可能出现的生计风险。农户策略的集中体现是村民所讲的"茬口种植"。

> 对于我们农民来说，种植太单一的作物不划算。因为如果今年的市场行情不好，那我们很容易因市场价格低迷而受损。吴总他们作为大规模企业的老板，有自己的销售渠道。像我和KWQ以及CLK，都是种好几种作物。我们有大棚种植，也有露天种植。这样在天气最热的时候露天种植可以继续有蔬菜供应给市场，我们就不会亏本。一年四季我基本上没有休息过，比如，从三四月份开始，我就根据茬口市场要求，种一些本地急需的辣椒和茄子。四五月份辣椒、茄子陆续可以采摘以后，这一季蔬菜就可以延续到七八月份。七八月份王总他们休棚的时候，我就在露天场地种植一些甘蓝菜、芋头、杏瓜。到了九十月份，休棚陆续结束，我就开始种植红辣椒、豆角和一些叶类蔬菜。（访谈材料：XF村贫困户CHK，蔬菜种植）

"茬口种植"是产业扶贫过程中小农户适应性生计策略的集中体现，反映出作为理性行动主体的小农户的自主性和能动性。它需要小农户对形势有准确判断并做出合理反应，是其本土化生产经验的体现。

> 最主要的是茬口要安排好，什么时候出什么菜比较好卖，这都是需要我们注意的事情。如果市场上这个茬口出的产品比较多，那么你要把这种蔬菜的种植计划提前安排。（访谈材料：ZX村非贫困户KWQ，大棚蔬菜种植）

但"茬口种植"的选择并非完全理性的，因为农户的种植计划可能与新型农业经营主体的种植计划产生冲突，从而对彼此产生一定的不利影响，导致两者都无法做出最优选择。据 XF 村租种大棚蔬菜的贫困户 CHK 讲，S 县产业蔬菜大棚基本上都是集中建设的，不利于贫困户和公司老板各自发展，因为每个人对蔬菜产业的作物种植安排、种植茬口安排以及品种都不太相同。如果种植作物过于密集的话会引起茬口感染。比如，今年上半年 XF 村另外一个贫困户 CLK 种了花菜，但他觉得花菜的价格太低，于是就把所有的花菜都用机器打掉了，不过 CHK 的花菜提前做了预防，所以没有出现白粉病和其他茬口的病虫害问题。但 CLK 把花菜打掉以后，他田里的菜病就传染到 CHK 的田里了，因为他们两个的大棚离得很近。像这样的事例还有很多，有时候 CHK 的大棚跟别的大棚放在一起，对方的大棚用的是 120 元的生物农药，可以把虫子全部都驱赶走，但 CHK 用不起那么贵的农药，于是对方棚里的虫子就跑到 CHK 的棚里。因此，CHK 需要在种植片区上适当采取一些隔离措施，才能避免茬口感染和病虫害以及相互之间因种植计划而产生矛盾的问题。可见，尽管普通农户拥有相对较少的资源条件，但作为独立的生产单元和经营主体，他们仍然是理性决策的行动者，会在与新型农业经营主体的博弈互动中形成切合自身利益的适应性种植策略。

（三）总结与启示

产业扶贫是我国实现脱贫攻坚目标的关键路径，也是新型农业经营主体带动小农户发展的重要实践场域。它不仅是一个经济过程，也是一个社会过程，充满了不同行动者的互动关联，有政府、带贫主体、村庄社区、社会组织、小农户等多个行动主体参与其中。作为带贫主体的新型农业经营主体与作为被带动对象的小农户之间存在经济与社会方面的多重关联，两者的互动不断建构着产业扶贫的实践逻辑并影响政策目标的实现。小农户特别是贫困户尽管拥有相对较少的资源条件，但并非完全被动地跟着新型农业经营主体走，并不绝对是产业扶贫影响的被动承受者和吸纳者，也不是政策资源的被动接收者。他们依然是独立的理性决策主体和积极行动者，有顽强的生命力，是有内在利益诉求、评判标准和独立发展意愿的社会主体，且不同类型和特质的小农户有差异化的资源认知、利益诉求和情感倾向。上述特点影响着他们对作为带贫主体的新型农业经营主体带动行为的回应，影响着两者的协同发展。

产业扶贫是世界范围内较为通用的扶贫手段，其在我国的实践嵌入我国的经济与社会文化背景之中。产业扶贫中新型农业经营主体带动行为的农户回应是透析中国特色农业农村现代化发展规律的一条有效路径，具有重要的政策意涵和实践价值，有利于探明产业扶贫的微观机制和社会基础。在我国从产业扶贫走向产业兴旺的进程中，立足小农户需要和资源条件优化其对带动主体的回应，构建其与带贫主体协调的经济关系与社会关系，对我国农村产业振兴与农民农村共同富裕有重要的实践指导意义。本书的政策启示主要体现在如下两方面。

一是优化农户回应有利于提高产业带动的精准性和实效性，促进产业扶贫走向产业兴旺。党的十九大报告首次提出实施乡村振兴战略，并将其总要求明确为"产业兴旺、生态宜居、乡风文明、治理有效、生活富裕"。作为乡村振兴战略基础的产业兴旺应以农业为基础，应主要定位于农业，依托农业发展第二、三产业，促进产业联动（徐雪高、侯惠杰，2019）。产业扶贫是实现产业兴旺的重要前提和基础，推动产业扶贫走向产业兴旺是巩固脱贫攻坚成果和推动乡村振兴的必然要求（刘明月、汪三贵，2020）。因此，延续脱贫攻坚背景下农业产业扶贫的已有成果和优势，优化农户回应机制，提升小农户参与农业市场的主动性和能动性，促进产业扶贫走向产业兴旺是推进乡村振兴战略的重要切入点。产业兴旺不是一业独兴，而是多业态共同繁荣、多产业联合并举，是整个产业生态的改善，不是简单的就业增加或收入提高。实现产业兴旺既要关注宏观的国家战略导向和政策实施意愿，不断调整政策设置与治理机制，也要重视微观的农户回应，体察普通农户的所思所想，明确小农户在发展过程中的资源条件、内生需求和行动逻辑。唯有如此，才能切实提高产业扶贫的实效性，避免国家资源投入的失准和浪费，才能精细了解国家政策落地的真实效果，洞悉政策实施的微观实践机理，预判政策的意外后果，提高产业发展政策的精准性。

二是优化农户回应有利于推动单向带动升级为双向联动，促进不同经营主体协同发展。新型农业经营主体和小农户是不同类型的农业经营主体,我国"大国小农"的基本国情农情决定了不同规模农业经营主体的长期并存与共生(张晓山,2009;陈靖,2018)。脱贫攻坚背景下我国侧重于新型农业经营主体带农增收脱贫的能力培养与制度激励,以贫困户增收脱贫为核心目标,强调新型农业经营主体对小农户的产业带动,但需要更加注重新型农业经营主体与小农户的协同发展(熊磊,2020;李计平,2021)。相关政策设置与制度措施需要在"增收脱贫"的基础上进一步补强"增能赋权"的新维度,要着眼于未来提升普通农户适应环境变化的可持续发展能力,更好地体现"授人以渔""助人成长"的新内涵与新导向,防范脆弱农户可能出现的相对贫困问题。当下,我们不仅要关注新型农业经营主体的带动作用,而且要注重优化农户回应,消减农户面临的信息不对称和资源缺失问题,发掘普通农户内在的潜能、资本、活力以及应对环境变动的能力,提升农户回应能力,使其可以把外部带动和政策支持转化为内生发展能力,进而推动小农户与新型农业经营主体共同成长、平衡协作、良性互动,营造多主体协同共生的良好农业产业生态,促进乡村产业振兴,助推中国特色农业农村现代化与农民农村共同富裕。

二 基于贫困脆弱性视角的分析

(一)背景与问题

贫困治理是人类社会的永恒主题。2020年我国已取得脱贫攻坚的伟大胜利,但未来我们依然面临贫困治理的问题。《中共中央 国务院关于实施乡村振兴战略的意见》提出,到2035年,农业农村现代化基本实现,相对贫困进一步缓解。2019年党的十九届四中全会提出"坚决打赢脱贫攻坚战,巩固脱贫攻坚成果,建立解决相对贫困的长效机制"。由此可见,2020年以后,如何预防和治理农村贫困特别是小农户的相对贫困是一个非常重要的理论与实践议题,是我国实现乡村振兴和农业农村现代化的题中应有之义。

2020年以后我国农村贫困治理要有新理念和新战略。世界银行在《2000/2001年世界发展报告：与贫困作斗争》中首次提出"贫困脆弱性"概念，强调"贫困事前干预"及"贫困预防"。贫困脆弱性逐渐受到学界及政策制定者的重视，成为国际社会反贫困的新议题。2020年脱贫攻坚取得伟大胜利，我国反贫困进入崭新阶段，把反贫困的理论与实践转向"贫困事前干预"和"贫困预防"具有现实迫切性与必然性。为了提供适当的、有远见的反贫困政策，即预防和减少将来的贫困，我们不仅要了解现在谁贫困、谁不贫困，还要了解家庭现在面临的哪些风险导致其更容易在将来陷入贫困，即估计家庭的贫困脆弱性（Chaudhuri et al.，2002：2-4）。在我国农业规模经营的新形势下，小农户面临一定的贫困脆弱性。比如，分散的小农户面对大市场时存在一定的资源和能力不足问题，人口流动背景下小农户家庭支持功能减弱使留守在农村的家庭成员的心理与生活需求难以得到有效满足，农业规模经营主体在村庄社区更容易吸纳资源且拥有话语权，在一定程度上排斥小农户的社区参与和资源获得。这些因素都可能使部分小农户存在陷入贫困特别是相对贫困的风险。

"大国小农"是我国基本的国情和农情，小农户与规模化经营的新型农业经营主体将长期共生，这是我们推进农业农村现代化和乡村振兴必须要尊重的基本事实。新型农业经营主体是乡村振兴进程中带动小农户联结现代农业的重要载体（林万龙，2019）。我国培育新型农业经营主体的一个重要政策目标是发挥新型农业经营主体对小农户的辐射带动作用，但在发展实践中，新型农业经营主体对带动小农户脱贫致富既有积极作用（向德平、刘风，2017；彭超、杨久栋，2018），有利于消减小农户的致贫风险，也可能对小农户带来不利冲击（贺雪峰，2015b；林秀云、祁春节，2017），在一定程度上会增加小农户的致贫风险。由此，新型农业经营主体发展对小农户贫困脆弱性到底有何现实作用？作用机理是什么？存在怎样的困境？如何破解困境？这些是我国农业农村现代化需面对的重要议题，也是本书要研究的问题。对上述问题的探索与澄清有利于理顺乡村振兴背景下新型农业经营主体与小农户的关系定位，促进两者的良性互动与健康发展，以实现共同富裕的战略目标。

（二）农业规模化经营背景下小农户贫困脆弱性的理论内涵

小农的生存与发展是一个世界性议题。研究者基于不同的发展实践与前置条件对小农的命运与发展逻辑有不同看法，大体有三派观点。一是强调小农的脆弱性。马克思与恩格斯在其经典著作中论述了小农生产的历史局限性和脆弱性，认为小农生产必将走向衰落并被社会化大生产替代。小农的脆弱性在西方农业现代化中并不少见，如在巴西农业现代化中"从未被现代化包含在内的"贫穷小农（施奈德，2016）。二是强调小农的生命力与韧性。范德普勒格（2013）在《新小农阶级：帝国和全球化时代为了自主性和可持续性的斗争》一书中描述了小农在全球化时代为自主性与可持续性进行的斗争，展示了小农的多功能性与生命力。三是强调小农的现代转型与发展。孟德拉斯（2010）指出，随着城市化和工业化推进，传统小农将演变为现代农业生产者。对农民进行教育培训，可推动其由传统农民向现代职业农民转型（Freedgood and Dempsey，2014）。我国与西方国家相比有不同的国情、农情，"大国小农"的基本国情和农情决定了我国的小农户作为农业生产与农村生活的基本单元将长期存在，这是我们推动农业农村现代化必须要尊重的基本事实。20世纪80年代以后，家庭联产承包责任制使小农户成为农业生产经营的基本单位且具有农村集体经济属性，使现阶段的小农户有别于传统小农。

我国的小农户有其独特的韧性，能在与环境互动中表现出"脆而不折、弱而不息"的特性，构成农业现代化的主体（陈军亚，2019），但农业现代化进程中小农户的脆弱性亦不容忽视。农业规模化经营背景下新型农业经营主体的不断发展，使乡村社会结构与治理体系不断变化（孙运宏、宋林飞，2016），小农户面临的生存与发展环境不同于以往，其在拥有韧性一面的同时，不可避免地面临市场和社会环境变动的冲击以及自身适应能力的不足，存在脆弱性的一面，甚至可能因被新型农业经营主体取代或"覆盖"而失去经营自主性（严海蓉、陈义媛，2015）。特别是当我们立足农业规模化经营背景深入考察具体的小农户生存与发展实践时，很容易发现现实中有很多在产业发展、心理适应、社会支持、社区参与等不同方面存在脆弱性的小农户。他们面临着与规模经营主体不同的困难与挑战，在变动的环境中不同程度地面临陷入相对贫困甚至绝对贫困的风险，这使我们在关注小农户韧性的同时，不得不立足小农户生活质量改善的整体视角认真思考如何有效治理小农户的贫困脆弱性，特别是容易遭受环境冲击或者自身资源和能力缺乏的小农户。从既有的贫困治理实践看，扶贫开发的政策制定和制度设计主要依据统计部门公布的贫困测度指标，偏重于贫困问题的事后治理，相关指标和举措缺乏预见性和动态性，致使现行反贫困政策或制度因未考虑农户未来福利及风险冲击而缺乏贫困预防性。我们迫切需要深入认识农业规模化经营背景下小农户贫困脆弱性的理论内涵并据此思考未来的政策选择与实践策略，防患于未然，以保障小农户更公平地共享现代化发展成果。

自世界银行在《2000/2001年世界发展报告：与贫困作斗争》中首次提出"贫困脆弱性"概念后，这一概念逐渐成为世界范围内贫困研究的前沿热点。它考虑到风险冲击对家庭福利的影响，具有丰富的政策意涵，因而受到学界和政策制定者的广泛关注。Chaudhuri等把贫困脆弱性看作外部风险冲击与内在应对能力的整合，将贫困脆弱性界定为"未来可能陷入贫困的概率"，将家庭在T时的贫困脆弱性定义为其在T+1时陷入贫困的概率（Chaudhuri et al.，2002：5-7）。这一观点得到普遍认可。立足既有研究并结合我国小农户生存与发展的现实境遇，本书认为，农业规模化经营背景下的"小农户贫困脆弱性"是指小农户未来陷入贫困的可能性，是小农户经受的外部冲击与其应对能力两者相比较的结果。"贫困脆弱性"概念体现了农业现代化背景下小农户的生活质量与可持续发展状况。贫困是一个多维概念，有制度设置失灵、人力资本低下与可行能力缺失等多方面成因。贫困不仅意味着小农户在经济活动参与方面缺乏机会，也意味着他们在一些关系到自己命运的重要决策方面没有发言权且容易受到冲击的影响（World Bank，2002）。因此，贫困脆弱性的内涵也应包括多个维度。已有学者尝试从消费、休闲、教育等角度进行多维贫困脆弱性研究（Calvo，2008；Abraham and Kumar，2008），但由于贫困问题错综复杂，多维贫困脆弱性现在依然是一个探索中的领域，对其内涵和构成尚未形成普遍共识，需在把握贫困脆弱性理论本质的基础上结合目标群体的生存境况进行针对性研究。

农业规模化经营打破了分散均匀的传统小农生产格局，使农村出现差异显著的土地生产经营模式。规模经营主体有更强的资源获取与产业能力，是影响小农户的关键行动主体，使小农户面临不同于以往的现实处境。作为社会中一个基本的生产与生活单元，农业规模化经营背景下小农户的生存与发展需求包括多个层面，面临的外部冲击不仅来自农业产业，也来自社会关系、价值适应和社区参与等方面。因此，农业规模化经营背景下的小农户贫困脆弱性也是一个多维概念，应包括经济、社会、心理和权利等维度。唯有如此，才能全面反映小农户可能遭受的多方面外部冲击及可能陷入贫困的现实风险，更真实地反映小农户的生存与发展状况。贫困是人们生活需求无法得到有效满足的不良状态，包括生活所需资源的缺失或者获取相应资源能力的缺失两个基本方面（李耀锋，2015）。因此，本书尝试从经济、社会、心理和权利四个方面解读小农户的贫困脆弱性，认为农业规模化经营背景下小农户贫困脆弱性包括经济贫困脆弱性、社会贫困脆弱性、心理贫困脆弱性和权利贫困脆弱性四个方面。

经济贫困脆弱性是指小农户未来陷入经济贫困的可能性，社会贫困脆弱性是指小农户未来陷入社会贫困的可能性，心理贫困脆弱性是指小农户未来陷入心理贫困的可能性，权利贫困脆弱性是指小农户未来陷入权利贫困的可能性。这四个方面相互关联、相互影响，任一方面或几方面的脆弱性都会波及其他方面的脆弱性，社会、心理和权利贫困脆弱性会带来经济贫困脆弱性，增加小农户陷入绝对贫困的风险。这四个方面综合反映出小农户贫困脆弱性的整体特征。经济贫困主要指小农户在生计发展与生产经营方面缺乏必要的资源或能力，社会贫困主要指小农户在社会关系与社会支持方面缺乏必要的资源或能力，心理贫困主要指小农户在心理协调与价值适应方面缺乏必要的资源或能力，权利贫困主要指小农户在话语表达与社区参与方面缺乏必要的资源或能力。上述四个方面从不同侧面呈现出小农户在农业规模化经营背景下的生存境遇，与新型农业经营主体的发展和影响直接相关。本书尝试基于上述理论分析新型农业经营主体发展对小农户贫困脆弱性的作用机理，阐释新型农业经营主体发展对小农户致贫风险的多重影响。

（三）新型农业经营主体发展对小农户贫困脆弱性的作用困境

作为两种不同类型的农业经营主体，新型农业经营主体与小农户有不同的组织特征、利益诉求和行动逻辑，面对不同的发展环境，并且不同的新型农业经营主体对村庄社会有差异化的嵌入性（李耀锋、张余慧，2020），这使新型农业经营主体与小农户的经济和社会文化关联形式多样，新型农业经营主体对小农户贫困脆弱性的现实作用也处于错综复杂、正反交织的状态。

1. 新型农业经营主体发展与小农户经济贫困脆弱性

新型农业经营主体作为适应现代市场经济和生产力发展要求而从事专业化、集约化生产经营的组织形式，具有超越个体生产经营的较强的资源整合与组织能力，可通过雇佣就业、生产合作、土地入股、技术扩散等多种方式发挥对小农户生产经营的辐射带动作用，提高小农户的收入水平与生产能力，协助小农户对接现代农业市场，降低小农户陷入经济贫困的风险。研究发现，家庭农场可有效激发农民的科技需求与组织需求（朱启臻等，2014），农民合作社是农民尤其是贫困农民参与市场经济活动、抵御市场风险的重要载体（向德平、刘风，2017），农民合作社有助于贫困户脱贫（彭超、杨久栋，2018）。

J市Q区村民LZP依托本村土地成立的菌菇种植企业Z，在发展过程中与村庄社会有密切的经济联系，通过直接雇用本村与附近村民做工、吸纳村里贫困户以扶贫贷款资金入股、租赁菌菇生产大棚给村里人进行合作生产等方式提高了本村小农户特别是贫困户的收入水平与发展能力，同时通过与扶贫办等地方政府部门合作推动扶贫项目及村庄集体经济发展等方式优化了当地小农户的产业发展环境，在一定程度上减缓了农业市场对小农户的外部冲击，增强了小农户发展的资源支持，有利于降低小农户的经济贫困脆弱性。

G市S县的新型农业经营主体创办领办人LXH有较浓厚的家乡情怀，在外打工多年后响应地方政策号召返回家乡，创办农业企业种植百香果。在生产经营过程中，LXH主动帮助家乡贫困户创收致富，用工时主动征求村里贫困户的意见，优先考虑贫困户。对于劳动能力不强的贫困户，LXH在足额发放工资的情况下尽量为他们安排轻松简单的工作。LXH在流转贫困户土地的同时，发动贫困户参与入股，鼓励贫困户利用农闲时间参与果园劳动，帮助25户贫困户户均年增收近3000元。

LXH的带动提升了当地贫困户的收入水平和生计能力，减少了他们陷入经济贫困的风险，降低了他们的经济贫困脆弱性。但新型农业经营主体也可能由于自我经济利益驱动而忽视小农户的利益，甚至通过不同方式与小农户争利，使资源或能力缺乏的小农户陷入贫困脆弱状态，面临生产与生活困境。陕西S镇现代农业产业园的猕猴桃种植基地就面临着这种情况。该基地征用了村中大部分土地，对村民特别是长期居住在村中的留守老人的生活产生了很大影响。他们主要以种植粮食、蔬菜为生，对村里强制租用自己的土地心有不满，觉得自己的生活受到影响，因为一年500元的租金根本不够维持家中生活。

J市Q区现代农业示范园的龙头企业XL农业发展有限公司的负责人原来从事房地产开发，后来投资现代农业，除了种植火龙果等经济作物外，还把从村里流转的土地转变功用发展休闲旅游，有相当一部分土地长时间荒废，难以转回可耕地。该企业在征地后与村庄没什么联系，村里只有少量村民可在企业做工且用工关系很不稳定，除此之外缺乏有效的利益联结，这对土地已流转出去而又缺乏收入来源的村民来讲，无疑增加了经济压力与陷入经济贫困的风险。

2. 新型农业经营主体发展与小农户社会贫困脆弱性

一方面，作为我国新的经营业态与市场主体，新型农业经营主体蕴含着新的就业空间与创新活力，可以链接城乡资源，在农村推动营造良好的农业产业发展态势，促进农村外流人才返乡创业就业和稳定生活，进而有利于促进农村社会本土人力资源培育与乡村社会生活重建，增加小农户的社会支持与社会资本，破解由人口流动带来的小农户家庭与社区结构缺失和支持功能不足问题，有利于小农户的生活适应、生产开展和社会功能发挥。同时，新型农业经营主体的发展是培育新型职业农民的重要载体。新型职业农民是以农业为职业、具有较高素质和一定专业技能且收入主要来自农业生产和经营的现代农业从业者，普遍有较强的现代知识与技术素养及社会参与能力（李耀锋，2018）。特别是扎根于农村社会成长起来的新型职业农民，具有更明确的产业稳定性与社会责任感，更看重在当地的可持续经营。他们对农村社会发展的参与有利于改善小农户的互助合作关系，促进农村社会关系整合与农村社会重建，为分散的特别是缺乏资源的小农户提供有力社会支持。

  G市S县有一位从广东返乡领办新型农业经营主体的村民HXY，HXY返乡后流转了本村及周边村庄的6000亩土地，成立了生态农业开发有限公司并组建了专业合作社。HXY在自身发展的同时不忘带动本地小农户特别是贫困户发展，他坦言："我出生在这里，对这个地方有感情，在家带着乡亲干，比在外面打工更有成就感！"HXY带动本村农户实现在地就业，可让他们保持家庭完整，不再城乡分隔、两地分居。贫困户HFK的儿子和儿媳都是残疾人，HFK不仅通过土地流转获得租金，还在HXY的园区从事果树管护工作，HFK说："真心感谢HXY，让我既可以照看家庭，又有稳定的收入。"（调研材料来源：S县农业农村局）

  由此可见，小农户依托新型农业经营主体在家乡实现就业，可促进家庭融合，避免家庭分居两地，优化了家庭的社会网络与社会资本。有研究表明，家庭的社会网络不仅可以直接降低贫困脆弱性，还可以通过抵消家庭成员所承受的负向冲击的影响而间接地降低贫困脆弱性（徐伟等，2011）。

  另一方面，新型农业经营主体发展可能会带来村庄社会的分化与村民关系的疏离，在一定程度上削弱小农户的社会资本。新型农业经营主体发展往往以流转村庄土地为前提，这会改变村庄农户以土地为基础构建的生产生活联系与合作方式。很多农户不再有机会开展传统农业生产中的换工合作，也不再有机会在田间地头的劳作中闲聊沟通。他们或者为新型农业经营主体做工，或者在村庄之外寻找其他营生机会，这使小农户之间的情感联系特别是传统的信任与合作关系受到冲击，在一定程度上降低小农户特别是劳动能力偏弱的留守老年人从村庄社会关系中获得资源的能力，甚至有可能因为村内土地流转、就业用工等事关利益的事情，导致小农户之间产生利益分化与社会隔阂。

笔者在G市S县调研时发现，村里一些村民负责为新型农业经营主体选派雇工，由于关系亲疏远近不同，雇工的选择总是有所偏向，这影响了部分村民间的信任。有的村民对他们颇有微词，认为他们总是偏袒自己的亲朋好友，导致一些因生活困难而想去新型农业经营主体做工的村民失去机会。在资本下乡背景下，社会关系不在村庄甚至跟村庄没什么关系的新型农业经营主体，会剥夺中坚农民的获利机会，导致他们离开村庄，推动村庄形成"资本+老弱病残"结构（贺雪峰，2015b），这对小农户在村庄内的社会资本会产生不利影响。此外，资本下乡还可能抬高地价，使村庄内分化加剧，小部分农户或许有可能与大资本合作，但大部分农户会被排挤出去，失去发展机会（陈义媛，2013）。新型农业经营主体发展对村庄社会关系与社会资本的冲击可能会加剧相当一部分小农户的社会贫困脆弱性。

3. 新型农业经营主体发展与小农户心理贫困脆弱性

新型农业经营主体与村庄社区和小农户有密切的联系，不仅会影响小农户的产业经营和社会关系，也会影响小农户的心理状态与价值观念。从正面角度看，新型农业经营主体发展可以带来科技、信息与文化等外部资源的输入，有利于帮助农民掌握现代科学技术和文化知识，改善村庄社区文化与精神风貌，促进农村改变陈旧落后的思想观念，增强小农户发展的进取心、效能感与能动性，克服消极被动、怨天尤人、盲目归因、心理失衡等贫困心理。特别是依托村庄资源创建的专业合作社，可增加农民尤其是贫困农民积极参与市场竞争的信心（向德平、刘风，2017），提升小农户面对环境变动的正面预期和心理调适能力。

白莲是G市S县的传统优势产业，地方政府重视以白莲产业为依托成立专业合作社等新型农业经营主体带动小农户发展，白莲专业合作社由创业致富带头人领办，其在规范运作的同时把带动农户作为关键考核指标。贫困户CSC说："以前我自己种莲总是赚不到钱，现在有人带着我种、帮着我卖，产量高了，价钱又好，年底还有分红。我还要跟着干！"G市S县山多水源好，适合野外养殖，以往当地农民会在自家养殖少量山地鸡，很受市场欢迎，可以卖很好的价钱。但养鸡对技术、销售要求较高，农户自发养殖风险较大，很多农户望而却步，不敢增加养殖数量，只是少量散养，不能形成规模。S县通过资金、信息等帮扶措施，扶持民间养殖大户，引导养殖大户XHS成立养殖专业合作社，发挥示范带动作用。截至2019年6月，S县山地鸡养殖专业合作社累计带动200多户贫困户参与山地鸡养殖。S县山地鸡养殖专业合作社在带动贫困户增收的同时，增强了他们的价值感、进取心及发展信心。J市Q区的菌菇企业Z在菌菇种养中注重与村民合作，村里有干劲的年轻人或中老年人可以承包种养大棚，承包一个大棚的收益每年在5000~10000元，这增强了小农户发展的未来预期与意愿，为其他小农户树立了榜样。同时，依托新型农业经营主体成长起来的新型职业农民不再固守传统小农意识，而是具有爱农敬业、积极进取、科学经营的现代职业精神。他们的成长和带动示范作用可推动农村精神风貌改善及村庄文化发展，消除被动、懒惰、迷茫、认命等贫困心理，有利于消减小农户的心理贫困脆弱性。

新型农业经营主体发展对小农户心理的冲击和不利影响同时存在。面对农业经营方式的变革和新型农业经营主体的发展，边缘化的农民会遭受利益受损并产生相对剥夺感（孙运宏、宋林飞，2016），容易出现心理脆弱状况。农业进行规模化经营之前，以家庭承包经营为基础的小农户彼此以土地为纽带形成生产生活联系，老年人具有较丰富的生活与生产经验，因而在村庄社会及农业生产中具有威信和价值认可。但是在土地流转和人口流动背景下，人们之前以土地为基础的业缘关系被打破，村民的生产生活世界被重新建构，既有的农业生产技术被现代化的机械设备替代，传统的耕作经验的重要性下降，很多留守老人甚至一些中老年人由于健康和照顾家人等原因不仅无法被新型农业经营主体雇用，还要承受因缺乏土地而面临的生计不稳定的压力，生活容易陷入被动境地，产生心理上的迷茫、失落、无助和被排斥感，陷入心理贫困。同时，资本下乡背景下社会关系不在村庄甚至跟村庄没什么关系的新型农业经营主体，会推动村庄形成"资本+老弱病残"结构（贺雪峰，2015b）。这种社会结构容易消减村民间的相互支持与心理资本，滋生迷茫、无助等消极心理，特别是当村民看到新型农业经营主体在自己原有的土地上获益丰厚而自己因失去土地而生活越发艰难时，他们内心的不满、愤慨甚至仇视可能随之增加。这无疑会弱化他们应对环境变化的心理调适能力，使他们容易陷入心理贫困脆弱状态。

4. 新型农业经营主体发展与小农户权利贫困脆弱性

新型农业经营主体发展会改变乡村社会的产业环境、发展机遇与生活条件，吸引农村人才回流。一般而言，这些回流人才有更开阔的视野与更活跃的思想，他们返乡后领办的新型农业经营主体对村庄设施修建及其他公共事务会有更强的参与意愿和参与能力。对他们进行适当的引导、支持和激励，可很好地发挥其创新乡村治理与带动小农户发展的作用，有利于促进小农户的话语表达和社区参与。

G市S县在推进创业致富带头人培育及带动作用发挥中注重依托乡土社会培育新型农业经营主体创办领办人，特别是依托地方种植传统和本土文化资源培育合作社领办人作为创业致富带头人，把创业致富带头人纳入新乡贤数据库和村组后备干部人才库管理，将基层党组织带头人与农村致富带头人"两个带头人"有机融合，对积极向党组织靠拢的青年创业致富带头人优先推荐，按程序发展为中共党员。以惠农益农为导向的激励措施的协同实施使S县培育的新型农业经营主体能发挥在创新农村治理与带动小农户方面的积极作用。依托新型农业经营主体成长起来的新型职业农民有较高的素养及较强的社会参与能力，可以与政府和市场进行有效互动，推动农村形成多元主体协同共治的局面，促进农村治理结构优化。特别是由对农村社会有较强嵌入性且对农村发展有情怀和责任心的群体培育的新型职业农民，更能在优化农村治理结构中发挥积极作用（李耀锋，2018），为小农户发展"增能"。如果以新型农业经营主体的组织类型划分，经营"小而精"家庭农场的"中农"一般是最关心本村社区事务的阶层，是重建农村社区的核心力量（黄宗智，2014）。他们的存在有利于促进村庄社会发展，增进小农户的社区参与和话语表达，改善小农户在基层治理结构中的弱势状态，进而有助于消减小农户的权利贫困脆弱性。

新型农业经营主体推动改变下的乡村治理结构对于小农户而言是一把"双刃剑"。尽管新型农业经营主体是经济组织，没有较强的主动意愿参与农村社区治理，但农业经营方式的变革与乡村利益格局的变化可能会带来基层组织的过多关注和服务于新型农业经营主体及融入新型农业经营主体利益体系的部分农户。在地方经济发展绩效考核等因素的影响下，基层的政策资源更多被新型农业经营主体获取，很多未被纳入新型农业经营主体利益联结体的小农户逐渐被边缘化，其社区参与受到限制，特别是缺乏资源和能力的小农户更容易受到排斥，陷入弱势状态，权利贫困脆弱状态及需求满足的缺乏可能会诱发小农户的消极情感与失衡心理，甚至可能会促使他们使用"弱者的武器"进行"日常抵抗"，形成不同形式的社会冲突。研究表明，相对于村间不平等，村内不平等是农户家庭脆弱性的主要组成部分（杨文等，2012）。资本下乡推动的"农民上楼"和"土地流转"，构造了新的村庄治理结构，与被流转土地的农民之间联系微弱，剥离了农民与村庄原有的关联（焦长权、周飞舟，2016），很容易形成不利于小农户话语表达、权利保障与社区参与的农村治理结构，使小农户特别是无法与新型农业经营主体形成有效利益联结的弱势小农户"失语"或者被排斥，从而陷入权利贫困脆弱状态。

5. 新型农业经营主体发展对小农户贫困脆弱性作用困境的成因：一个组织视角的解释

综上可以发现，新型农业经营主体发展对小农户贫困脆弱性的现实作用处于错综复杂的状态，有很大的不确定性与情境依赖性，既有正面作用也有负面作用，且作用的大小与性质受多方面因素影响，即存在作用困境。小农户四个方面的贫困脆弱性彼此关联、相互影响，在发展实践中，任一个或几个方面的贫困脆弱性都会波及或引发其他方面的贫困脆弱性，使小农户陷入结构化的贫困脆弱状态，面临基本生活需求难以得到有效满足、社会功能难以有效发挥的境地，致贫风险大大提高。特别要注意的是，小农户在心理、社会和权利等方面的贫困脆弱性具有很强的波动性，很容易诱发小农户的经济贫困，甚至有使部分小农户陷入绝对贫困的风险，因此必须要分析新型农业经营主体发展对小农户贫困脆弱性作用困境的成因，防范与治理小农户贫困。

第三章 新型农业经营主体带动小农户发展的现实困境与影响因素

尽管新型农业经营主体发展对小农户贫困脆弱性作用困境有多方面成因，但要分析其成因，就必须分析新型农业经营主体与小农户的多维关联，而要分析新型农业经营主体与小农户的多维关联，就不能不分析新型农业经营主体的组织属性，并据此分析新型农业经营主体发展对小农户的多重影响。我国的新型农业经营主体并非简单的经济组织，它们的生成与发展嵌入我国独特的政治经济体系中，具有政治性与社会性等多维属性。只有基于我国国情、农情对新型农业经营主体的独特组织属性及其与小农户的关联性进行剖析，才能全面理解新型农业经营主体对小农户的带动意愿、行为动机的影响，进而对新型农业经营主体进行精准的政策引导。

新型农业经营主体的组织属性是其与多重环境互动凝聚的组织特质，剖析我国新型农业经营主体的组织属性是洞悉中国特色农业农村现代化之路规律性的"一扇窗"。我国新型农业经营主体发展体现出经济、社会与政治三重组织属性的有机统一，新型农业经营主体的每一重属性都是关系的凝聚，都与小农户密切关联。

首先，新型农业经营主体是适应市场经济和生产力发展要求而从事专业化、集约化生产经营的现代农业组织形式（陈晓华，2014），经济属性是其首要属性。新型农业经营主体作为现代市场主体，无论处于哪一个农业产业领域，都需要通过市场竞争谋求产业利润和发展，追求经济利润最大化，在土地流转、生产用工、原料采购、市场销售等方面与小农户存在密切的经济联系，既相互合作又彼此竞争。

其次，我国新型农业经营主体发展总是与特定的农村社会相关联（陈锡文，2012），社会属性是其基本属性。新型农业经营主体在发展中不可避免地要与乡土社会和小农户打交道，并且为了顺利地进行生产经营，还需对乡土社会保持一定的嵌入性和适应性，以便有效地利用乡土社会的土地、关系、文化等资源，避免乡土社会的质疑与抵触，从而使它们与小农户产生一定的社会文化关联。这一属性反映出我国农业生产经营总是嵌入特定的农村社会这一现实农情，是我国"大国小农"独特国情的体现。

最后，新型农业经营主体会参与乡村治理过程，其发展会推动乡村治理的转型与演变（孙运宏、宋林飞，2016）。因而，我国新型农业经营主体会呈现出政治属性这一衍生属性。新型农业经营主体的市场能力与产业影响会使其在农村治理结构中占据一定的位置并产生有别于小农户的影响和权力，比小农户更易获得行政关注与资源支持，可以在一定程度上改变乡村治理的社会基础、运行逻辑和演变方向，重构基层社会中不同利益群体的权力关系，特别是小农户在基层治理格局中的位置和影响。不同类型的新型农业经营主体在不同情境下会呈现出不同的属性形态，与村庄社会和小农户会有不同关联，因此会对小农户产生差异化影响。

新型农业经营主体的不同组织属性意味着其对小农户有不同的影响和实践效应。经济性的适度维持有利于新型农业经营主体参与现代农业市场竞争，与小农户维持互利共赢的经济关系，有利于现代农业发展。前文提及的菌菇企业 Z 以及 S 县 LXH、HXY 等领办的新型农业经营主体，都有良好的市场收益和发展态势。它们有一个共同特点，就是注重通过雇佣就业、合作生产、资金入股等方式带动小农户发展，与小农户分享收益，不盲目追求经济利润最大化。经济性的过度膨胀会使新型农业经营主体过度追求经济利润最大化，与小农户争利，甚至会对小农户形成利益剥夺和市场排斥，给小农户的产业发展、生计维持、社会关系和心理适应等都带来不利冲击。前述案例中的 XL 农业发展有限公司就是典型代表，其负责人原先从事房地产开发，在 Q 区投资农业后仍按资本逻辑行事，无视农业的多维属性，追求利润最大化，大面积征用村庄土地后只用小部分土地进行农业种植，大部分用来开发休闲旅游产业，在本村的用工有限且不稳定，给部分农户特别是失去土地的农户带来了不利影响。社会性的适度维持有利于新型农业经营主体有效调动乡村社会资源，处理与乡土社会和小农户的关系，可促进新型农业经营主体在当地生产经营的稳定性与可持续性，有利于新型农业经营主体与小农户构建利益联结，发挥对小农户的带动作用。这种情况在扎根乡土的新型农业经营主体身上体现得尤为明显，它们在生产经营中会不同程度地考虑到与村庄社会的人际连带。前文提及的菌菇企业 Z 以及 S 县 LXH、HXY、XHS 等领办的新型农业经营主体，都是土生土长的农业企业，具

第三章 新型农业经营主体带动小农户发展的现实困境与影响因素

有显著的扎根乡土的特征。它们重视产业经营的地方市场和社会基础，对小农户发展发挥了积极的带动作用。社会性不足会使新型农业经营主体"悬浮"于村庄社会，难以有效调适与村庄社会和小农户的关系，缺乏带动小农户发展的社会动力。当然，过度的社会性也可能会使新型农业经营主体陷入村庄的文化与利益关系牵绊中，为其生产经营带来不必要的麻烦。[①] 政治性的适度维持有利于新型农业经营主体通过发挥组织优势和产业影响参与乡村治理，推动乡村治理结构的现代转型，为小农户生存与发展营造良好的基层治理环境。但政治性的过度显现可能会影响、排挤小农户在农村社区的话语表达与社会参与，出现精英俘获等问题，使小农户在农村社会处于弱势状态，不利于小农户的资源获得、心理调适和权利维护，容易导致缺乏资源或能力的小农户陷入贫困脆弱状态。G市S县基于全县脱贫与发展目标推进的创业致富带头人培育行动、通过"两个带头人"融合等举措形塑了新型农业经营主体的政治属性。S县把创业致富带头人纳入新乡贤数据库和村组后备干部人才库管理，将基层党组织带头人与创业致富带头人有机融合，使培育的新型农业经营主体有带动小农户发展的政治动力。总之，新型农业经营主体的三重组织属性在现实中总是处于参差不齐的状态，政策条件、产业环境、经营类型、农户回应等各方面因素都会影响新型农业经营主体的组织属性形态，使新型农业经营主体的组织属性呈现出一种结构性张力，影响其对小农户的带动意愿和带动行为，使其对小农户贫困脆弱性的现实作用具有双重特点。

特别需要注意的是，新型农业经营主体的三重组织属性有一定的逻辑关系，其中社会性是一个关键点。社会性的适度维持可使新型农业经营主体的实际行动在遵循理性法则、追求市场利润的同时，在一定程度上遵循社会法则，照顾到当地村庄的社会规范与文化价值，顾及与小农户的人际连带，有利于新型农业经营主体调适自我在经济利益和政策资源方面的趋利动机，更易出现益农惠农的组织动机和行为，有利于协调

---

① 笔者在前期调研中发现，一些扎根乡土的新型农业经营主体在生产经营过程中可能会受到村庄内利益关系和宗族群体的不利影响，因陷入村庄群体利益纠纷而难以有效发挥对村庄治理的促进作用。

三重组织属性的结构关系并产生有益于小农户的实践效应。可以说，社会性是处理好三重组织属性之间结构性关系的枢纽。从实践案例可以发现，依托当地村庄社会产生的新型农业经营主体更易具有良好的社会性并形成较明确的惠农益农动机，可更好地发挥对小农户的带动作用，有利于在经济、社会、心理和权利等层面消减小农户的贫困脆弱性，这一点可从前述 J 市 Q 区 LZP 创办的菌菇企业 Z 带农发展的案例得以体现。LZP 作为土生土长的本村人，依托村庄资源创立农业企业 Z。LZP 在企业经营过程中能够满足和照顾乡亲邻里的需求和实际情况，力图在经济效益和社会效益之间达成平衡，甚至让渡部分眼前利益，参与当地扶贫和民生事业（李耀锋、张余慧，2020）。LZP 除了通过直接雇佣、生产合作与资金入股等方式与村民共同发展外，还在细节之处体现出一种社会责任感，比如牺牲部分管理效率，对村民实行灵活用工；不严格限定他们的工作时间，让他们可以兼顾家里的孩子和老人；对村里劳动能力弱但又希望在 Z 企业做工的贫困户，给他们安排看管菌棒培育库房或协助菌棒肥料加工等相对轻松的工作。这不仅增强了村民的发展能力，也使 Z 企业获得了政府支持与良好的社会基础。此外，社会性的枢纽作用还可从一些扎根乡土的新型农业经营主体创办领办人的惠农益农情怀中得以体现。

> 我确实想为家乡人民做点事，能更多更好地帮助一些贫困户。我为贫困户提供就业岗位，帮助了一户在家瘫痪了几年、生活不能自理的贫困户和几乎没有任何经济来源的低保户，让他们可以维持正常生活甚至生活得到好转。（访谈材料：新型农业经营主体创办领办人 WYY，水果种植）

> 我聘请了贫困户（21 人）在合作社长期务工，先后吸纳 77 户贫困户以劳动力入股，其中大部分是女性。这不仅增加了贫困户的收入，也使部分贫困户的夫妻感情得到提升。当前女性的地位在不断提高，女性通过自己的劳动，可以赚取一些生活费用，减轻家里的负担。（访谈材料：新型农业经营主体创办领办人 HXF，种粮大户）

适度的社会性可以使新型农业经营主体较好地调整为己和为人的组织行为动机倾向,在追求自我利益的同时,兼顾村庄社会与小农户的诉求和利益。如果新型农业经营主体缺乏适度的社会性,那么它们在经济决策与资源获取时就不会重视当地村庄社会的关联连带、规范约束与文化价值,不注重在当地生产经营的可持续性,更容易急功近利,忽视小农户的利益和需求,缺乏带动小农户发展的内在动力,甚至与小农户争利,容易对小农户产生排斥与不利冲击,难以与小农户形成有效的利益联结。

综上所述,我国新型农业经营主体不是孤立存在的,其生存与发展总是与村庄社会和小农户密切关联且对小农户的生计和发展有直接而显著的影响。其三重组织属性的结构性张力会使新型农业经营主体对小农户产生经济、心理、社会与权利等不同维度的两面性影响,可能使新型农业经营主体带动小农户发展,消减小农户的致贫风险,也可能在有些情况下对小农户形成排斥,增加小农户致贫风险,形成现实层面的作用困境。作用困境的存在反映出新型农业经营主体与小农户之间关系定位的偏差,透视出多维环境影响下新型农业经营主体与小农户互动关系的功能障碍。新型农业经营主体三重组织属性间的结构性张力促发了不同现实情境下新型农业经营主体发展对小农户复杂多样的实践效应,是新型农业经营主体对小农户贫困脆弱性作用困境的重要组织根源。

(四)进一步的探讨

着眼于我国农业农村现代化之路的独特实际与乡村振兴战略的需求,本书认为,新型农业经营主体三种组织属性的适度维持与良性协调是我国新型农业经营主体健康发展的重要基础,是在乡村振兴进程中发挥其对小农户正面带动作用的重要保障,是克服新型农业经营主体对小农户贫困脆弱性作用困境的有效切入点,有利于优化新型农业经营主体与乡土社会及小农户的互动关系。因此,本书在前文论述的基础上从以下两方面进一步探讨面向新型农业经营主体组织属性重构的实践策略,以此为破解新型农业经营主体对小农户贫困脆弱性的作用困境提供思路借鉴。

1. 维持新型农业经营主体的适度社会性并据此引导其经济性与政治性

第一，依据新型农业经营主体对村庄社会的嵌入性进行差异化培育和激励。乡村振兴背景下新型农业经营主体培育不能只局限于产业领域或者只注重产业能力的提升，要在农业农村现代化整体格局中审视和推进，在提升其产业发展能力的同时，注重涵养适度的社会性并在此基础上引导和发展其经济性与政治性，以更好地发挥其在农业产业、农村治理及乡风建设中的积极作用。新型农业经营主体的社会性主要体现在其与村庄社会及小农户的关系中。根据新型农业经营主体对村庄社会的嵌入性差异，可将其分为两种基本类型：一种内生于农村社会，与当地村庄小农户有天然的社会文化关联，称为内生型新型农业经营主体；另一种外生于农村社会，与当地村庄小农户没有天然的社会文化关联，称为外生型新型农业经营主体（李耀锋、张余慧，2020）。

我们需对这两类新型农业经营主体进行差异化的培育和引导。一方面，要加强对外生型新型农业经营主体的政策引导，通过制度设置与机制构建，引导它们在拓展农村市场的同时关注在当地生产经营的社会基础与可持续性，对适度嵌入农村社会、与小农户有良好互动并获得村庄社会认可的新型农业经营主体，给予适当的经济与社会文化方面的酬赏，激励它们维持适度社会性，涵养其惠农益农理念，并在此基础上发展其经济性与政治性，不断提高其参与农业市场与农村治理的能力和水平，避免它们因社会性偏弱而无视村庄社会的利益诉求，只顾追求经济利益和获取政策资源，甚至与小农户争利。另一方面，要扎根乡土社会重点培育内生型新型农业经营主体，在充分尊重其与农村社会的关联性的基础上进行精细培育，这对实现我国农村的内发型发展与推进乡村振兴意义重大；要重视农村本土人力资源的挖掘和积累，吸引外流人才返乡，激励和支持村庄社会骨干领办创办新型农业经营主体。内生型新型农业经营主体参与市场的能力可能比不上龙头企业等外生型新型农业经营主体，因此要有针对性地对其进行政策支持，补齐其融入市场的短板，协助其参与乡村治理。

第二，着眼于小农户贫困脆弱性治理，加强新型农业经营主体的社会责任建设。贫困脆弱性视角着眼于小农户未来可能面临的经济、社会、心理、权利等方面的冲击,并结合小农户在生计发展中应对外部冲击的能力做出未来致贫风险的预测,是了解小农户生活质量与可持续生计的重要角度。我国独特的国情、农情决定了我国在对农业经营形式进行选择时,始终应将农民的长远生计、农业持续发展和农村社会稳定作为考虑问题的出发点和落脚点(陈锡文,2012)。因此,关注小农户的生存与发展,预防小农户在农业规模化经营背景下可能出现的贫困风险并进行小农户贫困脆弱性治理是我国农业农村现代化的重要议题。由于新型农业经营主体对农村社会和小农户存在多方面影响,加强新型农业经营主体的社会责任建设成为小农户贫困脆弱性治理与推进乡村振兴的题中应有之义。所谓新型农业经营主体的社会责任建设,就是要求新型农业经营主体在发展中不能只考虑到经济利润最大化,还要考虑到农村社区、小农户、企业、社会组织等其他行动主体的利益和诉求,在兼顾社会效益的基础上实现经济利润最大化。具体来讲,加强新型农业经营主体的社会责任建设的基本内涵是要通过外在法律与制度建设以及内在约束机制减少新型农业经营主体对小农户的负面冲击,发挥其对小农户的多方面带动作用,使其对小农户贫困脆弱性的负面作用最小化。企业社会责任问题已广受关注,企业履行社会责任有工具性、关系性、道德性三种基本动机(Aguilera et al.,2007)。新型农业经营主体作为现代农业生产经营组织,履行社会责任的动机也主要包括这三种类型,工具性动机强调对经济利润的追求,关系性动机强调对行业关系维护的重视,道德性动机强调对社会价值与伦理规范的遵从,新型农业经营主体的社会责任建设可由此切入。政策引导与制度建设可使新型农业经营主体认识到对小农户和农村社区履行必要的社会责任有利于其获取经济利润、行业认可与公众关系维护,有利于其获得政府和社会对其道德表现与品牌价值的认可,进而可使新型农业经营主体在履行社会责任过程中获得产业、政策与声誉等多方面的收益,激发其履行社会责任的内在动力,实现其社会责任建设与小农户贫困脆弱性治理协同推进。

2. 基于新型农业经营主体的三重组织属性精准激发其对小农户的正面作用

第一,立足新型农业经营主体的三重组织属性构建其与小农户的多维利益联结。随着乡村振兴战略的推进，学界和实践界逐渐重视对新型农业经营主体与小农户之间利益联结的构建，以此发挥新型农业经营主体对小农户的辐射带动作用，但目前的关注点侧重于就业、生产、技术等经济层面（阮荣平等，2017；姜长云，2018）。经济利益联结机制的构建固然有利于激发新型农业经营主体带动小农户发展的动力，但仅局限于经济层面可能会产生两面性效应，即一方面对部分小农户有经济带动作用，另一方面由于经济行为的竞争性与排他性，又可能会对另外一些小农户产生产业发展、心理与社会关系等方面的排斥和冲击。因此有必要基于新型农业经营主体的三重组织属性细致深入地分析它们在不同情境下与小农户的互动关联及彼此的利益诉求，据此构建新型农业经营主体与小农户在经济、社会和政治方面的多维利益联结。新型农业经营主体与小农户的经济利益联结侧重于两者在产业用工、生产合作、资金入股等方面的利益协同，如前述案例中菌菇企业 Z 与小农户之间通过生产用工、资金入股、菌菇大棚租赁等建立经济利益联结与合作关系。社会利益联结侧重于两者在乡土社会的人情、关系与文化等方面找到利益结合点，如前述案例中返乡创办领办新型农业经营主体的 G 市 S 县村民 LXH、HXY。HXY 在家乡带动农户致富契合了当地的社会规范与文化期待，有利于农户兼顾就业与照顾家庭，使 HXY 在家乡获得更多的社会认可与文化价值。政治利益联结侧重于两者在乡村治理的权力关系中找到利益结合点，如前述案例中 G 市 S 县在创业致富带头人培育中推进的将基层党组织带头人与农村致富带头人"两个带头人"有机融合，使培育的部分新型农业经营主体创办领办人在带动小农户发展的同时可以获得行政关注、政治酬赏与政策资源，增加其在乡村治理中的影响和收益。三方面利益联结的构建要尊重新型农业经营主体的组织属性及其与小农户的关联，不同的利益联结有不同的逻辑和影响因素，需在具体情境下寻求恰当的结构状态。

第二，依托新型农业经营主体培育对农业农村有情怀的新型职业农民。新型农业经营主体培育与新型职业农民培育是密切联系的，家庭农场、专业合作社、龙头企业等均可成为新型职业农民培育的载体。

第三章 新型农业经营主体带动小农户发展的现实困境与影响因素

培育管理型、技术型、服务型等不同类型的新型职业农民,特别是家庭农场,被认为是新型职业农民最理想的培育载体(朱启臻,2013)。尊重与发展新型农业经营主体三重组织属性同时兼顾其对小农户正面作用的一个关键路径是挖掘农村本土人力资源,依托新型农业经营主体培育对农业农村有情怀的新型职业农民,发挥后者在乡村振兴中的积极作用。对农业农村有情怀的新型职业农民与村庄社会和小农户有较强的关联性,他们尽管在现代农业生产经营中奉行市场法则,努力通过农业生产经营谋取利润,但并不单一地追求经济利润最大化。他们对村庄社会有一定的认同、情怀和责任感,注重与乡土社会相关的荣誉与价值,愿意投入资源用于村庄发展和村民福利,有参与村庄治理的动机。这类新型职业农民主要来自留守农村的中坚农民、返乡农民工和乡贤,包括部分立志于发展现代农业的城市市民。他们是我国现代农业发展与农村社会重建的关键依靠力量,是具有能动性的行动主体。他们主导运营下的新型农业经营主体可形塑良好的组织目标与管理模式,较好地实现经济性、社会性与政治性三重组织属性的关系协调,减少经济动机和社会动机的冲突。当前情况下,依托乡土资源条件和社会文化基础成长起来的新型农业经营主体是他们重要的发展平台,前述案例中的 HXY、LXH、XHS 等都是此类新型职业农民的典型代表。他们是 G 市 S 县产业致富带头人培育对象,是本土成长起来的农民企业家,不是外来投资的空降兵。他们不仅能对小农户进行产业带动,提高小农户的生计能力,而且能对村庄社会建设与治理创新起到积极作用,有利于小农户的心理增能、社会支持与社区参与,降低小农户致贫风险。对农业农村有情怀的新型职业农民的培育不是完全自发的,需要有一定的生成土壤,需要有政策的支持引导,需要鼓励农民工返乡创业就业充实本土人力资源。在这一过程中,要注重对小农户的赋权与增能,要秉持效率与公平兼顾的理念,支持符合条件的小农户成长为新型职业农民,并发挥新型职业农民在带动小农户发展、农业农村现代化与农村社区治理中的作用。

三 基于理性选择视角的分析

新型农业经营主体是面向现代农业市场的理性决策主体和社会行动主体,需要在激烈的现代农业市场竞争中寻求生存和发展。带动小农户发展是其理性选择行为之一,该行为遵循怎样的理性决策逻辑?面临怎样的现实困境?对上述问题的探究有利于我们全面认识新型农业经营主体对小农户的带动动机和带动行为及现实问题。本部分内容基于理性选择视角对新型农业经营主体如何辐射带动当地小农户的生产经营过程进行分析,解释其带动行为中"生存理性"、"经济理性"与"社会理性"的差异和关联,探索新型农业经营主体带动小农户发展的现实困境与影响因素,为有效的政策干预提供参考。

(一)理性选择理论的基本内涵

理性选择理论(Rational Choice Theory)是在文艺复兴与启蒙运动两次思想解放运动背景下人类社会对自身本质及"理性"进行认识和思考的成果。理性选择理论在诞生之初借用传统经济学中的"经济人假设"来说明人的行动是有目的的行动。传统理性选择理论虽然阐述了人的社会行为具有趋利避害的功利特性与谋求利益最大化的选择目的,但是并没有解释实现利益最大化的方式,也没有对个体或群体已有的确定性选择行为进行深入研究(何大安,2016)。"经济人假设"忽视人的利他性与有限理性(张晒,2015),而人是生命有限的个体,人的理性受经验、知识等因素的影响,无法做到完全收集信息、科学分析并预知未来,又何能谈及实现充分理性?因此,理性选择理论在过去很长一段时间内饱受学界质疑和批判。社会学家霍曼斯(George Casper Homans)最早将理性选择理论引入社会学,提出理性的行动者是相对理性的行动者。马克斯·韦伯(Max Weber)从判定目的、价值、情感和传统意义上的"合理"着眼于对人类社会理性的行动范式进行划分。在肯尼斯·约瑟夫·阿罗(Kenneth J. Arrow)首次提出"有限理性"概念之后,西蒙(Herbert Alexander Simon)也对"完全理性"进行修正。西蒙认为人们在决定过程中寻找的并不是"最大"或"最优"的标准，而只是"满意"的标准（丘海雄、张应祥，1998）。科尔曼（James S. Coleman）提出一种将微观分析和宏观分析相结合的社会行动理论，从社会行动出发，把个体行为与社会结构看成是一个统一的动态过程。科尔曼提出的理性选择理论从"理性人"的角度出发，核心观点是"人以理性的行动来满足自己的偏好，并使其效益最大化"（李凤翔，2014）。科尔曼认为"理性选择"可解释为最优化或利益最大化，所指代的"理性人"不再局限于狭小的经济领域谋求利益，而是趋向于采取最优策略，从政治、社会、文化、情感等方面以最小代价获取最大利益的行动者。随着科尔曼《社会理论的基础》一书的出版，现代理性选择理论在社会学的地位得到正式确立。现代理性选择视角下的社会行动者的价值取向并不只为经济目的，也囊括道德伦理、利他主义、社会公正等内容。

理性决策是所有市场主体谋求生存与发展所具有的共性特征，作为农业市场主体的新型农业经营主体与小农户也符合并遵循这一规律。新型农业经营主体的发展是现代农业发展的关键，在带动小农户与现代农业发展有机衔接方面具有关键作用，这对现代农业走向集约化、规模化、组织化、社会化经营意义重大。农民是理性的行动主体（王飞、任兆昌，2012），从事农业规模化经营的新型农业经营主体更是如此。作为农业规模化经营的核心行动主体，每一位新型农业经营主体的负责人在面对自身产业生存与发展的进程中都获得海量信息或各类资源，拥有不同的行为策略。就客观理智而言，他们相信自身的不同选择造成的结果具有差异性；就主观情绪而言，他们受产业发展、个人倾向、兴趣偏好的影响，对不同选择结果的偏好排列顺序也具有差异性，最后复合产出成不同的社会结果并落实于实际的产业发展之中。这些均符合理性选择理论建立的假设前提和现实基础。

（二）新型农业经营主体带动小农户发展的理性决策框架

古典经济学家亚当·斯密（Adam Smith）提出，人的理性体现于对各项利益进行比较并选择实现自我利益最大化，以最小牺牲满足自己的最大需求。在人们追逐自我利益的过程中，市场这只"看不见的手"会使整个社会富裕起来（张雄，1995）。在开放包容的市场之中，市场主体（无论是个人还是组织）所从事的交易活动都是自发地、自主地进行选择。他们热衷于投身市场便是有意识地追求利润的体现，同时他们会采取能动的交易方式并积极与市场相互作用，完成这些过程将面临繁多且持续变化的问题。市场主体针对既有问题会尽可能地考虑后续的种种后果，他们的决策是和整个市场以及参与其中的市场其他主体"对弈"，而他们的行动犹如"落子"，棋手为赢得棋局往往会布局大盘。同样，市场主体需要每一步行动都做到最好并获得最终的胜利，即实现利润最大化，所以每一次决策和后续选择就犹如完成"是否开局"及"何处落子"。市场主体完成理性决策是十分复杂的过程。首先，市场主体在初入市场、逐步成长、发展成熟乃至退出等不同经营阶段中的目标虽然都不相同但十分清晰，他们会依据目标的价值和实现目标的重要性进行罗列和排序，就像衡量"棋手获得对弈所能产生的价值"一样。其次，市场主体会对实现最高价值的目标到最低价值的目标进行排序并据此设计方案、计量得失，就像筹划"棋手面对战胜高手和弱者的对弈方案"。最后，市场主体会从已设想到的、能实现众多目标的众多方案之中，遴选出自认为利润最大化的最佳方案。这种"自认为"值得令人反思，因为它既复杂又简单。复杂呈现在这种"自认为"是市场主体立足于当下认知所产生的价值偏好或行为偏好所产生的思想意识，而这种偏好也会随着市场主体所处的时空更迭变化。

　　新型农业经营主体与小农户作为两种既相互独立又相互作用的行动系统，在同一场域内凭借经营形式与社会行动发生交换和互动，其在发展过程中采取相关社会行动之前拥有不同的目标，而这些目标对于新型农业经营主体和小农户来说又具有不同价值。被访的新型农业经营主体创办领办人大多谈及带动小农户发展是依据自己产业的适用性或偏好程度而定的，并认为这可以不同程度地支持产业有力生存。因为只有先计量成本多少与利益得失，确保相对的低成本和高收益，他们才会接收或吸纳小农户。这些具体表现在经济效益方面，即带动小农户发展可对村庄内部劳动力进行充分利用并争取更大获利空间。

> 我们合作社需要人，尤其是农忙时节需要从外地招人，而吸纳村民来合作社工作对生产经营的最大帮助莫过于用工成本低。在平日里，如果当地有劳动力就不需要去外面请人过来（工作），能少花很多钱。（访谈材料：脐橙合作社理事长YH）

> 全国各地有不少人来我公司应聘或是学技术，但我倾向于要当地人（周边村庄小农户），因为这些人在这里有家庭，在"住"这一方面就给我省下很大一笔钱。（访谈材料：禽类养殖农场负责人PJJ）

不仅如此，由于带动的小农户基本来源于当地，知己知彼的天然人际连带在很大程度上降低了大部分新型农业经营主体的用工和经营风险，同时其思维定式使其将"知根知底"与"低风险"捆绑在一起，认为在带动小农户发展过程中如果因出现意外事件而不得已追责、负责时能更好地应对情况。

> 跟着我干的都是我自个儿熟悉的人，他们能听进去我的话，我也很了解他们。我们在工作中是同事、在生活中是朋友，如果出了什么事情，如产生矛盾或者出现工伤，我们大家都会聚在一起共同商讨，公平、公正、合法地解决。（访谈材料：水稻科技园领办人ZHS）

基于良好的信任关系、熟悉的人际网络，新型农业经营主体负责人认为带动小农户发展有利于塑造良好的企业形象并维系自身或自己产业与村庄各人群间的关系，进而帮助产业在和谐的乡村环境下实现长久发展。

> 以前总是有人来偷我们的蜜柚，很多实验苗都被弄坏了。合作社把不少农户招进来一起发展之后，给他们解决工作问题，给他们发工资，还会帮助他们盖房子、照顾老幼。大家都看到了我们的好，慢慢就基本没人来破坏果树了。（访谈材料：果业专业合作社理事长

ZHS）

　　苗木农场刚做起来的时候村里人都不愿意把土地租给我们，觉得我们干不好，还弄坏他们的地，但现在我们不仅干好了，还带着他们一起干。这些村民不仅愿意把土地租给我们，还会请我们去吃饭喝酒，现在他们和我们关系都很好。（访谈材料：苗木栽培农场负责人 WXS）

新型农业经营主体自身的产业在脱贫攻坚时期的良好发展也使村"两委"干部及工作人员产生了正面印象。笔者在访谈农村基层干部时得知，新型农业经营主体带动小农户发展在很大程度上符合他们的期望。

　　政策的颁布是有道理的，下达的要求相信我们最终也可以完成。但这对于我们这些平时就要到处走基层、为村里人解决各种问题的基层干部来说，无疑需要投入比以往更多的精力，这使我们更少关照自己的家庭，而它们的行为（带动小农户发展）不仅可以帮助我们更快地实现工作目标，也可以帮助村庄更好地发展。（访谈材料：村支书 LWQ）

农村基层干部认为这种情况不仅帮助贫困户实现了增收脱贫，减轻了他们的工作压力，还打造了地方市场，构建起令村庄引以为傲的内部产业，而这些又反过来推动新型农业经营主体积极带动小农户发展。

　　现在农业方面一有什么政策优惠，村里就会第一时间联系我们，帮助我们更好地发展，我们再去计较就太小气了。所以只要我们能更好地生存下去，我们就会帮到村里更多。（访谈材料：水稻合作社成员兼特聘农技员 HXH）

综合来看，新型农业经营主体在面对具有不同价值的目标时，选择是不同的，不同的选择与产业带动决策会产生不同的经济与社会结果，由此形成了它们带动小农户发展的基本决策框架。首先，新型农业经营主体对价值目标进行偏好排序,尽力获取当前能争取的一切发展资源,谨慎计量自身需要付出的代价与收入(投入成本的多少与最终收益)以判断获取的资源能否满足自身生存。其次,在确保基本生存后,新型农业经营主体会将可持续生计、经济回报、社会效益一并纳入决策范畴,分析风险的高低。最后,经过对已有各方面信息的筛选与思量之后,在满足自身利润最大化的前提下,新型农业经营主体带动小农户发展的行动集合便在个人系统与社会系统中的生存理性、经济理性与社会理性三个理性层次的交相作用与决策博弈之下复合形成,紧接着新型农业经营主体便会尽可能快地付诸行动。在作为行动者的新型农业经营主体眼中,行动的快慢也属于成本的一部分。实践的付诸便会产出与之相应的经济与社会结果并形成经济与社会反响。

(三)理性选择视角下新型农业经营主体带动小农户发展的困境

本书的实地调研显示,新型农业经营主体在发展过程中对目标事物主要围绕"产业的生存状态"、"经济资本的增殖"、"利益获得的可持续"、"社会地位的提升"与"自我效能的获得"等维度进行理性的价值排序,这个过程呈现出新型农业经营主体主动在经营理念和组织模式层面将自身与社会紧密联系。同时,新型农业经营主体在发展资源上将目光聚焦于自身的社会网络,从中探索、收集并获取源于政策、市场、社会关系等多种能为其带来可观效益的各种正式与非正式支持资源,并将其与价值目标结合、权衡并做出选择,以满足从生存、经济和社会三层面获取的效益最大化。对此环节的探究可从影响因素与具体成因两个方面对新型农业经营主体带动小农户发展的现实困境与影响因素进行细致解析。

1. 带动动力不足

从新型农业经营主体在生存与发展方面的需求反馈来看,它们认为在带动小农户发展的过程中价值目标最大的事物为"帮自身企业(或产业)更好地生存与发展"。在被访的新型农业经营主体负责人中,少数新型农业经营主体负责人因投入精力、产业延续等威胁生存的情况表示带动小农户发展需"看情况"。

我年纪越来越大，精力越来越有限，只能力所能及地带着这帮人，耕种这几十亩地。（访谈材料：蔬菜种植大户 KWQ）

子女都去大城市发展了，不打算回到家乡接替我，我以后干不动了就把产业承包或转卖给别人，带动更多村民发展的事情就是他们的事情了。（访谈材料：鱼虾养殖户 HCG）

虽有相当一部分新型农业经营主体的负责人表示"未来的生产经营一定会考虑与附近村民一起发展、共享收益"，但他们都以不同言语内容传达出一个带动小农户发展的共同前提，即"希望经营产业能维持自身生存且后续发展态势良好"。因此，在新型农业经营主体负责人看来，生存理性的优先级高于经济理性和社会理性，维持自身的现有生计及未来可持续发展是新型农业经营主体带动小农户发展的首要前提。在必要的生存得到满足之后，经济理性促使新型农业经营主体始终保持逐利状态，在经济效益上拥有明确的价值目标。"理性人"实现效益最大化和"经济人"实现利益最大化都具有趋利避害的特点。一方面，新型农业经营主体在农技、农具、农资等方面支持小农户发展的情况因其是否加入合作社而有所差异，因为加入合作社就意味着"互助合作"和"风险共担"。这种利益互联意识使新型农业经营主体在上述方面更倾向于帮助加入合作社的小农户。相比之下，未加入合作社的小农户获助则相对较少。另一方面，从经济学的合理性角度对调研的新型农业经营主体进行审视可以发现，新型农业经营主体带动小农户发展的社会行动在经济效益方面具有强烈的目标性和明确的指向性。

我现在不愁生存，但再扩张的话我也没有精力经营。到时候盲目扩张把土地搞坏了，果树没种好，生意又亏本，别人还要嘲笑你干不成事，得不偿失，所以现在这个状态就是最好的。（访谈材料：脐橙种植大户 GPL）

城乡二元结构下农村青年劳动力大量流向城市，农村留守老人、留

第三章 新型农业经营主体带动小农户发展的现实困境与影响因素

守妇女、残疾人员等在农村地区的现有小农户之中占比较高。不良的风俗习惯与贫乏的教育支持使农村地区出现具有懒惰好赌、嗜烟嗜酒等行为的闲散小农户。新型农业经营主体吸纳这类小农户并带动他们发展的积极性不强。经济学家贝克尔（Gary Becker）常用理性选择机制分析并解释人在家庭、人力资本、犯罪等方面的行为，他提出的"歧视系数"能很好地解释新型农业经营主体在带动这部分小农户发展过程中动力不足的问题。一方面，以带动农村留守老人、留守妇女、残疾人员发展为例，新型农业经营主体通过雇佣手段带动其发展时常将自身定位为"雇主"，面对具有"留守、残疾"等特征的小农户，新型农业经营主体常具有"雇主歧视"，这一点在缺乏经验、雇用风险大、劳动能力不足等小农户的身上表现得尤为突出。

> 我只招 55 岁以下身体健康的村民，如果超过这个年龄，干不好活不说，工作起来也容易因意外事故而带来很多矛盾纠纷。（访谈材料：脐橙合作社理事长 YH）
>
> 我们合作社招人要求他们具备一定的在莲花或相似农业方面的种植技术和经验。如果不会，那就必须要从简单的活干起，一步步学习，学会了他们可以自己承包土地单干，也可以加入合作社一起干。（访谈材料：白莲合作社理事长兼村支书 GJL）
>
> 我倾向于招收当地的妇女过来工作，因为她们干活勤快仔细，而村内很多男工干活喜欢偷懒。（访谈材料：脐橙种植大户 LPC）

因身体素质、社会交往、劳动能力、工作效率等方面都与农村青壮年劳动力存在明显距离，这部分小农户得不到新型农业经营主体的完全接纳。

另一方面，以带动农村内部有懒惰好赌、嗜烟嗜酒等行为的农民发展为例，吸纳这部分群体进入新型农业经营主体工作会影响工作氛围和管理效率，不但会压缩效益与价值空间，迫使带动成本增加，还会为产业发展带来各类潜在风险，威胁产业生存，因此不少新型农业经营主体对他们十分厌恶。据新型农业经营主体创办领办人介绍，嗜烟的小农户有造成森林火灾的风险，嗜酒的小农户易因醉酒而导致工伤赔偿，而懒惰好赌的小农户则是多次劝阻也不起作用。

> 喜欢赌博的村民每个月拿了工资就去赌，然后输个精光没饭吃了，他们就会把合作社送给他们自己创业的乌鸡苗、可以孵化乌鸡的乌鸡蛋拿去吃了，这哪里带得动？（访谈材料：禽类养殖农场负责人PJJ）

因此，新型农业经营主体更加倾向于招收拥有良好品行和生活习惯的村民，并在吸纳村民之前"约法三章"，禁止他们在工作期间吸烟饮酒。闲暇之余，他们还会带动并鼓励村民以茶代酒、戒烟戒赌。由此来看，新型农业经营主体为降低某些具有偏差行为的特殊群体可能带来的社会与经济风险而选择的行为具有明显的理性色彩。

2. 带动行为乏力

政府政策与村庄内部的支持力度不强是造成新型农业经营主体带动小农户发展缺乏力度的客观原因。新型农业经营主体在完成理性决策之前会去了解其带动小农户发展所能获得的政策支持与产业补贴，但其发现由于上级政府财政拨款困难，地区乡镇资金投入不够，对农户的技术培训和指导更多依靠新型农业经营主体自己。参与调研的新型农业经营主体有相当一部分把"技术水平"纳入选择村民进入企业做工的标准之一，可在现有农业产业的技术发展方向上，教育落后使广大基层农户的现代农业知识储量与农业技术精通程度尚不足以达到被带动的必要条件。

> 种兰花的技术门槛虽高但收益也很高，从村里招来的农户文化水平参差不齐，大部分人文化程度较低，接受新事物的能力较差，政府没有集中培养，我们教好一个都费时费力。而针对有些接受新事物能力较差、就业困难的农户，我们个体的带动能力非常有限。（访谈材料：花卉种植大户LWJ）

第三章 新型农业经营主体带动小农户发展的现实困境与影响因素

也就是说,对于技术水平比较低的小农户,新型农业经营主体认为带动他们实现产业发展比较费力,并不划算。此外,受政府政策中财税补贴的诱惑,很多"空壳"新型农业经营主体负责人的动机不纯,他们把主要心思放在套取国家政策补贴上,没有意愿也没有能力带动当地小农户发展。但对于有能力带动小农户发展的新型农业经营主体来说,在带动行为结束并形成产出回馈的价值交换过程中,促进带动行为产生的资源或事件就决定了新型农业经营主体带动行为的力度。土地资源的整合与流转不顺、企业融资贷款困难与资金流转不便是造成新型农业经营主体带动小农户发展缺乏力度的直接原因。在从脱贫攻坚走向乡村振兴的战略背景下,农村发展得到国家与社会的持续关注,各种不同组织形态的新型农业经营主体发展迅猛,但在发展规模、生产水平、影响力、市场竞争等方面都已经做大做强的新型农业经营主体依然很少;发展规模、生产水平、影响力、市场竞争等方面相对弱势的新型农业经营主体数量众多,是带动小农户发展的关键力量。这部分相对弱势的新型农业经营主体努力在现代农业市场中谋求更大的发展,由于政府财政支持有限、农业市场风险预判难度高等原因,它们在自身的品牌建立与推广、产业的融资与生产经营过程中面临很大困难。反观诸多被访的新型农业经营主体创办领办人,从一些种植大户发展成为专业合作社理事长的过程中带动小农户的行为变化可以窥探到他们的实践智慧。新型农业经营主体创办领办人先将目光投向对原有乡村内部社会资本的深度挖掘,因地制宜、广泛接纳并积极带动小农户参与农业产业,同时在这个过程中挖掘较为优秀的小农户(乡村中坚力量)并长期雇用或指导加入合作社,让小农户和新型农业经营主体潜移默化地形成一种相互依赖、合作共生的利益结构,使两者能共同承担市场风险,进一步推进农业合作社的发展。新型农业经营主体以合作社方式带动小农户发展时,合作社理事长会建立微信群或在地区倡导成立一个产业协会,无论是其他新型农业经营主体负责人还是自身带动的小农户,都很乐意分享生产技术、管理经验乃至一些日常事务。当个体非正式关系不断发展衍生为正式集群时,实现共生共赢在新型农业经营主体与小农户之间开始变成一种内在需求,新型农业经营主体带动小农户建立专业规范且成立带动能力强的专业合作社就变得自然而然。

3. 带动缺乏持续性

首先，新型农业经营主体带动小农户参与产业长期发展的数量和吸纳小农户进入产业做工的时长两个方面均有较大幅度的波动。从实地调研的情况看，普遍而言，新型农业经营主体长期带动的村民还较少，多以招募短工、租借农具、传播部分简单易懂的农业技术等形式带动小农户发展。尽管新型农业经营主体长期带动的村民较少，但它们会在特殊的时间节点（如播种、丰收等农忙时令）以短工的形式大幅吸纳小农户。

> 合作社里长期有22个村民，但最多的时候可达110多人。只要不是农忙季我们也没必要招这么多人。农忙的时候，我们招人既能满足我们的需求，也能为他们带来一份收入。（访谈材料：蜜柚种植大户ZHS）

既可缓解企业用工困境，也能帮小农户实现经济创收是绝大部分新型农业经营主体创办领办人眼中的双赢，是他们所认可的"实现利润最大化"中的一种。但因用工环节中的利益联结机制与社会规范，被带动的小农户在土地成本与个体收益是否对等方面的想法不一致，这导致带动者与被带动者之间的信任破损，导致小农户不配合新型农业经营主体的带动。新型农业经营主体在个人与社会系统中的效益交换不平等，是造成带动机制不能稳定持续的关键因素。部分新型农业经营主体创办领办人表示和当地村民的关系融洽，其在当地的社会地位与群众呼声很高，自身也一直在积极寻找如何将产业发展与小农户发展、村庄发展密切联系，但受限于农业的经济和技术要求，他们多以劳务支出、福利补贴、技术培训的形式回馈小农户，助其生存发展。也有一部分新型农业经营主体负责人认为企业和农户之间的"带动-共赢"发展机制不完善，彼此之间缺乏可靠合理的利益联结机制。他们认为如果自身得不到小农户的认可、尊重与支持，那么产业经营是无法持续带动小农户发展的。

> 合作社带动村民发展是有要求的，进入合作社长期做工的人主要是流转了土地的建档立卡贫困户，然后再吸纳有技术、有能力的村民来保障合作社生产经营，有余力再吸纳其他人。但很多人没进来（工作）就到处说我们的坏话，我们就算再有情怀也不会帮他们。（访谈材料：专业合作社理事长HXF）

由于与小农户关系不融洽及地方政府调节双方关系的精力有限，许多新型农业经营主体常因无法充分彰显自身价值而缺乏带动意愿，所以很难与小农户形成长久的合作关系，带动行为多呈现出临时性、零散性的特征。

其次，我国现有的农业从业资格准入制度和退出机制对新型农业经营主体带动小农户发展的稳定性与持续性有深远影响。在访谈过程中发现，"社会地位的提升"与"自我效能的获得"排在新型农业经营主体负责人"价值目标"的前列，获得更多的职业技能证书对新型农业经营主体负责人的吸引力很大。从新型农业经营主体负责人的自我叙述来看，一方面，拥有获得各类职业技能证书的机会，拥有参与农业知识学习与技能培训的机会，就能掌握丰富的农业知识，是自身能力的一种显现。从政策意义上帮助他们突破原有的身份限制，有利于"农民"这一概念在他们身上从身份称谓回归到职业称谓，在此过程中他们可以实现自我满足和自身价值。

> 我有国家颁发的职业农民证书而别人没有，所以周边很多村庄都会请我过去指导水稻技术。我也很乐意去，这证明我有能力，大家都信任我。（访谈材料：水稻科技园领办人ZHS）

另一方面，对于想退出现有的农业产业化经营却依旧希望维持较高社会地位的部分新型农业经营主体创办领办人来讲，获得各类职业技能证书之后他们不仅可以作为特聘农技员参与指导当地的农业，在技术层面上更有权威，也可以维系对小农户持续的专业带动。由此可见，为新型农业经营主体带动小农户建立严格的准入制度和有序的退出机制并与相关的政策支持与扶持手段协调并进，可让新型农业经营主体理性参与个人和社会层面的互动，有利于促进它们对小农户带动行为的持续性和稳定性。

理性选择理论为我们分析新型农业经营主体这一市场主体带动小农户发展的行为选择提供了有力的洞见。新型农业经营主体带动小农户发展的过程不仅蕴含着其和小农户之间的话语冲突和理性博弈，也囊括了其对农业产业化经营利润最大化的理性追求。唯有充分理解新型农业经营主体带动小农户发展的理性决策机制及其嵌入其中的社会文化情境，才能弄清楚新型农业经营主体带动小农户发展的实践逻辑与行为选择，从而精准实施政策干预。从本书的实地调研可知，新型农业经营主体带动小农户发展存在带动动力不足、带动行为乏力、带动缺乏持续性和稳定性等现实困境。从理性选择视角分析，出现上述困境的重要原因是新型农业经营主体负责人认为带动小农户发展"不划算""很困难""没必要"或者"有些吃力""必要性不大""带不动"等。这背后的原因很复杂，可能是组织层面的原因，也可能是小农户的原因，还可能是行业层面乃至政策层面的原因。无论是什么原因，都有一定的现实合理性。了解新型农业经营主体的理性决策过程，明白新型农业经营主体负责人的所思所想、困惑忧愁与未来期待，才能找到有效激励新型农业经营主体带动小农户发展的方法，才能使其把带动小农户发展融入自己的理性价值目标和组织决策过程，即才能让新型农业经营主体找到与普通小农户的利益结合点，使其有动力与小农户构建利益联结并分享收益，而不是与小农户争利甚至形成利益对立状态。

综上所述，在现代农业技术创新与农业市场化快速推进的背景下，传统小农经营模式可能带来的劳动生产率低、农产品市场竞争力不强、吸收新技术能力弱等弊端不断显现，对我国农业农村现代化进程形成了一定的制约。以新型农业经营主体为代表的农业规模经营主体在配置农业生产资源、创新农业技术、提高农业劳动效率等方面具有明显的优势，是我国建设现代农业的引领性力量。其健康发展不仅有利于保障我国的粮食安全，也是提高我国农产品市场竞争力及推动农村产业全面振兴的有效路径。发挥新型农业经营主体在现代农业发展中的带动作用非

第三章 新型农业经营主体带动小农户发展的现实困境与影响因素

常有必要,是实现乡村振兴和农民农村共同富裕的题中应有之义。但随着农村生产和生活环境的变迁及多方面因素的影响,新型农业经营主体在带动小农户发展过程中面临着诸多现实困境,亟须在政策与机制方面做出适应性调适和改革创新,这就需要我们透过多元理论视角,全面深入认识新型农业经营主体带动小农户发展的困境与影响因素。

本书以新型农业经营主体与小农户两类农业经营主体的多维互动关系为切入点,从农户回应、贫困脆弱性和理性选择等理论视角出发,对新型农业经营主体带动小农户发展的现实困境与影响因素进行了分析。本书发现,新型农业经营主体带动小农户发展存在的带动意愿和能力不强、带动方式不优、带动效果不佳甚至对小农户有负面冲击和排挤效应等现实困境有多方面的成因,综合起来,可从农户层面、组织层面、社区层面、政策层面进行解析。

从农户层面看,小农户特别是贫弱小农户缺乏必要的信息与资源支持,对自我利益诉求难以有效辨别或主动表达,容易在生活困难或利益受挫时产生消极情绪进而采用"弱者的武器"进行应对,主动融入现代农业发展过程并与新型农业经营主体进行互动和利益联结的能力相对较弱,难以融入新型农业经营主体的利益体系并与之均衡互动。

从组织层面看,我国新型农业经营主体仍处于发展的初级阶段,有诸多不完善之处。它们面临激烈的市场竞争和生存压力,主要考虑的是自己的生存和发展,承担社会责任的意识还不够强。特别是经营主体中作为能动性力量的管理人员和技术人员很多是外来投资者,他们遵循投资收益和资本增值的市场化逻辑,没有充分考虑到与当地村庄社会和小农户的关联性。当然,新型农业经营主体对地方社会责任的忽视也在很大程度上影响了它们与当地村庄社会的关系,导致其未能很好地构建村庄社会的基础,产生了不同程度的社会适应问题;反过来,这些问题又给它们的生产经营带来不少麻烦。

从社区层面看,我国城乡二元结构带来的人口流动,使农村社区的文化与社会约束功能减弱,小农户的组织化程度不够,难以与新型农业经营主体特别是外来投资型新型农业经营主体形成均衡互动,更多是依赖新型农业经营主体来带动发展。村庄社区给它们的支持偏弱,小农户以较为松散的方式和个体化方式参与新型农业经营主体的生产经营，缺乏组织化的利益表达和互动联结。

　　从政策层面看，我国新型农业经营主体和新型职业农民培育的时间还比较短，针对新型农业经营主体和新型职业农民的相关政策和培育措施比较侧重于从面上进行干预，以项目方式进行培育和激励的举措存在一定的碎片化问题，缺乏精细度和精准性，特别是没有充分认识到我国农业、农村、农民问题的内在联系，没有很好地基于新型农业经营主体的村庄嵌入性精准实施政策干预，导致一些制度举措没有深入新型农业经营主体的动力机制和组织决策过程，甚至导致一些新型农业经营主体的求利动机和盲目短视行为，只顾享受国家政策带来的便利而不愿承担应有的社会责任或与小农户分享发展成果。

　　总而言之，新型农业经营主体对小农户的带动作用依托于我国的基层社会文化情境与社会治理格局，新型农业经营主体对小农户的带动困境是透视基层社会治理逻辑的一个切入口。只有借助不同理论视角，从不同切面探析新型农业经营主体带动小农户发展的现实困境，并立足于我国农村社会治理共同体建设的战略高度，才能真正理解问题的实质并制定有效的政策措施。本书基于三种理论视角对新型农业经营主体带动小农户发展的现实困境及其成因进行了分析和探索，期望为后续研究及相关政策与制度的优化革新提供有益洞见。

第四章 从脱贫走向振兴：扎根乡土致富带头人的衔接作用

——以新型农业经营主体创办领办人为例

2020年，我国脱贫攻坚已取得全面胜利，我国正处于巩固拓展脱贫攻坚成果和迈向乡村振兴的重要历史节点。在脱贫攻坚进程中成长起来的特殊群体——扎根乡土致富带头人是农村独特的内生力量。这是农村内生基础与国家政策支持双向融合的结果。这一群体的成长壮大对巩固脱贫攻坚成果与推动乡村振兴战略具有非常重要的衔接与促动作用。他们中有新型农业经营主体创办领办人、基层乡镇和村"两委"工作人员、工商业企业家等，其中新型农业经营主体创办领办人是关键组成部分。他们适应了我国"大国小农"背景下农业农村现代化发展的实际需要和未来趋势，是实现农村产业兴旺与全面振兴极为重要的能动力量。他们过去是脱贫攻坚的推动者，未来也将是乡村振兴的生力军。这一群体到底有何共性特征？他们在从脱贫攻坚向乡村振兴战略转移过程中可以发挥哪些衔接作用？其衔接作用的发挥有哪些现实制约因素？如何更好地培育壮大这一群体，使其更好地带动小农户协同发展？这些都是我们实现乡村振兴必须要思考的重要理论和实践议题，也是本书进行专题研讨的问题意识。

需要特别说明的是，本书所探讨的扎根乡土致富带头人聚焦于新型农业经营主体创办领办人，其中包括从事规模化农业生产经营的村干部，但不包括不经营规模化农业产业的基层干部和商业企业家等群体。其实，在我国农业现代化发展实践中，诸多致富带头人往往具有双重身份，即他们一方面是村干部，另一方面是新型农业经营主体创办领办人[①]。

一 背景与问题

当前，我国处于巩固脱贫攻坚成果与乡村振兴战略有机衔接的重要历史时期，因此实现两者有效衔接意义重大、关系全局。但目前我国农村特别是中西部农村空心化和人力资源大量外流的情况较为普遍。在此背景下，如何衔接以及靠谁衔接成为亟待破解的难题。2021年3月发布的《中共中央 国务院关于实现巩固拓展脱贫攻坚成果同乡村振兴有效衔接的意见》强调，要激发乡村发展内生动力，发挥奋进致富典型的示范引领作用。当前我国农村发展的内生力量是什么？如何发挥奋进致富典型的作用？立足我国农业农村发展实际，本书认为，在脱贫攻坚中成长起来的扎根乡土致富带头人是农村独特的内生力量，具有特别重要的衔接作用[②]。其衔接作用缘于他们扎根乡土的品格和勇于开拓创新的特质，这使其蕴含着巨大的发展潜力，可与乡村振兴目标有效衔接。因此，研判其作用发挥的制约因素并提出培育策略，对激发该群体的作用以及实现乡村全面振兴有非常重要的价值。

"致富带头人"是一个带有明显政策意涵的话语表达，体现了我国独特的经济与社会发展逻辑。邓小平同志在20世纪80年代初谈及我国发展政策时就提出"先富带后富"理念，希望通过先富起来的一部分人或地区带动和帮助其他地区，逐步走向共同富裕。改革开放以后，我国

---

① 2021年8月30日，农业农村部公示了"全国十佳农民"资助项目人选，公示的10个人都在发展自己农业产业的同时在当地发挥了积极的产业带动作用。其中，有6个人既是村干部又是各类新型农业经营主体创办领办人。

② 脱贫攻坚的目标侧重于增加收入，摆脱绝对贫困；乡村振兴的目标不局限于增加收入，而是全面提升扩展到整个农村社会的建设和发展层面，即2018年中央一号文件提出的"产业兴旺、生态宜居、乡风文明、治理有效、生活富裕"。两者的有机衔接必须充分激发农村社会内生力量。

农村涌现出一批先富起来的农民。其中一部分人富有企业家精神和社会责任意识，积极响应政策倡导，在自己致富的同时带动村民致富。于是农村逐步出现了一个典型的群体——致富带头人。特别是在脱贫攻坚推进过程中，无论政策层面还是实践领域都非常看重致富带头人的培育及其带动作用发挥（孙超超、武玲，2020；朱庚鑫，2021）。为开展好致富带头人培育工作，国务院扶贫办等八部委在2018年专门联合下发了《关于培育贫困村创业致富带头人的指导意见》。目前，学界对致富带头人群体的一些研究散落在对新型农业经营主体的研究中，主要关注新型农业经营主体对小农户脱贫与发展的带动作用（向德平、刘风，2017；李耀锋等，2020）。在关于致富带头人的研究中，学者从不同方面进行了探讨，比如农村青年致富带头人的特点与问题（杨道邦等，2020），农村致富带头人在贫困村庄经济发展中的作用（蒋平英，2020），返乡青年创业的政策支持（林龙飞、陈传波，2018），不同类型资本与农村致富带头人形成的关系（肖焰、蔡晨，2018），等等。也有研究基于农村致富带头人的调研探讨了青年在新型农业经营主体培育中的领头雁作用（杨少波、田北海，2016）。总体来看，随着农村致富带头人的现实作用不断显现，基于不同学科视野的研究也在增加。但目前学界对农村致富带头人的研究未进行细致的群体划分，即没有具体区分外来投资型与本土内生型农村致富带头人的群体差异，对其正面作用的关注偏重于产业带动，尚较少关注他们对乡村治理和乡风建设等方面的影响。同时，现有研究主要关注脱贫攻坚背景下致富带头人带动农户增收脱贫的作用，对他们在脱贫攻坚走向乡村振兴过程中的衔接作用缺乏探讨。这两者的目标和要求是不同的，一个侧重于增收脱贫和产业发展，另一个则关注全面的生产生活共同体建设。随着国家战略的转型，深入挖掘该群体在从脱贫攻坚向乡村振兴战略转型过程中的衔接作用具有非常重要的理论与现实价值。

因此，本书的研究问题聚焦于：在脱贫攻坚向乡村振兴的战略转型过程中，扎根乡土致富带头人有何基本特质？他们可以发挥哪些衔接作用？其衔接作用的发挥有何制约因素？如何立足乡土资源培育能发挥良好衔接作用的致富带头人？

本书的实地调研主要集中于江西 G 市与 J 市两地，相关研究发现主要依据对比较具有代表性的致富带头人进行的深度访谈。被访的致富带头人都是新型农业经营主体创办领办人，是在当地农村社会有较大共识度和一定影响力的产业致富带头人，而且在脱贫攻坚背景下发挥了重要的产业引领与示范作用。为了全面了解致富带头人的产业发展与作用发挥，本书还对致富带头人从事产业相关的村干部、村民等进行了深度访谈。被访的致富带头人分布于水稻与瓜果种植、牲畜饲养等不同农业产业领域。在地方农业农村局和扶贫办的协助下，我们选择将当地土生土长的具有一定代表性和示范效应的从事农业产业的致富带头人作为调研对象，涵盖了发展较成熟与不够成熟的新型农业经营主体。实地调研主要通过深度访谈一方面评估脱贫攻坚背景下致富带头人的发展历程及其对当地经济发展、人文风貌、社区治理与乡村建设等的影响，另一方面收集他们带动村民脱贫发展的内在动机、发展设想、现实问题、政策期望以及针对致富带头人培育的政策建议等。

二 扎根乡土致富带头人的内涵与特点

中国社会是乡土性的（费孝通，2011）。这是我们认识中国农村社会及相关问题的基本立足点。产生于农村社会的致富带头人是具有显著中国特色的一个社会群体。这一群体产生并发展于特定的时代背景和政策需求之下，体现了中国现代化发展之路的独特逻辑和政策机制。我国农业、农村与农民三者之间的关系有绵长的历史渊源，具有与西方社会不同的内在特点。现代农业发展伴随着市场化与全球化浪潮的推进，但并非单一的产业过程，而是深深嵌入我国农村的社会结构与文化体系之中，因此发挥产业带动作用的新型农业经营主体在生产经营中与农村社会存在密切关联（张晓山，2009；陈靖，2018）。这种独特的农业、农村与农民关系及改革开放以来的脱贫发展实践孕育了独特的扎根乡土致富带头人群体。他们扎根于中国大地，一方面联结乡土社会，体现了文化的绵延和传承；另一方面对接现代市场，展现了产业的开拓与创新。

这一群体是联结传统社会与现代社会、贯通顶层政策导向与基层民众需求的重要媒介。对这个群体的内在特质与现实作用进行探究有利于我们深刻理解中国特色农业农村现代化之路的规律性，也有利于我们扎根中国大地实现中国特色的乡村振兴。

参照学界观点和相关政策文件，本书所说的扎根乡土致富带头人是指产生于我国农村社会，与当地村民有天然的社会文化关联，主要从事规模化农业生产经营，并有意愿带动当地村民脱贫与发展的群体。这一群体在脱贫攻坚背景下获得了很多政策关注、资源支持与发展机遇。目前这个群体尽管不够成熟与强大，还存在这样那样的不足或问题，但事实上已经形成并发挥了引领和示范作用，也契合了我国农村发展实际与未来乡村振兴的内在需求。他们是我国推进乡村振兴战略的内生依靠力量，也是我国农村社会从摆脱贫困走向全面振兴的能动主体。

乡土人才最大的特点是知农业、爱农村、懂农民（周博、邱志斌，2021）。扎根乡土致富带头人就是典型的乡土人才。总体来看，他们不仅具有知农业、爱农村、懂农民的特点，也具有现代产业发展优势。这是其发挥示范带动作用的重要基础。就目前我国农业农村现状而言，扎根乡土致富带头人创办领办的新型农业经营主体要有一定的土地经营规模。一般而言，规模化经营至少要在50亩以上，有一定的规模效益。这是他们能带领农民发展的一个先决条件。他们所从事的农业相关领域较为广泛，包括种植、养殖、生产、加工、营销、科技服务等方面。他们有良好的政策敏锐性，对当地村庄发展有带动和引领作用，对市场经济有较强的适应能力和创新能力，可以在广大分散小农户的致富进程中起到组织、辐射、示范、带动和引导作用。

总体来看，扎根乡土致富带头人具有以下特点。

第一，与当地村庄小农户有天然的人际连带。扎根乡土致富带头人因土生土长而浸染于当地文化之中，从小就在村庄社会中长大，对周边村民知根知底，在当地拥有较为稳定的人际关系，在现代农业生产方面与当地农户有多方面关联，其中不仅有雇佣就业、委托管理与合作生产等经济关联，也有乡亲邻里与宗族血脉的社会文化关联。这为其发展农业产业打下了牢固的社会支持基础，使扎根乡土致富带头人及其产业更容易得到基层干部与村民们的信任和支持。正如某村支书所言："他（村中致富带头人 ZHS，瓜果种植）和大家都很熟，他干什么都会和我们讲。我们很相信他，也很支持他。"（访谈材料：村支书 WXB）与当地村庄社会的密切关系使他们具有较为浓厚的乡土情怀。在被访的江西 J 市与 G 市农村致富带头人中，很多人都表示"不愿离开乡土"。在访谈过程中我们发现，很多扎根乡土致富带头人对养育自己的土地和家乡怀有较为深厚的认同和感情。这使他们总是能顾及人情关系，从而采用灵活的用工方式。

> 平时农户和我也比较熟，大多数都是认识我的。我也不会固定他们的上班时间。他们可以根据自己的需要去接送小孩。只要他们每天把自己的工作完成，就可以拿到每天的工资。（访谈材料：致富带头人 HXF，种粮大户）

总体来看，扎根乡土致富带头人有别于外来的农业投资者，因为他们与当地村庄小农户有天然的人际连带。这种连带是在日常生活中衍生与发展起来的，具有先在性、内生性与延续性，并非因某种外在的经济利益联结而产生的。

第二，产业发展有地方市场与社会基础。我国农业农村现代化进程中乡村产业的社会基础问题受到学界较多关注，而扎根乡土致富带头人在这方面具有得天独厚的优势。他们及其产业在乡村中的成长是被村民们看在眼里、放在心里的，他们原有的社会资本与社会基础具有相当重要的作用（陈树发、黄志坚，2009）。

> 我们都是在农村出生的孩子，对本地的各个方面都比较熟悉与了解，对本土的土地、环境也比较了解，和村民也容易相处，沟通起来比较顺畅。（访谈材料：致富带头人 HXF，种粮大户）

扎根乡土致富带头人是当地成长起来的新型农业经营主体负责人。一般而言，这些新型农业经营主体负责人在当地有较好的认知度与认同度，比外来资本更容易获得村庄支持。特别是在生产经营遇到困难时，他们更容易获得村"两委"和村民的支持。这种支持可能并非基于经济利益，而是基于情感和信任。外来资本经营的农业企业在乡村的生存状况则有所不同，往往面临困难与挑战（徐宗阳，2016）。外来的公司在村里发展产业，部分村民是既不熟悉也不信任这些"外人"的，甚至可能对"总想获得利益"的外地企业抱有敌意。

> 我这个基地遇到土地流转、资金困难时，村里都会考虑到困难，宽限时间，延长缴费时间。而村里有些素质不是很高的村民会来添乱，村干部和村民会帮忙阻止、帮忙说话。之前一些外来的大企业总是跟村民有矛盾，村民也不配合，整得很麻烦，后来它们就搬走了。（访谈材料：致富带头人WGQ，鱼虾养殖）

扎根乡土致富带头人熟知地方市场。被访的致富带头人普遍认为他们在家乡创业是由于"产业可行性较高"。他们表示，选择回乡创业时，对村庄及周边的自然条件、习俗文化、人情世故都比较了解。

第三，创新意识较强且有较大个人影响力。在当前乡村振兴的道路上，致富带头人相对于同村其他人员知识储量更加突出（杨少波、田北海，2016），对乡村内部资源的掌控和利用也更为出色，对农业产业的发展更为熟悉，具有更敏锐的发展意识。被访的致富带头人特别是较为年轻的致富带头人，不少人有大专及以上学历。相比于农村普通的农业劳动者，他们的学历和受教育水平优势明显。同时，农村青年致富带头人更乐于学习新知识（杨道邦等，2020），以提高自身知识或技能水平。他们经常利用各种机会开展"学习充电"，不断追求探索提升产业竞争力。很多被访的致富带头人表示有保持"每年外出交流学习超过7天"的情况，其中部分致富带头人每年外出交流次数在7~8次。

> 我当过我们市的果业协会会长，现在也一直在学习。我还获得了政府和高校的支持，可以去读农学的在职本科。（访谈材料：致富带头人ZHS，瓜果种植）

这既有政府的支持，也有自己的主观努力。总体来看，扎根乡土致富带头人直接面向农业市场，有较强的创新意识，能不断学习和主动探索，以提升对市场的敏锐度，较好适应市场变化。他们更具开拓精神，善于传递经验技术。他们有一定的社会声望，不仅善于学习，还能在产业经营与合作生产过程中将所学知识和经验传递给当地村民，以营造共同生存与发展的产业环境，这不仅有利于提升劳动效率，也有利于带动当地农民发展。

第四，拥有对生产经营有益的村庄资源。扎根乡土致富带头人的生产经营依托于农村社会，拥有土地、人力、关系、文化等不同方面的村庄资源支持。这是其应对生产经营风险和保持生产可持续的重要保障。如今，我国农村土地利用率不高，农村劳动力大量外出务工，土地荒废程度高，出现了大量的土地无人耕作的情况。这对于扎根乡土致富带头人而言既是挑战也是机会。他们可大面积承包土地，实现规模化经营。无论是在 J 市还是在 G 市，被访的致富带头人都认为，对其产业有益的村庄资源除了土地之外，还有灵活而便捷的人力资源。

> 我承包的土地以前是荒地。我看到这片土地变成这样实在是感觉很可惜。而且这片地租下来也不贵，村里也愿意流转给我，还很配合我办理各种手续。到了农忙时节，本村的人都愿意来帮忙。（访谈材料：致富带头人 SYL，种粮大户）

调研发现，只要有时间、有能力，面对有事干、有收入的工作，村民们总是来者不拒，对致富带头人的工作邀请也十分乐意答应。实现照顾家庭与生产就业的兼顾，有利于村民和致富带头人实现双赢，有利于致富带头人防范生产经营风险，保障生产经营的稳定。

> 我这个产业得到当地政府和村民的支持。比如，我今天要农忙、要干活，但是没有人手。这个问题既不能用机械化来解决，也不是有钱就能够解决的，就必须要人来帮助。我们当地就可以从这个村

叫五六个人,从那个村叫五六个人。这个时候就一定会有人来帮我们。(访谈材料:致富带头人PJJ,禽类养殖)

第五,注重当地经营的可持续与长期性。当被访的致富带头人被问及选择在家乡创业的原因时,不少人表示"不愿离开乡土"及"希望在当地获得尊重与认可"。致富带头人选择在本地发展,一方面是不愿离开乡土,另一方面是在乡土之中寻找到自身赖以生存和发展的空间与方向(林龙飞、陈传波,2018)。扎根乡土致富带头人不仅注重产业的经济价值,也比较看重对产业发展的社会文化效应。他们并非单纯追求市场利润最大化,而是兼顾当地的社会影响与长远预期。也就是说,扎根乡土致富带头人较看重当地经营的可持续与长期性(李耀锋、张余慧,2020),希望在家乡有所作为,在当地获得自我价值的实现。正如种粮大户SYL所言:"在家工作方便照顾母亲。我(当初)下决心在家做出一番事业,怀着对这片故土的热爱,就开始大规模种植水稻了。"(访谈材料:致富带头人SYL,种粮大户)一方面,他们注重学习农业现代科技,不断参与各种培训,学习新的发展理念,在产业发展中注重因地制宜发展农产品,减少对环境的破坏,力求使自己的产业能够适应政策导向。另一方面,他们注重与当地农户的利益共享。被访的致富带头人都不同程度地表示,未来愿意继续带动本地村民一起发展。多数致富带头人明确表示,自己对故土的发展抱有情怀,在乡村振兴背景下,如果产业能继续发展,则自己很愿意带动当地村民一起发展。

第六,有带动当地农户发展的内生动力。扎根乡土致富带头人较为注重维系与当地的关系,有带动当地农户发展的内生动力。在脱贫攻坚背景下,扎根乡土致富带头人在发展自身产业过程中招募了农村地区大量的待业人员,为他们提供了务工岗位和就业机会,帮助了大量贫困户和非贫困户创收,解决了他们的基本生活问题。这种通过务工带动当地村庄发展的方式备受欢迎。

这个企业还是很好的。我本来没工作,有人找我干活那我就有饭吃。(访谈材料:贫困户村民LZY,合作社成员)

扎根乡土致富带头人经营的产业带动增加了当地村民的经济收入，提高了他们的生活质量，获得了村民、村干部的支持与好评。这有利于提高扎根乡土致富带头人的社会地位与产业形象，为他们将来在产业经营、村内支持、政策申请等方面的诉求获取更多的正式与非正式支持奠定基础（肖焰、蔡晨，2018）。扎根乡土致富带头人与当地农户有天然的亲和关系，更容易产生利益一致感。

我把他们（做工的村民）培养成熟练工，这样再来我这边工作的话我也会省心很多。他们自己种植的水稻产量上去了，我也为他们感到开心。（访谈材料：致富带头人 SYL，种粮大户）

扎根乡土致富带头人对当地农户发展的带动不仅缘起于其市场经营的逐利性，也源自其对农村社会的嵌入性（李耀锋、张余慧，2020）。他们不会简单机械地按照市场法则办事，比如他们很少主动辞退工人，有些村民 70 多岁了还在他们的企业工作。这一点有别于外来投资型的致富带头人。外来投资型的致富带头人可能有更大的资本规模与更强的经营能力，但较普遍的情况是，他们容易"悬浮"于村庄社会，对农户的带动缺乏内生动力与长远预期。一旦遇到市场波动或者经营困难，他们容易使用裁员或转移产能等方式解决问题。

三 扎根乡土致富带头人在脱贫攻坚走向乡村振兴中的衔接作用

脱贫攻坚与乡村振兴的有效衔接是一个关系国家发展全局的战略性系统工程，要依靠有力的政策跟进与制度设置，但关键是要发挥人的主观能动性，要发挥农村内生力量的主体作用。要实现有效衔接，就要加快培育新型农业经营主体和新农人（陈锡文，2018），特别是能发挥示范带动作用的扎根乡土的新型农业经营主体和新农人。这不仅有利于激发农村内生力量，推动脱贫后农业产业的持续发展，为脱贫小农户提供较为稳定的就业机会、收入来源和发展机会，巩固脱贫攻坚成果，也有利于重建农村社会、优化农村治理结构、改善乡村风气，实现农村社会从摆脱贫困到全面振兴的革命性转变。

（一）延续产业发展，推动产业兴旺

1. 改善产业环境，激活地方市场

扎根乡土致富带头人立足于地方资源开拓农业市场，对在当地的发展有长远预期。一旦条件成熟，他们会投入资源用于开发新的产业项目，改善周边生产基础设施，以发展壮大农业产业。这不仅直接服务于他们自己的产业发展，也为未来产业持续发展奠定了良好的环境基础。

> 在修整荒地的过程中，我的产业也为村里做了一些事情，如自己的农业项目扩建需要进行修路、修桥、挖沟、排水之类的工作时，不仅将整个村子的沟渠排水系统进行了整修，也将路面集中进行了铺设。这样既可以让我的农业项目有长期的、稳定的发展收益，也可以帮助建设自己的家乡。（访谈材料：致富带头人YJR，鸭稻共育）

身处现代农业市场风口浪尖的扎根乡土致富带头人有较强的创新活力，能主动引领周边农业产业的发展，不仅自身积极接触外界，也会带动村民一起加入，营造有利的产业生态。他们在农业产业方面的努力有利于规范地方农业产业，激活地方市场。

> 通过宣传销售我自己生产的井冈蜜柚，我吸引到旅游公司来洽谈合作。我计划成立采摘团队，以带动当地的餐饮、旅游行业，从而促进当地经济的发展。（访谈材料：致富带头人ZHS，瓜果种植）

在项目制成为一种重要治理体制的现实背景下，无论是脱贫攻坚还是乡村振兴战略，都有针对致富带头人的系列政策支持项目。扎根乡土

致富带头人在承接与实施项目的过程中与村庄内利益主体有经济和社会文化关联，能考虑到当地村民的利益和诉求。这可以在一定程度上改善项目落地的村庄环境，有利于推动国家政策意图的实现，为地方农业产业发展营造良好的政策环境。扎根乡土致富带头人普遍具有良好的政策敏锐性。我们在调研中了解到，作为致富带头人的江西省 B 生态农业发展有限公司负责人 WYY 已将乡村振兴和美丽乡村建设列入自己的产业规划中，将附近乡镇村民直接或间接带入果业产业中，致力于建立村集体、村民、企业"多赢"的利益联结机制。总之，扎根乡土致富带头人不仅带动了当地村民增加就业和收入，也激发了普通村民参与农业生产经营的积极性与自信心。他们的努力为农业产业发展营造了良好的地方产业环境，为产业兴旺打下了重要基础。

2. 创新农业技术，优化产业结构

现代农业的发展有别于原有传统农业的一个重要方面是现代农业有显著的技术开放性与扩散性。传统农业技术主要依靠生产者的经验积累与人际传承，使技术传播有一定的封闭性；而现代农业技术不仅依靠生产者的个人努力，也有赖于市场、政府、社会组织等多个行动主体构成的技术创新系统。农村致富带头人是农业技术创新与传播的重要推动者，具备引领农业技术创新和促进农业结构调整的能力（曾园根、黄志坚，2007）。

> 因为我自己懂点儿技术，周围的农户遇到问题后，我会过去帮忙教授技术。他们学习后能够提高产量。（访谈材料：家庭农场主 HXH，蔬菜大棚）

扎根乡土致富带头人勤于探索。通过农业技术的创新推广，他们不仅能获得产品产量和质量的双提升，也能显著带动所在地区的村民关注和学习。受到积极影响的农户会不断把改善后的农业技术传播出去。这有利于激活农村内部经济，促进农业结构调整乃至革新。

> 以前我只知道种地，后来向这里的公司学习，知道加工以后，

再跟旅游业结合能赚得更多。好多村民都多次跟他们合作。(访谈材料:村民 CWW,合作社成员)

产业致富带头人有较强的竞争意识和市场经营意识(王尤跃,2019)。相对于分散经营的农户,他们更注重现代化的精细管理,紧盯销售市场,并根据市场变化及时调整生产经营,努力通过对农副产品加工和拓展销售渠道等措施来提高市场效益。不同农业产业领域的扎根乡土致富带头人会从不同角度把产业的局限性因素转化为优势,以适应产业发展环境变化。其成功做法使村民相信他们有能力带领自己开拓市场,从而愿意向其请教和学习,主动接受其影响。由组织管理和人际网络带来的农业技术创新与扩散使扎根乡土致富带头人具备了优化农业产业结构的能力。

(二)参与乡村治理,促进治理有效

1.增进村民合作,提升村民组织化程度

扎根乡土致富带头人是村庄中的先进分子,在村庄社会中发挥着重要的催化和黏合作用,可以使村民之间的关系更有黏性并更具活力。他们发展农业产业的故事和成长历程为周边乡亲邻里所熟知并传扬。乡亲邻里对他们知根知底,使他们的成功做法很容易发挥示范带动作用,产生"一户带十户,十户带百户"的带动效应。这有利于农民在较短时间内接纳新的价值理念。通过成立合作社等方式实现合作生产,提高了小农户生产的组织化程度,改变了以往各自为战的状况。这也有利于小农户,特别是贫困户,对接现代农业市场和满足社会生活需求。

针对我们这里的贫困户,政府能提供资金入股到大的合作社(致富带头人领办),村民知道后也都来询问并自费参加。有的是邻里之间的相互带动,带动的(力度和数量)很大。(访谈材料:村民小组长 PJH,非合作社成员)

在脱贫攻坚背景下,扎根乡土致富带头人从事的产业往往在政府支持下吸纳贫困户入股，每年给贫困户分红，保证贫困户的收入，使他们逐步脱离贫困。这种带动产生良好效果后，许多非贫困户的村民也自费加入合作社，使村民之间逐步形成了一种新的组织方式。对未来发展的良好预期使一些村民选择在家乡工作，而不是外出务工，这使村民很好地兼顾了家庭，与家人保持密切的联系，增进了村庄社会团结。同时，扎根乡土致富带头人常采取直接雇佣、技术服务、合作生产、委托管理或组成专业协会等方式，通过邻里之间的人际带动把一般农户组织起来，提高了村民的组织化程度和参与农业生产的积极性。这在一定程度上改变了普通农户分散弱小的不利处境，让普通农户之间有了更多的合作互动，提升了他们发展农业生产的效能感，使其更有信心和能力表达自我需求，参与村庄治理，进而改善村庄治理中存在的碎片化问题。不仅如此，扎根乡土致富带头人还能促进小规模经营的家庭农场主抱团发展，实现再组织，从而发挥他们对小农户的辐射带动作用。

> 我们将YX县所有的家庭农场主聚集在一起，成立了一个家庭农场联合会，帮大家一起解决产品的销售问题。他们的水果我们店里都可以帮他卖，我给大家提供了一个销售平台。（访谈材料：致富带头人WYY，水果种植）

2. 帮扶村内贫弱村民，推动村庄公共事业发展

弱势小农户的帮扶及其贫困脆弱性治理是我国乡村振兴的重要内涵和题中应有之义（李耀锋、许函诚，2020）。扎根乡土致富带头人所从事产业的不断发展不仅带动了村民就业、促进了村民增收，也帮扶了村内的弱势群体。这有利于他们的话语表达和权益维护，有利于协调村内不同利益主体间的关系，推动村内贫弱群体的兜底保障。在国家政策的支持与引导下，扎根乡土致富带头人对村内伤残、贫困、孤寡等贫弱村民不仅有帮扶能力，也有帮扶意愿。特别是一些同时具有村干部或政协委员等社会身份的扎根乡土致富带头人，往往有更强的责任感和动力去帮扶贫弱群体。

> 我确实想为家乡人民做点儿事,希望能更多更好地帮助一些贫困户。我长期为贫困户提供就业,也帮助了一户在家瘫痪了几年且生活不能自理的贫困户以及几乎没有任何经济来源的低保户,让他们的生活可以维持甚至逐渐好转。(访谈材料:致富带头人 WYY,水果种植)

他们的帮扶改善了村内原有弱势群体和边缘群体的生存境况,增强了他们的社会功能,有利于优化农村治理结构。

> 我聘请了贫困户(21人)在合作社长期务工,先后吸纳了77余户贫困户以劳力入股,这里面大部分是女性。这不仅增加了她们的收入,还增强了部分农户夫妻之间的感情。女性地位也在不断提高。女性现在通过自己的劳动可以赚取一些生活费用,减轻家里的负担,可以独立自主、自力更生。(访谈材料:致富带头人 HXF,种粮大户)

综合来看,扎根乡土致富带头人较为看重自己在家乡的社会关系、社会价值与声誉,希望能够为家乡出力。针对村里的贫弱人群,他们有内在动力进行帮扶。相对于外来投资型的新型农业经营主体负责人,扎根乡土致富带头人对乡村的感情较为深厚,在自己的产业得到发展的同时,较为积极地参与乡村建设,希望为村庄公益事业贡献一分力量,成为现代农村发展中的"贤者"。

> 我在这个村里办产业经常参加村里的事。有一次村里的祠堂需要修理,我也跟村"两委"商量出资。村里当时遇到特困群体需要帮助时,我们公司也出资捐款。这样的事情有很多次了。(访谈材料:致富带头人 LWQ,水果种植)

但相关研究显示,村庄社会内成长起来的产业致富能人对村庄公益事业的参与会受到村庄中既得利益群体和宗族势力的影响且体现出对政策的依赖性，因而在实践中有较大不确定性（李耀锋、张余慧，2018）。

（三）推动乡风建设，助力乡风文明

1. 发挥示范作用，倡导积极的价值观

扎根乡土致富带头人与乡亲邻里之间互动密切，他们通过生活与生产的点点滴滴能够潜移默化地改善乡村精神风貌，把自力更生、勤劳致富、努力向上、创新开拓的价值观念与精神气质融入村庄生活中，感染带动其他村民。很多扎根乡土致富带头人都会主动在乡村道路修缮、环境环保、水利灌溉、荒山开垦等方面投入资金，或低门槛吸纳村民进入企业工作，在一定程度上造福当地村庄。这些善举会带来积极的文化价值观和示范效应。

> 我们村里以前闲人比较多，经常有好赌打牌的，整天无所事事。自从企业来这招工后，人们都忙起来了。这种风气也改变了许多。村民也挺为这个高兴的。（访谈材料：村干部 GFZ，副书记）

扎根乡土致富带头人在发展产业的同时，倡导积极的价值观，带动了村庄的风气改善。有的扎根乡土致富带头人会对村民聚众打麻将等不良风气进行教育和引导，体现了一定的社会责任意识。

> 在他们村，很多人以劳动为耻、以懒惰为荣。村里还出现了超前消费的现象。我对他们进行劝说会遭到语言攻击。后来，我就带他们劳动，慢慢改变这种价值观。（访谈材料：致富带头人 WYY，水果种植）

> 我们这些做农业产业的最看不惯的就是那些天天喝酒、打麻将，好吃懒做的。如果一个人、两个人被我带动了，那么后面就有越来越多的人被我带动。这样，他们打麻将的人就打不起来，最后大家还是要去干活，就创造了价值。从我创办合作社、经营这个产业之后，就经常组织、带领一些发展比较好、有潜力、有悟性的村民一

起去外面学习，参观行业技术，见识一些新科技。这些村民在外面不仅学到了新知识，还见了世面，回来之后就会有意无意地去改变自己。（访谈材料：致富带头人PJJ，禽类养殖）

扎根乡土致富带头人的示范效应让更多的农民甚至是农民的后代学习到符合现代社会发展的价值观，不但改变了村民中存在的闲散懒惰、好逸恶劳等不良生活风气，还使奋斗致富、劳动光荣的观念深入人心，改善了乡村精神风貌。

2. 摒弃文化糟粕，传承乡土传统文化精华

乡风文明是乡村振兴的灵魂。我国农村社会历来就有守望相助、扶贫济困、勤劳致富等良好文化传统。这些传统文化精华是乡村振兴的重要文化基础，但不可否认急功近利、自私自利、消极懒惰、保守封闭等文化糟粕的存在。因此，如何摒弃文化糟粕并传承乡土传统文化精华是乡风建设的关键。随着人口大量外流以及农村土地生产经营方式的变化，农户间的合作意识与共享精神受到冲击。一些村民过于关注个体利益，村民原子化状况突出，乡风建设亟待加强。扎根乡土致富带头人产生于本地社会中，代表着一种走向乡村振兴的先进文化，在乡风文明建设方面发挥着重要作用。他们有发展的敏锐性，注重提升村民文化素质，会推进祠堂等村庄文化设施建设。

在我们当地村庄，有一些人好赌，好吃懒做，然后我们就会经常给他传递一些正能量，带动他们勤劳致富，肯吃苦。当然，这也要是能够被带动的才行。（访谈材料：致富带头人PJJ，禽类养殖）

这些都提高了贫困户的收入，这就是变化。以前他们一直等着国家给补贴，不通过劳动去提高收入。现在，他们会主动跟我学习技术，去提高土地的产量、增加自己的收入。（访谈材料：致富带头人YJR，鸭稻共育）

扎根乡土致富带头人追求创新的价值观和行为带动了周边村民。他们的亲身实践强化了农村社会扶危济困、勤劳致富的积极文化价值观，

促进了村庄内部之间的社会交往与正向关系，在一定程度上推动了村庄内部矛盾纠葛不再以争吵、斗殴的方式来解决，而是以调解、谈话、协议等文明的方式解决。调研显示，扎根乡土致富带头人、村"两委"干部与村民都对近些年来农村"先富带后富"过程中村民素质的提升和乡村风气的改善表示认可。村民更愿意呵护自己的家乡，对未来有正面的预期，使村庄的文化共识与凝聚力得到增强。

四　扎根乡土致富带头人衔接作用发挥的制约因素

扎根乡土致富带头人经营的产业呈现出不同的发展状态。有的产业发展较为成熟，衔接作用体现得较为明显，成为推动乡村振兴的活跃力量；而有些产业还在初创阶段，资源支持比较薄弱，产业发展不够稳定，对未来发展有颇多现实性焦虑，在助力乡村振兴中的作用比较弱。总体来看，扎根乡土致富带头人有与当地农户分享收益、带动农户发展的内在愿望，只是不同方面的制约因素影响了他们的带动意愿和带动能力，不同程度地影响了他们在从脱贫攻坚走向乡村振兴过程中衔接作用的发挥。制约因素主要有以下几个方面。

第一，人口外流导致产业发展缺乏人才。当前阶段，我国农业农村发展最缺乏的资源是人。在调研过程中，扎根乡土致富带头人普遍反映村里人口流动频繁，缺少可用性人才。由于收入低等原因，村里留不住青年人才，真正从事农业生产经营的人才逐渐缺失且不易引进。

> 我们想从本村发掘技术人才、市场营销人才，但是没有。而且我们没办法吸引人才，因为工资太低。（访谈材料：致富带头人SYL，种粮大户）

随着城镇化的发展，村中大部分年轻人不愿意留在自己的家乡从事农业生产，不想吃农业劳作的苦，因此无论是高中毕业还是大学毕业的年轻人，都会直接选择进城务工或创业。这就引发了人才外流，使农村人才出现断层（陈会谦、薛晴，2019）。被访的大部分扎根乡土致富带头人都表示，他们在创业初期都遇到过技术难题，但由于身边没有精通技术的人才，在解决问题时走了不少弯路。由于农村空心化严重且受到地理区位等因素的限制，扎根乡土致富带头人很难找到真正能为农业企业服务的高质量人才，只能招收一些留守在家的村民和贫困户。而大多数农民文化水平较低，无法为企业提供有力的技术和销售支持。

> 工人人数不足、素质不高。农村的大量人口还是去外面，因此企业经常面临缺工的现象。农民也不是很守规矩，有的嫌工资低，不愿意做。农业技术工人没有标准化技术和管理，很难管。（访谈材料：村干部HXZ）

在新型城镇化背景下，想要全面提高农村经济效益，大幅增加农民收入，培养大批高素质的农民、加大人力资本投资刻不容缓（高明，2003）。但现状是，大多数扎根乡土致富带头人创办领办的新型农业经营主体都较为缺乏专业的生产经营、技术或销售方面的人才，生产经营都是"摸着石头过河"，处在不断探索的过程中，难以搭建本土人才梯队。这给他们的农业生产经营带来了很大制约，在一定程度上降低了他们对产业发展的正向预期，制约了他们对乡村治理和乡风建设的参与，不利于其衔接作用发挥。

第二，农业政策的稳定性与支持度不够。我国现代农业的发展不仅受限于市场经济发展形势，也受限于政策支持状况。村庄内成长起来的致富能人在参与村庄治理和推动村庄公益事业方面的功能有很大的政策依赖性（李耀锋、张余慧，2018）。目前，我国农业政策侧重于从面上倡导发挥农村致富带头人的作用，对农村致富带头人的内在需求、生产经营与功能发挥尚缺乏精准的政策支持。而且既有的政策支持在很大程度上依赖于基层政府的政策执行能力，使致富带头人的参与度不够。

> 我和县里做育种基地的项目，政府什么支持都没有提供。土地租金自己搞，种子自己研发。当地政府对白莲产业关注较少。（访谈

材料：致富带头人 WMF，白莲种植）

农民土地种植的经济收益和发展预期受到政策引导。如果政府的倡导总是让农民受益不大，那么他们对农业政策的认同度和信任度就会降低，甚至会出现"政府倡导种什么，村民偏不种"的反常现象。这种情况在 G 市 S 县的调研中已经出现。这种政府倡导与民众选择的背离会进一步减弱农业政策在基层执行的效果，导致政策意外后果。同时，农业政策的成效依赖于村干部的执行能力。调研也显示，一些村干部对农业不够热爱，不懂农业，无法精确理解和执行农业政策，从而无法给扎根乡土致富带头人带来可靠而有力的支持。扎根乡土致富带头人作为村民的一分子，需要政策的引导与支持。政策的不稳定和支持力度缺乏会限制他们的产业预期和投入，进而限制他们的发展壮大及在乡村振兴中的作用发挥。

第三，扎根乡土致富带头人的知识技能有所欠缺。传统农业是自给自足的，有一定的保守性和封闭性；但现代农业是开放的，与现代农业市场体系相对接，在产品、技术、人才、销售等方面与外界环境有充分的联系，需要的知识技能也不断更新。因此，只有保持开放性才能不断提高农产品的技术含量、市场附加值和竞争力，才能推动产业稳定持续发展。但现有的从农村社会成长起来的致富带头人大多没有接受过系统的学历教育，他们在知识与技术的学习提升方面存在一定的瓶颈。

每次专家来调研的时候，我都会问我的农业产业以后该如何发展。对他们的建议我是非常看重的。我们平常只知道劳作，没有多余的时间去关注农业的改革，只能单方面希望专家来指导。（访谈材料：致富带头人 YJR，鸭稻共育）

总体来看，我国农村经济已进入技术和管理创新驱动发展的新阶段。现在扎根乡土致富带头人不再以"面朝黄土背朝天"的传统方式生产，单靠自己的生产经验已经不够。成长于农村的致富带头人主要的社会关系网络是一些村民，他们对现代农业市场方面的了解比较少

（冯嘉敏、方凯，2019）。缺少现代农业知识、参与市场能力偏弱、现代管理能力不足等都是扎根乡土致富带头人产业发展的现实制约因素。随着扎根乡土致富带头人的产业规模的扩大及影响力的提高，如何有效参与乡村治理及其生产生活如何更好适应乡村振兴需要等成为新议题，也成为他们的内生愿望。这要求他们不断提高自身素质，不断更新知识与技能。

第四，农产品市场风险偏大且波动性较强。农产品市场有其特殊性，不同于现代化的工业品市场。农产品的生产和销售嵌入于特定的自然条件与社会文化背景之中，容易受到自然灾害或病虫害冲击。农业自古就有"靠天吃饭"的说法。农产品有较为固定的生产周期且周期往往比较长，因此农业市场的波动对农产品种植户影响很大。

> 我地里的水稻和蔬菜大棚在2019年和2020年都受到了洪水的影响，损失金额近百万元。蔬菜市场行情变化比较大，每年每季的蔬菜价格都不稳定，而且自己不能预测，每年的收入也不能提前预估或确定。今年的萝卜受气温低影响，部分萝卜已经被冻死。（访谈材料：致富带头人HXF，种粮大户）

农产品市场不景气会降低农民的种粮积极性。规模化种植的扎根乡土致富带头人担心未来发展，这降低了他们发展规模经营的积极性，使他们倾向于选择缩小经营规模，以规避价格波动带来的损失。同时，农产品销售存在一定的困难。目前大多数扎根乡土致富带头人通过合作社销售自己的农产品，除了部分依靠政府支持的互联网销售外，缺乏其他销售平台和渠道（魏邦仁、耿纪平，2017）。在销售方面，他们缺乏专业的营销团队拓宽销路，对农业市场风险进行预判和防范的能力还不够。许多被访的扎根乡土致富带头人都表示，自己的销售渠道少，销售人才非常难得，自己又没有时间去拓宽销售渠道，因为种植环节就已经很费力气，要是从生产到销售就只有一两个人来管，那根本忙不过来。雇人的成本高且难以雇到合适的人。这弱化了他们应对市场风险的能力。

五　面向乡村振兴的扎根乡土致富带头人培育策略

扎根乡土致富带头人的特质决定了他们在生产经营中不可能只关注经济收益而无视与周围社会环境的互动联系。他们会不同程度地关注对当地社会关系的维护和对自身社会声誉的保持，有推动产业在当地持续发展并参与村庄治理的愿望。这使他们在带动农户增收脱贫之后，能进一步带动村民实现乡村振兴的目标。但在发展实践中，他们的衔接作用发挥并不充分，内在潜力没有充分被激发。有些扎根乡土致富带头人还面临着诸多困惑、疑虑与阻碍。因此，为了更好地培育扎根乡土致富带头人，激发扎根乡土致富带头人的内在动力并实现其社会功能，推动农村由摆脱绝对贫困到实现全面振兴的转变，我们迫切需要在乡村振兴背景下进行政策与制度的设置，以充分发挥扎根乡土致富带头人的潜能与优势，破解其面临的困境，激发他们在脱贫攻坚与乡村振兴有效衔接中的独特潜能。

（一）立足乡土优势资源，制订扎根乡土致富带头人精准培育方案

首先，进行精准的问题与需求分析，提供更有效的培育计划。扎根乡土致富带头人的生成土壤、产业类型及其面对的环境各有不同，现实困难与发展需求也有很大差异，因此不宜简单采用统一化的培育计划。脱贫攻坚较为强调扎根乡土致富带头人的知识与技能培训，未来应在原有"培训"基础上进一步突出"培育"内涵，要对扎根乡土致富带头人进行细致的摸底调查，建设信息档案库，精准分析乡村振兴进程中他们与不同层面环境的互动及其面临的现实问题，在此基础上制定涵盖市场经营管理、地方特色文化、乡村社会生活等全面内容的培育计划，以回应乡村振兴对扎根乡土致富带头人的素质要求及扎根乡土致富带头人的发展需要。

其次，充分利用地方优势资源条件，提供更有力的平台支持。每个地方的乡村都有自己相对独特的历史文化、种植传统与资源条件，在此基础上成长起来的致富带头人与地方资源有内在的关联性。因此，要立

足地方资源构建具有差异化竞争优势的产业平台，统筹制定扎根乡土致富带头人的扶持政策，从生产经营、技术服务、产业发展、基础设施等方面，针对扎根乡土致富带头人创业基础和环境的差异及其引领带动作用的不同分类施策，提供切合地方实际特别是能发挥地方资源优势的多元平台支持，提高扎根乡土致富带头人的创业成功率，充分发挥其对农户的带动作用。

最后，健全本土化市场与公共服务，补齐产业与社会短板。现有扎根乡土致富带头人的产业较多集中于生产与初加工环节，对附加值更高的精深加工、品牌运营等环节覆盖偏弱，导致综合竞争能力不足，在当地发展的市场与社会基础还不够牢固，这使他们在面对日益开放的市场竞争时难免显示出发展的脆弱性。因此，地方政府要牵头做好本地的市场与公共服务，通过引进上下游产业、创新扶持政策、协助打造地方品牌、营造创新创业的社会氛围等方式，为扎根乡土致富带头人创业保驾护航。同时，政府应选拔懂农业、有农村农业情怀的干部指导扎根乡土致富带头人发展，为其提供及时有力的支持；实施村干部农业教育，提高村干部对农业农村发展的认知度和重视度，涵养村干部的现代农业情怀；做大做强有地方特色的优势农业产业并兼顾基础薄弱的新兴产业，使扎根乡土致富带头人创业更具现实基础和可持续性。

（二）发展多元利益联结，增强扎根乡土致富带头人的联农带农功能

首先，完善利益联结机制，增强带农发展的内生动力。扎根乡土致富带头人衔接作用发挥的关键点在于他们与农户的内生利益联结。扎根乡土致富带头人拥有地方社会资源，与当地农户有天然的社会文化联系。他们不仅关注产业收益，也关注自身在农村社会的关系维护与社会评价，其带动农户发展的动力具有经济动力与社会动力的二重属性。因此，政府需立足农村社会整体发展，针对扎根乡土致富带头人的多元需求实施政策与制度支持，增强其带农发展的内生动力；引导和激励扎根乡土致富带头人通过资金或土地入股、安排就业、委托管理、合作生产、收购产品等灵活多样的方式，与当地农户建立合作共赢的利益联结，激发双方协作的积极性，使扎根乡土致富带头人从多渠道带动农户增收与

发展。

其次，搭建网络服务平台，拓展带农发展的辐射范围。脱贫攻坚背景下的扎根乡土致富带头人有相对固定的帮扶对象，带农增收脱贫的帮扶关系具有较明确的指向性，甚至可能有一定的封闭性。在乡村振兴背景下，扎根乡土致富带头人作为一种稀缺资源，应提高发挥作用的效能，全面对接乡村振兴的战略需求。政府可在保留和完善扎根乡土致富带头人与农户既有结对帮扶机制的基础上，参照"社会扶贫网"的网络化运作模式，探索建立"致富带头人公共服务平台"，以开放和动态的方式有效对接供需双方，由扎根乡土致富带头人及时精准为需要帮助的农户提供协助与指导，以弥补原有辐射带动范围有限的不足。

最后，补强增能赋权内涵，增加带农发展的社会效益。脱贫攻坚侧重于扎根乡土致富带头人带农增收脱贫的能力培养与制度激励，着力打造"不走的扶贫工作队"，以贫困户增收脱贫为核心目标。但乡村振兴则需要在脱贫增收的基础上进一步补强增能赋权的新维度，要着眼于未来提升普通农户适应环境变化的可持续发展能力，更好地体现"授人以渔""助人成长"新内涵，防范可能出现的相对贫困问题。因此，对扎根乡土致富带头人的激励和评价不仅要关注他们带农增收的直接效果，而且要注重他们带动农户能力提升的长期效果。这样才能把扎根乡土致富带头人的外部带动作用转化为普通农户自我带动的内生能力，增加扎根乡土致富带头人带农发展的经济效益与社会效益。

（三）涵养本土人才生态，构建扎根乡土致富带头人立体培育机制

首先，健全政策与制度保障，为外流人才返乡创业提供托底性支持。尽管扎根乡土致富带头人在快速成长，但目前的队伍还较为弱小，发展质量还不够高，亟须吸纳新生力量，不断成长壮大。我们要依托当地政府部门和社会组织，构建乡土人才回流的对接与沟通机制，完善回流人才信息库建设，精准把握乡土回流人才在创业过程中的困难、忧虑和需求，在建立返乡创业园、实施减税降费政策、健全职业补贴制度及加强创业担保贷款等一般性扶持政策的基础上，实施更具有差异性和灵活性的政策与制度支持，即不仅注重产业发展的政策支持，也注重子女教育、健康、养老、

社会融入等政策支持。这样才能为本土人才返乡创业提供让其有获得感和稳定发展预期的环境支持。

其次,改善文化与社会氛围,促进回流人才的社会适应与文化获得。回流人才的需求是多元的,不仅有产业需求,也有社会文化需求。正如G市S县致富带头人HXY所说:"我出生在这里,对这个地方有感情,在家带着乡亲干,比在外面打工更有成就感!"(调研材料来源:S县农业农村局)HXY所说的"成就感"不仅包含经济收益的内涵,也包含文化获得的内涵。不少乡村外流人口长期在外,使原有社会关系发生很大变化,在返乡创业的过程中面临着社会再适应问题。因此,我们应考虑如何改善当地的文化与社会氛围,营造鼓励返乡创业的社会价值导向,让回流人才在家乡成功创业的同时能够顺利完成社会再适应,让他们在带农发展过程中不仅能得到产业收益与企业发展,也能得到更多社会支持与文化获得感,受到当地社会的尊重与价值肯定。

最后,发挥基层组织的功能,构建本土人才返乡生活与发展共同体。乡村振兴战略需要的本土人才是多样的,不局限于某种特定类型或数量,即需要培育涵括县乡村三级、融合常住人口与外流人口、包容开放并充满活力的本土人才生态。外流人才尽管远离家乡,但他们的根在家乡,对家乡有深刻的认同与期望。因此,我们要善于发挥原生家庭、宗族、村党支部及村委会等基层组织和群体的联结黏合作用,让外流人口深切意识到自己发展与家乡建设息息相关,推动他们返乡创业和生活,构建本土人才的生活与发展共同体,让回流人才返乡不仅为了创业,也为了寻根和稳定生活,使他们返乡后"放心创业、安心生活"。这样才能为我国乡村社会重建与乡村振兴战略推进奠定坚实的本土人才基础。

第五章　新型农业经营主体带动小农户发展的典型实践案例

我国的农业农村现代化进程是新型农业经营主体与小农户这两种农业经营主体并行发展的过程。这一伟大发展进程中涌现出诸多新型农业经营主体带动小农户发展的实践案例。特别是在脱贫攻坚背景下，新型农业经营主体的带动作用在不同的区域得以充分显现，展现出复杂多样的实践样态，产生了良好的实践成效，也不同程度地遭遇了现实问题。总体来看，近年来，新型农业经营主体带动小农户发展的背后都有国家政策的大力支持与推动，但具体的发展之路各不相同。受到经济、政治、社会文化等不同方面环境因素的影响，有的发展较为成功，有的跌跌撞撞往前走，有的甚至面临生产经营的困境，徘徊在破产的边缘。对新型农业经营主体带动小农户发展的实践案例进行剖析，有利于我们认识新型农业经营主体与周围环境的互动关系及其发展逻辑，找到现实的难点和痛点，捋清新型农业经营主体带动小农户发展的规律，为相关政策的完善与创新提供有益的参照和启示。

本书通过实地调研收集了一些新型农业经营主体带动小农户发展具有典型性的实践案例，在此选择了四个实践案例进行陈述。其中，两个是村庄层面的案例。这两个村庄都很注重农民专业合作社这一新型农业经营主体的培育及其带动作用的发挥，在村庄层面做了很多培育和激励工作。依托村庄社会和本土资源培育新型农业经营主体并发挥其带动作用这一发展模式具有显著的中国特色，体现了我国农业、农村、农民三者之间深厚的内在关联,体现了我国新型农业经营主体的培育方向。另外两个是从经营主体层面出发,选择了两个开展经济作物种植的新型农业经营主体。两个农业规模经营主体带动小农户发展都取得了一定的实践成效,但面临着不少现实问题与困难。本书主要分析两个新型农业经营主体带动小农户发展的方式、成效、现实问题和政策期待等。本书希望通过对这四个实践案例的分析与前面的理论分析,更加立体地展现新型农业经营主体带动小农户发展的实践图景,以完善与优化乡村振兴背景下新型农业经营主体带动小农户协同发展的政策与路径。

一 村庄案例Ⅰ:JN村——党建引领下合作社带动小农户增收脱贫

习近平总书记于2012年在河北省阜平县视察扶贫开发工作时提出"农村要发展,农民要致富,关键靠支部"(中共中央党史和文献研究院,2018),因此抓好党建促扶贫是我国扶贫工作的重要经验。这条经验在江西J市J县JN村脱贫攻坚过程中得到了充分体现。JN村是中部的一个"十二五"贫困村。该村在脱贫攻坚过程中结合当地蜜柚产业发展历史,将政策机会变成扶贫产业。从2012年到2016年,JN村在以致富带头人兼村支书HQY为主的党员干部带领下,依托村庄资源创立蜜柚合作社这一新型农业经营主体,通过村庄党员主动参与、村民自愿参与、贫困户统筹参与蜜柚合作社发展,探索出一条党建引领下新型农业经营主体带动小农户增收脱贫的"一领办三参与"模式。

(一)案例背景

JN村地处江西J市J县东南部,YY镇南面,距县城23公里,距YY镇政府1.7公里。该村村域面积1.5平方公里,北邻赣江支流禾水,又被吉井公路穿越而过,自古便是交通中转中心。该村下辖溪南、松山、戴家等8个自然村,是一个仅有351户1500人的行政村。JN村人多地少,耕地面积1230亩,林地面积80亩,水面面积70亩。全村以水稻为主要粮食作物，农业产业结构单一，缺乏特色产业和主导产业。大量农村青壮年劳动力外流，导致当地仅有一户种养殖大户，依靠农业产业带动村庄经济发展的能力薄弱。人口流失与产业基础薄弱是该村发展动力不足的主要原因。在村庄基础设施方面，2009年整治规划之前，坑坑洼洼的泥路、随处放养的牲畜以及集体公厕是外来村民对JN村的第一印象。基础设施薄弱及农业产业发展滞后使JN村成为一个典型的贫困村。2012年，JN村建档立卡之时，全村1500人中有295人生活在贫困线以下，村民年均纯收入仅3000元。当时，全村有贫困户78户。其中，蓝卡户28户101人，黄卡户36户156人，红卡户8户18人。全村贫困发生率高达22.6%。

从自然条件来看，JN村地处典型的中亚热带湿润季风气候区，雨量充沛，无霜期长，自古就有种植柑橘类果树的传统。据YY镇与JN村的干部回忆，自他们幼时起，村中就有人家种植蜜柚。只不过那时村民以水稻种植为主，蜜柚只是房前屋后的点缀而已。传统的蜜柚树种"金兰柚""金沙柚"经过技术改良，既保留了果子原始的"回甘"，也增加了产量，更加适合在村中大面积种植。2012年6月，《国务院关于支持赣南等原中央苏区振兴发展的若干意见》正式出台。随后，J市县区政府相继出台了加快推进井冈蜜柚产业发展的若干意见。这些使JN村获得了产业扶贫的发展方向与政策支持。此外，庐陵文化是江西赣文化的重要精神支柱，崇尚宗族文化与宗族繁盛，注重精神和品格培养。这样的文化熏陶及国家政策实践的推动，孕育了JN村党支部的奋斗精神以及"一人致富不算富，众人富了才是富"的工作理念。面对日益凋敝的村庄社会，在地方优秀传统文化的熏陶及国家精准扶贫政策的大力支持下，JN村开启了一条独具特色的脱贫与发展之路。

（二）一领办三参与：党建引领下的专业合作社带农增收脱贫模式

JN村的脱贫致富之路起源于2012年江西省蜜柚产业发展规划，并在此之后形成了由致富带头人兼村支书HQY带头的"一领办"机制，以及村庄党员主动参与、村民自愿参与、贫困户统筹参与的"三参与"扶贫发展模式。而后JN村又将这一脱贫模式嵌入蜜柚合作社的发展历程中，以蜜柚合作社的发展带动村庄贫困农户实现脱贫致富。

"六个基地，一个中心"是 JN 村目前形成的江西井冈蜜柚生产模式。然而，在发展之初，每一寸土地的流转、每一棵蜜柚树的种植、每一户贫困户的动员等工作都举步维艰，更不用说将蜜柚发展为当地的扶贫产业，并形成如今 JN 村集体经济规模样式的"柚江南"品牌与生产合作社。这都有赖于以 JN 村"花生书记"HQY 为首的村庄党员干部的积极引领带动。

1. 实践缘起

2008 年，HQY 当选为 JN 村的村支书，如今已年近 60 岁的他仍然继续奋斗在 JN 村脱贫攻坚的路上。2012 年 8 月，J 县在全县进行了种植井冈蜜柚的产业发展布局，JN 村因此获得了最初发展蜜柚产业的政策性契机。借着全市推广井冈蜜柚"千村万户老乡工程"的东风，HQY 带领村"两委"干部和部分党员先后到福建平和县、吉水白水镇和安福县横龙镇等地考察蜜柚种植技术，了解井冈蜜柚的经济效益和发展前景，于 2012 年底正式成立蜜柚合作社，并从林果局获得了 3300 棵免费蜜柚树种的支持。HQY 也因此从"花生书记"转变为"蜜柚书记"。他坚信做扶贫产业就要把自己之前做花生企业的精神发展应用到为百姓谋福利的蜜柚产业中来，实现 JN 村由田园变公园、产品变商品、产区变景区的转变。这样才能吸引更多的人加入扶贫队伍中、加入乡村建设中，真正推动村庄的发展。

为了发展蜜柚合作社，以 HQY 为首的村庄党员干部做了以下几件事。首先，进行土地流转。在当时还没有土地流转政策出台的背景下，HQY 从自己所在的自然村一家一户开始动员，经过走家串户最终流转了 100 亩土地，形成了最初的蜜柚种植区。其次，以村"两委"的名义与农民签订合作社协议。当年流转土地的价格高于周围地区，按照当时国家粮食保护价格折算土地价格，按每亩最高价 270 元流转土地（当时周围土地还是每亩 100 多元），签订 20 年合同。然后，HQY 说服其他三名村"两委"成员带农民一起致富，发挥村"两委"干部的表率作用，先承担风险，注册成立了 JN 村井冈蜜柚合作社，并自投资金先行试种。最后，确定合作社产权。合作社共接收投资 30 万元，发放了 100

股。村"两委"干部占51%，剩下的49%为农民的股份，采取自愿报名的方式进行分股，以切实保障农民权益不受损害。从2012年开始，陆续有10多户农户报名入股。在HQY的带领下，蜜柚合作社对接产业扶贫正式成为当地的一条脱贫之策，并在之后脱贫攻坚的过程中发展为当地的优势产业。在"一领办"的带动下，JN村继续发展出村庄党员主动参与、村民自愿参与、贫困户统筹参与的"三参与"模式。

2. 政策支持

为了保障贫困户积极参与蜜柚产业发展，解决贫困户参与资金不足的问题，J县政府出台了相关政策，使JN村产业扶贫从"输血"式扶贫走向"造血"式发展。首先，针对全村72户贫困户，县政府拨付每户贫困户5000元的产业发展扶持资金，并以资金直接入股，实现从贫困户资金变股金的转变，最终使每一户贫困户均持有蜜柚合作社的股份，获得年底持股享受合作社收益分红的权利。其次，针对有发展产业意愿但是资金不足的贫困户，J县提供担保贷款、贷款贴息、现金直补、产业保险的"四轮驱动"金融扶贫，并由村"两委"帮助贫困户申请每户不超过10万元的产业担保贷款和财政全额贴息，规定四年归还，如有困难，还可延期、分批归还，在发展产业方面给予贫困户充分的财政支持。截至2018年，全村共有19户贫困户获得产业扶贫担保贷款190万元。同时，合作社承诺贫困户优先入股。这一系列措施将贫困户与合作社紧密联系在一起，保障贫困户股东全覆盖，为实现贫困户获得稳定收益不断努力，使全村最终形成了入股有分红、就业有收入、土地有租金、产业有保障的多渠道稳定增收致富模式。

3. 多元带动

除了成为蜜柚合作社的股份持有者外，贫困户还可以务工的方式参与蜜柚的种植管理工作并获得工资性收入。为进一步实现蜜柚增产、增收、提质，合作社多次组织贫困户免费参加蜜柚种植、剪枝培训，并为贫困户参与培训提供误工费。贫困户可以边接受培训边获得工资性收入。同时，JN村对蜜柚种植技术的学习采用"引进来"与"走出去"相结合的方法，不仅送技术下乡入户，统一聘请市里、县里的蜜柚种植专业技术人员到蜜柚合作基地现场指导贫困户进行嫁接、剪枝，为贫困户提供手把手的农业技术培训，保障各基地人员切实掌握技术，能够独当一面，解决果树问题，还鼓励贫困户走出去学习农业技术，多次分批组织种植能手到外地学习先进的栽培技术和管理经验，并成立了技术服务队，按照标准建园和种植蜜柚。此外，合作社还建立了线上微信交流群。贫困户面对突发情况可以及时在群里找到专业人员进行提问。各基地负责人也可在群里相互交流，互相学习有益的管理经验和育树经验。这使掌握技术的贫困户能更好地工作与生活，真正实现了脱贫与发展。

为激发村民参与蜜柚合作社的积极性，弥补村民在技术、劳动力等方面的不足，JN村开创性地采取了两大措施，为蜜柚合作社的发展保驾护航。第一，优化了村民入股形式，引导村民以资金、土地、劳动力、技术等多种方式入股合作社，破解管理难题，做大富民产业。这一举措有效提升了村民的积极性和参与程度，实现了"户户参与，家家股东"。在股份分配中，JN村按照"上有封顶（20股）、下有托底（1股）"的原则，坚持贫困户优先入股。村"两委"干部既牵头启领股份，又最后认领股份，在保障贫困户有股可入的同时充分发挥了党员干部的先进性。第二，实施了"四统一分"的科学化管理模式。针对农村群众大多缺技术、缺劳力、愁销路等现状，JN村党支部结合实际，建立了统一流转、统一规划、统一种植、统一管理、按股分红"四统一分"的产业运行机制，以解决村民的后顾之忧。

4. 带动成效

为了帮助村民脱贫增收，解决困难群众就业难问题，蜜柚基地雇用贫困户以及其他村民参与蜜柚合作社的日常管理与维护等工作。他们通过剪枝、施肥、打药等农业劳动每天可以获得70~120元的工资，每月可获得1000~3000元收入，即通过蜜柚合作社带动实现贫困户脱贫致富。同时，这些人员可根据自身情况兼任果园的管理、治安、技术人员，额外获得一份工资。在蜜柚合作社里工作的村民每年可获得上万元收入。这些工作优先录用贫困户，以保证每个有劳动能力、愿意劳动的贫困户都能够有稳定的收入。蜜柚园的工作时间灵活、工种灵活，减轻了许多年纪较大的贫困户的工作负担，真正做到了从根本出发，使贫困户完成从"输血"到"造血"的转变。2016年，JN村顺利通过脱贫攻坚第三方评估，成功摘掉了"贫困村"帽子。JN村的贫困人口从2014年的295人下降到2018年底的23人，贫困发生率也从19.6%降至1.5%。

2018年，蜜柚合作社实现果树初挂果，产量13.5万斤、产值27万元。截至2019年，JN村已建成井冈蜜柚基地6个，种植面积达1100多亩。农户入股158户，占全村农户的48%；党员干部入股13名，占党员干部的60%。全村72户贫困户实现了入股全覆盖。2019年，经县委、县政府的牵线搭桥，JN村蜜柚合作社成功得到中国扶贫基金会的帮助，基金会投入120万元支持购买设备、人员培训等支出。同时，JN村蜜柚合作社与中化公司合作，接受该公司提供的技术等帮扶。合作社的运营日益步入正轨。

JN村依托本地资源优势，较好地发挥了党员干部和致富能人的带头作用，在统一流转、统一规划、统一种植、统一管理、按股分红"四统一分"的运行机制下进一步探索建立村干部带头领办、村庄党员主动参与、村民自愿参与、贫困户统筹参与的"一领办三参与"产业扶贫模式。

农户脱贫与发展的典型案例：从贫困户到农业技术员

XZH是JN村人，今年36岁，右手残疾。他的妻子DSD是聋哑人。两人育有一儿一女，儿女都在上小学。XZH的父母均已60岁，身体状况不佳，长期服药。XZH的家庭经济负担很重。父母长期生病使原本只靠种地和打零工维系生活的家庭负债累累，家徒四壁，生活困难。

2014年，为推进精准扶贫，实现精准脱贫目标，JN村村支书和扶贫工作队对全村贫困人口进行了多轮摸底调查、精确识别，确保不漏一户、不漏一人，数据准确，情况详尽。在上门上户摸底调查之初，村支书HQY就将他家纳入精准扶贫重点对象范围，同时决定通过技能培训、转移就业助其脱贫。2014~2016年，合作社曾多次带领HZH外出学习井冈蜜柚种植技术，先后去了福建、湖南、吉水县白水镇等蜜柚基地。XZH现已被JN村蜜柚合作社聘为蜜柚基地技术管理人员，长期在蜜柚基地进行蜜柚管理，年收入超过2万元。其妻子也被介绍到县工业园务工，年收入超过3万元。目前他们的家庭收入已经远远超过贫困户的收入标准，实现了较为稳定的脱贫。

（三）总结与启示

JN村依托本地优势资源，发挥党员干部、致富能人的带头作用，立足村庄社区进行整体谋划，探索建立了村干部领办、村庄党员主动参与、村民自愿参与、贫困户统筹参与的"一领办三参与"农业合作社带农增收脱贫模式。JN村作为数万贫困村中的一个"十二五"贫困村，从2012年到2018年用了6年时间实现了贫困发生率从22.6%到1.5%的转变，脱贫攻坚取得了显著成效，积累了有益经验。

1. 以党建为引领促进产业扶贫

JN村从致富带头人兼村支书HQY引领发展蜜柚产业以及流转土地开始，逐渐形成了村庄党员主动参与、村民自愿参与、贫困户统筹参与的"一领办三参与"模式。其重点在于"一领办"的示范带头作用。这种方式将党员干部的组织优势转化为扶贫动力优势，将贫困治理与村庄社会治理机制相融合（孙兆霞，2017）。此外，JN村还优化了村党组织党员队伍结构。当前，JN村的党员干部中有65%为"80后"年轻党员干部。同时，JN村引进一名大学生担任村委会负责人。在脱贫攻坚工作中，党员干部舍小家护村集体这个大家。在JN村四位党员干部看来，这是他们日常工作的基本态度与行动准则，因而基层党建引领助推扶贫事业发展成为当地脱贫攻坚的一个重要经验。在此基础上，JN村融合当地蜜柚产业发展，通过基层党员干部的组织筹划，将贫困户全覆盖纳入产业发展中。

党员是JN村农业产业发展与产业扶贫的主导力量。JN村作为"十二五"贫困村，在精准扶贫开始以前，就在电力、水利、道路等基础设施方面进行了全面大力整修建设，从2009年开始相继完成了覆盖8个自然村的水泥路、路灯等的修建。基础设施建设不仅为村民"走出去"和人才、技术、资金"引进来"提供了良好的物质条件,而且为当地蜜柚扶贫产业的发展提供了基础性支撑。JN 村党员在扶贫开发工作中坚持精准识别与因地制宜、因户因人施策相结合,依托地方种植传统和优势资源,将发展传统蜜柚产业作为村庄脱贫的基础,并将现代农业技术、管理手段与扶贫项目、政策支持相结合,积极助推 JN 村扶贫事业发展,使井冈蜜柚产业扶贫成为当地继健康扶贫、教育扶贫、安居扶贫之后,解决村庄内外源贫困、挖掘村庄内部生计资本的长久脱贫与发展之策。在此过程中,JN 村充分发挥了基层党组织的领导、带头和动员作用,走出了一条以党建促扶贫的发展道路。

2. 以农户为中心组建专业合作社

JN 村的党员干部利用村庄的社会关系网,带动农户特别是贫困户加入蜜柚合作社,鼓励贫困户自主外出学习蜜柚种植技术,并给予其每天 70 元的技术学习补贴。贫困户可以利用农闲时期作为雇工参与合作社的剪枝、除草、喷洒农药等工作,以获得工资性收入。此外,县财政通过下发到户的蜜柚发展专项资金(5000 元/户),助力 JN 村蜜柚产业发展。从此,贫困户拥有了属于自己的股权证,真正实现了从贫困户变股民的转变,使 JN 村的土地资源变成了资产,财政补助资金变成了股金,贫困户成为合作社的持证股东。JN 村的土地、劳动力、资产要素从中获得了再生。作为股东的贫困户拥有对合作社大小事情的参与和表决权,JN 村的每一棵蜜柚树也因而与每一户贫困户产生了联结。每一棵果树都肩负着维系一家一户一年生计的重担,每一户都成为蜜柚果园的守护者与监督者。贫困户不再是产业发展之外的旁观者,而是产业发展的积极参与者和行动者。总之,JN 村通过蜜柚合作社带动农户这一产业扶贫方式实现了将早期的"输血式"扶贫转变为后来的"造血式"开发扶贫,使贫困户真正成了贫困治理的能动主体。

2015 年,全村贫困户全部加入蜜柚合作社。不仅如此,JN 村通过发展蜜柚产业,还促进了村庄中有劳动能力的贫困户这一内生性人力资源的开发,实现了产业与人力的发展。尽管蜜柚合作社在成立初期面临缺少资金、技术匮乏、人员短缺及减产与口感等多方面问题,但是合作社理事们始终坚守蜜柚产业发展,动员贫困户以合作社入股的方式参与蜜柚生产，同时由股民自发形成监督小组负责蜜柚生产、加工过程中的资金、技术管理等方面的审查，并通过合作社理事会议对有关蜜柚合作社的重大事项进行民主投票表决。JN村的蜜柚合作社并没有止步于蜜柚生产。通过多方考察市场，JN村首先向工商局申请了"柚江南"商业品牌，并多次参与全国各地的农产品展览会，在品质好的基础上做好推销宣传工作。如今，JN村又投资数十万元建立蜜柚分拣中心，按照个头大小、重量轻重将蜜柚分类销售，预计不久的将来还会与中化公司合作，接受该公司为进一步扩展蜜柚产品的深加工提供技术支持。

总之，JN村实施的党建引领与产业扶贫融合并进的"一领办三参与"脱贫之路，发挥了村支书带头、党员干部带动的党建助推扶贫的积极作用。但随着脱贫攻坚的完成及乡村振兴战略的推进，基层党组织建设工作也需紧跟时代发展。一方面，JN村完成脱贫攻坚任务之后，要在对接乡村振兴中实现与农业产业发展的深度融合，这就需要进一步发挥党员干部的引领带头作用，逐步提高党员干部组织能力和现代农业素养。另一方面，JN村蜜柚产业在基层党组织的筹备中发展起来，容易形成对党组织、党员干部及国家扶贫政策的路径依赖，导致农业产业发展的自主性与主动性差，在农业市场中失去竞争优势。因而在未来村庄发展中，党员干部要从引导式扶贫转向赋权式带动方向发展，寻求多种途径挖掘村庄、村民的自主发展潜能，积极培养村庄种养殖大户、农业生产能人。

当前，JN村农业产业发展的主体为党员，村庄产业发展能人特别是从村民中培养的能人还较少。外出务工的城乡人口流动大潮以及乡镇企业就业的发展使"蜜柚合作社+农户"的模式在当前的JN村主要服务于留守妇女以及小部分无法外出务工的中年男性。如何依靠蜜柚产业壮大村级集体经济，吸引年轻人回流乡村，在现今城镇化发展中仍是难以破解的难题，但我们不能忽略农业产业发展为家庭接力式进城提供了必要的生产性支撑。同时，村庄扶贫项目的实施为青年人在中年之后返乡提供了更为有力的支撑。因此，JN村在完成脱贫攻坚任务对接乡村振兴之时，吸纳农业产业后备人才无疑成为主要的工作目标。从当前来看，JN村主要通过井冈蜜柚产业推动贫困户脱贫致富。在此过程中，农户依靠合作社形成了"股份入股+劳动就业"的家庭生计模式。JN村未来需在提高合作社发展质量的基础上进一步优化合作社与农户的利益联结机制，在延长蜜柚产业链的同时吸纳更多农户加入其中，不断提高农户的可持续发展能力。

二 村庄案例Ⅱ：SS村——基于红色资源与绿色资源的合作社带农发展

（一）案例背景

SS村位于江西省井冈山市MP乡东北18公里，黄洋界脚下。村庄四周高山环拱、状若城垣，故名"城山"，后因客家话谐音为"S山"。全村耕地面积198亩，山林面积4950亩，其中90%为毛竹林。村民姓氏以赖、彭、张等为主。截至2015年，SS村下辖2个村民小组，共54户231人，其中党员19人。这里山高坡陡、土地贫瘠、交通不便，入村道路崎岖狭窄，是"十二五"江西省定贫困村。2015年之前，村民的经济来源主要是毛竹。全村共有建档立卡贫困户21户50人，贫困发生率为22%。

2016年，SS村人均可支配收入达到7760元，贫困户从21户50人下降至2户3人，贫困发生率降至1.2%。全村2017年2月26日整村脱贫，完成了高效可持续脱贫目标。2017年，SS村村民PXY荣获"全国脱贫攻坚奖"。

过去，SS村是一个偏僻村。当地村民有一句顺口溜叫"有女莫嫁S山郎"，因为"S山走的是黄泥巴路，住的是土坯房，吃的是红薯番芋当主粮"。全村有房屋40栋，其中危旧土坯房37栋、砖房3栋。因此，当地人说道："人家的石头往下滚，S山的石头往上滚。"只有S山人才会在山上盖房子。据村民回忆，当时的SS村与外界唯一的通道就是一条蜿蜒的泥山路。1997年，村民们自发组织全村劳动力，耗时一年多才用锄头挖出一条可以通摩托车的羊肠小道。村民回忆说："那个时候我们如果去茅坪卖筷子，必须一大早背着几千双筷子出门。如果不这么早出去，就必须在外面住一晚才能回村。当时深山老林里还是有很多野兽的，所以为了省下在乡镇里住宿的钱，我们必须起得这么早。但我有一次生意不好，回来时天色就很晚了。我要走几十里的山路。在上路之前，我就跪天跪地祈求保佑。那时我也算真的运气好，在路上没有被熊吃掉，没有被毒蛇咬死。"（访谈材料：SS村村民PSL）

SS村主要的自然资源就是漫山遍野的毛竹。村民的经济来源也主要是毛竹。但由于交通条件的制约，原本应该成为优势资源的毛竹未能发挥其优势。我们在访谈过程中有村民回忆说，多年以前的SS村因为位置偏僻，产业发展滞后，村民们只能起早贪黑地做筷子拿去卖。虽然一天能卖60多元，但依然入不敷出，生活非常艰难。可即便是这样，SS村的村民也仍在穷乡僻壤中千方百计地找寻各种生存之道。例如，有的村民养过羊、鸡甚至兔子，最终因为缺乏养殖经验而血本无归。后来年轻人外出务工，留守在村的老人只好通过种田来维持生计。

1998年，随着竹筷供应地的转移，SS村赖以为生的毛竹生计也宣告终结。为了维持生计，村民不得不外出务工。据村民回忆，从1998年到2009年，SS村90%以上的青壮年劳动力纷纷到龙市甚至湖北省、深圳市、江苏省等地务工。青壮年劳动力的大量外流让原本人口就少的村落陷入发展瓶颈。2009年，由于全球性的金融危机，国内市场遭受冲击。SS村外出务工的劳动力有回流的趋势。但这一趋势具体而言又另有他因。一方面，这部分早期外出务工的劳动力已经到了成家立业的阶段，而他们的父母也需要赡养；另一方面，外出务工像一台筛选机一样，将小部分适应能力强的村民留在外地，但大部分村民外出之后因无法适应外界的生活而不得不回。此外，由于缺乏必要的技术训练，这部分村民回村之后依然面临进退两难的困境。

（二）红色资源与绿色资源融合：立足地方优势资源的专业合作社带农发展

国家精准扶贫战略的推进为SS村的发展营造了良好的外部环境。SS村没有甘于贫穷，而是奋发努力，以具有地方特色的自然资源与红色资源为依托，培育专业合作社等新型农业经营主体，通过产业扶贫、旅游扶贫等举措，探索出一条脱贫发展之路。自2015年以来，SS村发挥基层党建引领作用，大力推进精准扶贫、精准脱贫，使村容村貌发生了巨大变化。为了强化产业发展、促进群众增收，SS村结合实际大力发展茶（茶叶）、竹（毛竹）、果（黄桃）产业和红色旅游。全村已发展种植茶叶200亩、黄桃460亩、雷竹30亩。全村21户贫困户每户筹集产业发展资金2.2万元入股黄桃专业合作社和茶叶专业合作社。同时，SS村鼓励非贫困户利用土地和资金入股。伴随着黄桃专业合作社与茶叶专业合作社的不断发展，SS村结合红色培训并研学旅游市场，探索出"培训到农村，体验到农户"的旅游扶贫模式，与相关单位合作研发了一堂精准扶贫课，并将其纳入红色培训的教学计划。2017年，SS村共接待游客22万人次，同比增长124%。全村已发展农家乐16户，从业人员56人。SS村积极融入茅坪全域旅游发展中，按照景区标准全面完成全村37栋危旧房砌体加固改造，完成村内旅游公厕、停车场、休闲广场、污水处理等项目建设，并对垃圾进行分类收集处理，使村庄面貌得到大幅度改善。

1. 依托绿色资源和红色资源成立专业合作社，带动农户增收脱贫

SS村常年云雾缭绕，空气、土壤、水等自然环境资源优越。以此为着手点，SS村利用当地的自然资源优势，坚持生态优先、绿色发展，将发展农业产业与脱贫致富紧密联系在一起，力求因地制宜打好产业扶贫攻坚战。过去，SS村村民的收入主要来源于外出务工、毛竹出售和少量的种养殖。粮食仅够自给，没有可以长期带动致富的产业。村里虽然有黄桃种植，但规模不大、管理不优、效益不明显，群众参与度不高；少量的娃娃鱼和黑山羊养殖，因养殖技术所限，没有形成规模效益；村民人均林地虽有20多亩，毛竹资源也很丰富，但由于种植技术欠缺和管理低效，毛竹种植始终没有形成较可观的经济效益。零星分散的低效种养殖使村民难以从产业中获得财富。自精准扶贫实施以来，在村干部和村民的共同努力下，SS村始终把产业作为脱贫的根本，把农户尤其是贫困户牢牢拴在产业链、价值链上，实现了长期增收致富。在认真开展产业调查的基础上，SS村充分征求群众意愿，高标准编制产业规划，确定了发展以茶、竹、果为主的特色种植业，以及娃娃鱼、黑山羊等养殖业。

第五章 新型农业经营主体带动小农户发展的典型实践案例

SS村既有得天独厚的生态优势，也有红军种茶、制茶的红色文化渊源。2016年3月，SS村以"龙头企业+品牌+合作社+农户"的模式，引进龙头企业江西井冈红茶业有限公司，率先带动成立了第一个产业合作社——井冈红SS村LY茶叶专业合作社，并将全村21户贫困户全部登记入社。SS村按照"支部引领、干部带头、村民入股、贫困户全覆盖"的思路，采取了"合作社+基地+贫困户"等产业经营模式，成立了黄桃、茶叶两个专业合作社，实现了"统一流转、统一规划、统一种植、统一管理、按股分红、一户不落下"。经过探索，SS村还建立了龙头企业、合作社和贫困户的利益联结机制，形成了"户户有股份，人人有工资"的利益分配模式。贫困户以土地入股的形式加入合作社，按照每亩每年200元保底分红，平均每户每年获得3000多元；以产业资金入股合作社，2016年每户贫困户获得产业分红1500元。SS村村民在家门口就业，参与茶园开垦、种植、抚育、管理、采摘及后期的加工、制作、包装等工作获得收入，2016年共获得务工收入20多万元。

股金筹措方面的工作分为合作社、村集体、贫困户和非贫困户四大块。对于贫困户，SS村通过市县乡产业扶持、部门筹集、社会捐助等方式为每户筹集2.2万元扶贫资金入股合作社产业，实现了贫困户全覆盖；对于非贫困户，SS村则鼓励其通过资金和土地两种方式入股产业，实现村民"户户当股东、长久能受益"。在收入分红方面，前三年产业分红不低于本金的15%，第四年为本金的20%，第五年以后按本金的30%分红。2016年11月16日，全村每户贫困户领取了3300元的首次分红。从2016年至2018年三年时间，全村每户贫困户入股分红达1万多元。SS村真正实现了"资金变股金"，确保了贫困群众收入的可持续性。SS村将兜底保障政策与扶贫开发机制有效整合，按照"应保尽保、应救尽救"的原则，将符合条件的困难群体纳入社会救助兜低保障范围。特别是在精准扶贫、精准脱贫工作中，SS村将特别贫困的列为红卡户兜底保障，农村低保全覆盖，并为他们筹集产业发展资金加入合作社。SS村为每户红卡户筹集资金3.3万元加入合作社，使其每年分红最多达到5000元，最少的也有3300元。

合作社带动村民增收脱贫成效显著。以村民ZLP为例，她家的

2.2万元完全是筹集资本入股,每年可获得不低于3000元的分红。她将2亩土地入股黄桃、茶叶两个专业合作社,获得租金每年每亩200元。她同时在合作社打零工,做除草等工作,每天收入100~120元。合作社的零工,ZLP一年可以做十几天到二十天,她婆婆一年大概能做60天,每天可收入100元。再如,贫困户PSS,男,74岁,为老村支书,家中贫困人口2人。他利用财政扶助的2万元产业帮扶资金分别加入黄桃(1万元)、茶叶(1万元)两个专业合作社,在2016年至2018年每年分红15%,2019年分红20%,2020年及以后每年分红30%。又如,贫困户ZXF,男,65岁,利用产业发展资金2万元入股黄桃、茶叶种植基地,帮助其发展农家乐,月收入达到3000元。如今的SS村产业发展呈现蓬勃态势。黄桃、茶叶成了使群众长久受益的产业,也使农户发展产业的积极性大大提高。SS村在现有的黄桃、茶叶种植基础上,通过举办"S山黄桃节"等具有S山品牌特色的乡村旅游节庆活动吸引游客。截至2020年,SS村已连续成功举办了两届"SS村黄桃节",为村民带来了可观的收入,真正成了增加村民收入的重要依托。经过多年探索和实践,SS村建立了龙头企业、合作社和贫困户的多层次利益联结机制,形成了精准扶贫背景下新型农业经营主体带动小农户发展的"S山模式"。

2. 依托专业合作社与红色资源拓展旅游产业,带动农户多元发展

SS村不断创新思路,把发展致富产业、休闲观光农业、红色旅游与乡村旅游深度融合,采取"公司开发经营、农户出租入股"的发展模式,支持村民利用闲置房屋开发民宿和发展乡村旅游(肖广州,2018)。2017年,SS村依托龙头企业井冈红茶业有限公司的品牌、技术、营销网络等优势,开发了井冈红S山茶系列产品。这一方面满足了SS村的游客需求,另一方面使贫困户获得了销售利润二次分红。SS村依托农业专业合作社与旅游资源推动了茶旅融合与农旅融合,带动了当地旅游业发展。

曾经的S山虽有优美的自然风光和光荣的革命历史,但"养在深闺人未识",家家户户门前冷落。不但来S山的人少,村里的年轻人也选择外出务工。习近平总书记于2016年2月亲临视察指导之后,S山掀

起了一股"旅游热",前来参观的游客络绎不绝,平均每天近 300 人次;外出务工的年轻人也"回巢"了,目前有 40 多位青壮年留在村里干事创业。SS 村在发展休闲观光及乡村旅游助推脱贫致富方面进行了一些有益的探索,它将红色资源与绿色资源深度融合,实现了从山区到景区的美丽"蝶变"。旅游扶贫在各地的扶贫举措中并不少见。这一举措的关键在于,充分挖掘并利用当地的优势资源。SS 村正是利用了其"MP 乡境内,黄洋界脚下"的红色优势,紧扣"井冈桃源、好客 S 山"的定位,探索出一条"培训到农村,体验在农户,红色旅游助推精准脱贫"的新路子。

SS 村邀请专业部门为村庄做了全域旅游规划。以前 S 山谷、双龙潭、水帘洞等景区景点并不为外人所知,红军被服厂、红军练兵场、红军药库等景点相对分散,与八角楼、象山庵、黄洋界等周边景点相比较为孤立。现在,SS 村将这些景区景点"串珠成链",形成乡村旅游精品线路,为做大 S 山旅游打好了基础,让休闲观光产业不仅能致富,而且能给 S 山乡村旅游带来人气。SS 村以"井冈桃源村好客 S 山"为主题,开发了满足不同游客需求的旅游项目。SS 村充分挖掘本地传统民俗风俗,推出了打糍粑、磨豆腐、做竹筷、编竹艺等民俗风情游;依托黄桃、茶叶产业,推出了赏桃花、摘黄桃、采茶叶等采摘体验游。特别是在红色旅游方面,SS 村将脱贫攻坚与红色培训相结合,积极争取红色培训机构的支持,把 SS 村列为中国井冈山干部学院的社会实践点,与全国青少年革命传统教育基地等共同研发了一堂精准扶贫课,并将其纳入红色培训的教学计划。

SS 村围绕脱贫攻坚巩固提升,引进市场主体,让更多的 S 山群众参与和融入进来。在具体做法方面,SS 村采用"公司开发经营、农户出租入股"的模式,利用闲置房屋大力发展精品民宿。目前,SS 村引进了 WT 农业生态发展有限公司,租用当地民房 13 栋 38 间进行改造装修。这些民房改造完成后将大力提高 SS 村的旅游接待能力,让更多群众在乡村旅游中获得收益。此外,SS 村还积极拓展客源市场,成立了 SS 村旅游协会,引导全村发展农家乐,积极与井冈山红色培训机构合作,采用"统一客源分配、统一服务管理、统一接待标准和分户经营"的模式，大力发展旅游业。2018年，SS村共接待各地游客26万余人次，发展农家乐19家。从事餐饮住宿、民俗体验、土特产品销售等的农户达到16家，旅游收入达到2800万元，人均增收1.2万元。

在推进精准脱贫的过程中，SS村利用自身红色资源与绿色资源优势，引导村民发挥自身潜能，大力发展地方特色农家乐和打糍粑、制竹筷等传统民俗工艺游，同时加大宣传和对外引资力度，鼓励有条件的民居发展成民宿，探索出旅游扶贫的新模式，使村庄脱贫效果明显（肖广州，2018）。以村民PXY为例，PXY在脱贫的道路上带领家人利用一切可以利用的资源，想方设法谋致富。习近平总书记视察SS村后，全国各地游客纷至沓来，SS村因此迎来了旅游发展的新契机。PXY面对踏破门槛的客人，看到了商机。她和家人商量后，拿出建房的积蓄，开办了全村第一家农家乐。她和丈夫将住了大半辈子的农房腾出来，简单置办了餐具就开张了。宽敞的农房一次能同时容纳60人用餐。她带领一家人齐心协力，不断改善菜品质量，提高服务水平。她奉行"和气生财、诚信是金"的经营理念，使农家乐生意越来越红火，年收入超过10万元。有游客称她为"S山最美厨娘"。在经营农家乐之余，PXY和丈夫还开起了S山特产小卖部，做起了小老板。除了向游客出售自家制作的果脯、米果子、茶叶、笋干、腊肉等外，两口子不仅重新拾起了放下多年的竹篮编织和竹筷制作手艺，生产竹制品，还从山上挖些野生兰花、映山红等做成盆景出售。这些每月也能增收不少，使家庭生活稳步由脱贫走向小康。

（三）总结与展望

SS村的脱贫与发展得益于当地独特的绿色资源与红色资源，特别是在充分利用红色资源与绿色资源的基础上创办了黄桃、茶叶两个专业合作社，通过入股分红、合作生产等多种方式带动农户增收脱贫，探索出一条颇为成功的新型农业经营主体带动小农户发展之路。这一实践探索的成功为我国其他红色资源和绿色资源区域实现脱贫与振兴提供了有益的参照。

第五章 新型农业经营主体带动小农户发展的典型实践案例

面对未来新的发展要求，SS村的发展模式仍有其不成熟之处，新型农业经营主体带动小农户发展的利益联结与实践成效仍需进一步优化。面对乡村振兴的新形势和新需要，SS村未来的发展仍需在以下两个方面进一步加强。

1. 培育新型农业经营主体，优化农户资源分配与利益联结

无论是脱贫攻坚还是乡村振兴，产业都是重要的引擎与支撑。调查发现，SS村在脱贫前后兴起的红色旅游为本村的脱贫与致富带来了前所未有的机遇，但SS村在脱贫过程中出现了过度依赖红色旅游资源与外来扶贫资金、忽略本村优势产业培育的问题。此外，对旅游资源的争夺还一度引起了村落内部关系的紧张。因此，SS村应在后期的工作中充分利用自身的生态资源优势，挖掘本地特色产业，培育新型职业农民和新型农业经营主体，加大力度研究农业产业扎根乡土的机制。例如，本村富有的资源为毛竹，从20世纪80年代至21世纪初，竹筷加工一直是本村农民生计的重要组成部分。但随着劳动力外流和市场竞争的加剧，竹筷加工业慢慢停滞下来。对此，SS村可在先天的毛竹资源禀赋基础上，引入外来竹编技术，大力发展毛竹相关的加工业，如竹筷、牙签、竹签、竹筒、竹凳、竹桌等竹工艺品。同时，SS村应确保将本村新兴的黄桃产业、茶叶种植嵌入原有的农民生计系统中，使新兴产业的劳动力配置方式和生产环节紧密嵌入农民的社会生活，融入乡村多元产业体系和社会传统，共同推进农民致富。

在SS村脱贫攻坚过程中，政策资源尤其是红色培训对村落的脱贫以及村民精神面貌的改善起着不可或缺的作用，但红色资源覆盖的农户有限，再加上两个自然村落分隔两个山头的地理区位影响，村落之间资源的分配不均衡，村民为了争抢旅游资源一度关系紧张。村落因此出现了所谓的"一环、二环、三环"等非正式的"中心-边缘"区分。这不仅消解了村落原有的熟人社会关系，也影响了村落内部的关系整合。因此，在后期巩固脱贫攻坚成果、对接乡村振兴的过程中，SS村应着手构建利益均衡的协调机制，在公共资源及政策落实上消除小组之间、村民之间的差异。SS村应加强对"临界农户"的基本生活保障和扶贫资源帮扶，实现精准识别和帮扶，巩固脱贫成果；充分协调以确保贫困户与

非贫困户之间的利益均衡，充分考虑到非贫困户在基础设施、信息、技术、机会、就业等方面的相对劣势，及时给予相应的政策支持。

2.培养本土产业致富带头人，激发村庄内生发展动力

农村基层党组织是中国共产党在农村开展全部工作和保持战斗力的基础，是贯彻落实党的扶贫开发与农村发展工作部署的战斗堡垒。目前，SS村青年党员人数较少。这对村庄发展、政策接续乃至从脱贫攻坚到乡村振兴都产生了潜在的不利影响。下一步，SS村应深入推进"党建+脱贫攻坚"和"一树两强"的主题教育活动，夯实基层党建堡垒，提升村级组织的服务和管理能力，打造一支扎根乡土的"帮扶工作队"。SS村要进一步完善本土致富带头人培育的政策与制度支持体系，尝试把致富带头人培养成基层组织领头人，把基层组织领头人培育成致富带头人，让致富带头人获得组织认可，最终形成"培养好致富带头人—带动乡村中坚力量—辐射普通农户持续致富"的良性机制，逐步涵养乡村的人才生态。SS村还可以实施"头雁引领"工程，选优配强村级党组织书记，使其真正成为脱贫攻坚的"主心骨"；可以动员本土青年加入帮扶工作，有意识地培养村落能人、种植大户、致富带头人，使其参与村庄治理的第一线工作，将其作为村庄的后备干部，使其能够兼顾自身产业发展和村庄事务。驻村工作队终有一天会离开村庄，但在扶贫工作中出现的"新人"将会成为今后乡村振兴的本土人才基础，作为"不走的帮扶工作队"带领村民迈向乡村振兴。

三 经营主体案例Ⅰ：JF村白莲产业基地带动小农户发展的实践

（一）生产经营概况

江西G市DY县JC镇JF村位于JC镇东南部，面积18.6平方公里。全村共有耕地面积1028亩，山林面积18687亩，水面面积202亩。全村共有13个村小组682户2126人。本村传统的主导产业以毛竹、木

材加工、鹰嘴桃、白莲种植为主。2019年,村级集体收入25.49万元。JF村村"两委"先后两次赴抚州市白莲种植大县广昌县实地考察,认真了解了白莲生长的适宜气候。学习白莲种植技术以后,JF村决定在本村发展白莲种植产业。2020年3月,JF村通过流转农户土地打造了150亩白莲产业基地,播种白莲种苗1.5万余株。

白莲产业基地以YW小组为中心,涉及TJ、SK两个村民小组,通过采用"一领办三参与"的产业扶贫经营模式,采取"电商+贫困户+灵活销售"的利益联结机制壮大村级集体经济,带动贫困户增产增收。"一领办三参与"的产业扶贫经营模式具体是指以下几个方面。"一领办"是指由村"两委"干部牵头组织,负责白莲产业基地投资、运转、保障,对基地实行"四统一",即统一租地、统一种苗、统一技术指导、统一销售管理,为基地参与者提供产前、产中、产后服务。"三参与"是指党员干部主动参与,由村"两委"党员干部、第一书记及驻村工作队、公益性岗位中的党员干部、妇女小组长中的党员干部等,在土地流转、投工投劳、技术指导、产品销售等方面发挥带头、示范与引领作用;村民自愿参与,即鼓励村民以资金、劳力、土地流转等方式参与,截至研究者调研之时,有46户村民流转了土地,48名村民在白莲产业基地务工;贫困户统筹参与,设立"产业扶贫基金",主要用于统筹支付贫困户产业发展的土地租金、化肥、农药、劳务、机械耕作等费用。

JF村有两个新型农业经营主体:一个是鹰嘴桃产业扶贫示范基地,另一个是白莲产业基地。鹰嘴桃产业扶贫示范基地发展时间较长,已超过5年,属于村内主要产业之一。村内的主要产业包括木材加工、早稻种植、鹰嘴桃种植、脐橙种植等。鹰嘴桃为前三年的关键产业,由农户、村干部、鹰嘴桃协会共同运营。每家每户都会种植一点鹰嘴桃。个体农户种植的规模普遍不大,在1~5亩地,但种植农户较多,总面积达200亩左右。因此JF村考虑转变发展方向,并且初步确定转向白莲产业。目前,白莲产业已经发展成形,且第一年市场销售已获得可观的收入。

(二）带动小农户发展的方式

1. 土地租用

JF村的白莲产业基地属于村庄的集体产业，因此土地租用和生产用工是白莲产业基地和村庄农户最基本的关系。JF村从2019年开始筹备建设白莲产业基地。当时JF村流转了150亩土地，流转的土地费用为每亩300元，涉及50多户村民。关于土地租赁，村"两委"采用了土地合同和农户"三年一签"的形式。而且所有土地都和每一位出租土地的小农户协商过，在农户自愿的基础上进行流转。其中17户有劳动力的贫困户每户平均认领2.2亩白莲，每亩的年纯收入为3000元左右，贫困户负责白莲的日常管理，收获后取得的收益归贫困户。

村里能用的土地基本都会拿出来用。村"两委"联系村里不善于经营、没有种地意愿的村民，从他们的手里流转土地，争取做到土地不荒废。因为村里有很多人外出务工，土地闲置，无人耕种就非常浪费。现在村"两委"去联系他们，希望将他们的土地用来发展合适的产业，以提高土地利用效率。白莲产业基地在村"两委"的主导下有意愿带动村中不种地、种不好地的小农户一起发展。基地租用他们的土地也会支付每亩300元的流转费用。愿意加入村集体产业一起工作的，村"两委"都非常乐意接收。

2. 雇佣就业

在用工方面，村"两委"优先考虑使用本地村庄的村民。按照村干部的说法，招收本村村民易找、易催，方便快捷，不用担心往返上班时的交通安全问题，还能为本村村民提供就业机会。在白莲种植基地做工的工人也有外地人，但基本都是JC镇人。基地几乎不招跨县工人（除非是关键技术类的）。基地之所以招收非本村的工人，是因为在农忙的时候，白莲产业基地人手不够，但这些人大部分都是附近村子的，如Z村、J村、X村等。而且基地要求他们具备一定的白莲或相关产业的种植技术和经验。农忙的时候，外地人主要在村部的附属房居住。但村里为外地人提供的附属房不多，所以基地招收的非本村人数量有限。

白莲产业基地在村里选择村民做工的时候主要考虑的是村民的年龄、身体状况、经济水平等。首先，白莲产业基地更加倾向于招收贫困户，因为当时政策要求推动精准扶贫，优先招收贫困户进产业基地做工是村"两委"、基层政府和农户的共识。其次，村"两委"会考虑招收村里身体健康、技术熟练的农户做工，主要参与种植莲花种子、疏通水利、放水灌溉、莲花产业保护、基础设施建设等。他们都是被长期聘用的，除了做体力活外，还要做一些基础的农活，如下池塘撒莲子、摘白莲、抽水、去泥等。还有一些工作是处理农业经济作物的半成品加工，如剥莲子、莲子分类等。这方面的工作主要需要短工。一般这类工作招收老年人来做也没问题。工资按照实际的劳作难易程度和辛苦程度来定，最低的是60元一天，最高的是200元一天。

3. 带动农户多方面参与产业发展

白莲产业基地与村里的关系非常融洽，因为该产业是由村干部以及村民们一起打造、建设出来的JF村特色农作物产业。白莲产业基地有较为扎实的社会基础，当地村民也比较认同和支持该产业。一方面，村民们会自主地在抖音、快手、微信等多个互联网媒体上对白莲产业基地进行宣传；另一方面，他们会积极响应产业基地举办的各类生产经营和宣传销售活动。一开始，白莲产业基地是村集体的。为了让大家有集体意识，村"两委"组织活动时会邀请白莲产业基地中的贫困户一起参加。尽管次数不多，半年多时间一共组织了3次，但每次村干部都比较认真。按照村"两委"工作人员的话来讲，因为这个产业是村集体依靠产业扶贫基金发展起来的（基金是政府发给贫困户，让他们去选择并投资相关产业的扶贫基金）。刚开始，只有村"两委"主动带头组织活动才有村民参加；如果村"两委"不带动，则普通村民参与的积极性就很低。这样白莲产业基地也得不到发展。

但现在，产业发展好了。不仅村干部，村里的村民们也会主动组织一些关于白莲产业基地发展的活动，希望能够更多地参与白莲种植产业。有的村民会主动向村"两委"干部表达意愿，希望参加对外学习经验和技术的正式活动，也希望村"两委"能够组织日常宣传娱乐推广的非正式活动。面对村民的诉求，村"两委"一般都会积极配合与支持。现在村里的一些广场舞舞蹈队和个体小农户经常会通过抖音、快手、微信这一类互联网媒体推广村集体的白莲产业。村干部是白莲产业基地的主要负责人，其主要工作就是发动村民一起进行宣传，带动村民重视和参与白莲产业这一村集体产业的发展，同时为村民的参与提供支持。

（三）带动小农户发展的成效

1. 促进人口返乡，改善乡村文化风貌

除了白莲产业基地外，鹰嘴桃、早稻等其他产业基地的招工和用工也在很大程度上让村民们看到了产业发展的希望，让他们感觉在家乡工作是有盼头的。村里的很多小农户都乐意待在村里生活，也会鼓励自己在外工作的子女返乡创业或就业，因为他们发现在产业基地工作不仅离家近，还可以获得经济收入。自己的家乡发展得好又适合生活，村民的子女们会选择返乡创业或就业。这会产生持续性的影响。促进村庄外流人口返乡，对改善村庄人口结构及生活氛围起到了非常重要的作用。

家乡产业的发展解决了当地乡村剩余劳动力的问题，使当地大部分村民在家有事可做，显著减少了乡村闲散待业人员，间接减少了村内因闲散待业人员赌博、酗酒等不良风气带来的负面影响，改善了社会精神风貌。白莲产业基地的建设和运营进一步促进了当地村庄的基础设施建设，美化了当地村庄的居住环境。白莲产业基地的莲花观赏也丰富了当地村民的日常娱乐活动，带动了当地旅游业的发展，让村庄变成了乡村宜居打卡地，为村庄带来了人气和活力，提升了当地村民的生活幸福感。

2. 引入技术与经验，助推乡村精英培育

白莲产业基地的成功经验不仅给予了村"两委"新的思路和启发，也给予了村民们积极谋求发展的信心与效能感，让JF村很多村民自觉地融入白莲产业发展，主动寻找销售渠道，并积极引入种植技术和管理经验，不断寻求发展与合作的机会。白莲产业基地的生产、运营以及管理还使当地村民特别是直接参与其中的村民学会了相关的农业生产技术，丰富了村民进行农业生产经营和管理的实践经验，使一些村民逐渐成长起来，从普通村民转型成长为新型职业农民，甚至成长为带领其他农户发展的骨干和领头人。这在一定程度上促进了对地方乡贤和乡村本土精英的培育，有利于村庄社会与外部环境的互动与融合，为当地村庄社会的持续发展以及全面振兴的实现开了一个好头，也奠定了较为坚实的本土人力资源基础。

3. 壮大村集体经济，缩小农户收入差距

白莲产业基地是 JF 村的集体产业。白莲产业基地建立的初衷是为了扶贫。村干部认为，除了要打赢脱贫攻坚战外，还要非常关注产业扶贫、产业振兴等后续工作。白莲产业基地是最近几年 JF 村的重点发展项目。白莲产业基地的不断发展壮大了村集体经济，提高了村庄的组织动员能力和资源整合能力，使其更有能力适应乡村振兴战略的新要求，带动村民谋发展。具体而言，白莲产业基地在解决村民务工问题的同时，成功为当地村民带来了提升经济收入和寻求发展机会的新渠道。尤其是贫困户及非贫困户的经济收入不仅得到了提升，还进一步缩小了差距。这不仅降低了疾病、残疾、缺乏劳动力等各类贫困脆弱农户的贫困发生率或返贫率，也使村集体经济以及村庄内所有农户的整体产业能力得到了提升，为脱贫攻坚战略实现后推动产业振兴和共同富裕奠定了基础。

4. 推动农业多元发展，提升农户产业能力

JF 村之前有早稻种植和鹰嘴桃种植，现在又引入并发展了白莲种植。这让村"两委"承受了更多来自外界的压力，也使村"两委"和村民发现了不少村庄内部自主发展过程中存在的问题。当地村"两委"和村民在克服压力、解决问题的过程中，更加具有发展的紧迫感和使命感。村"两委"更加注重带领村民团结在一起，追求新的发展机会，努力使村庄内共有资源得到更有效的利用，产生最大化的效益。JF 村尝试结合本地优势资源推动农业多元发展，提高了农产品的市场竞争力，降低了单一农产品的经营风险。而且村庄内农业产业多元化之后，村里的小农户还可以依据村内的各农业产业来选择自己感兴趣又适合自己发展的农业作物进行重点投入。这有利于普通农户更合理地利用自身资源，提升自身产业发展能力。农业多元化发展降低了 JF 村小农户的致贫风险，保

障了村庄未来发展更加稳定有序。

（四）带动小农户发展过程中遇到的问题

1. 租地方面

JF村白莲产业面临的第一个难题就是土地流转问题。2019年底，JF村村"两委"依托"产业扶贫基金"设立白莲产业发展基地。在白莲产业基地还没有完全成立且土地正在进行流转、基础设施正在进行建设的过程中，村"两委"干部遇到不少村民不愿意将他们的土地流转给村"两委"的情况。因为JF村村"两委"选择带领村庄创办的白莲产业基地在当时还是一种新事物。当时村民看不到发展白莲产业的效益，非常害怕本就不富裕的地方进一步变得更加贫穷。因此，村"两委"为了流转土地，费了很大力气与村民沟通与协调，也遇到了不少讨价还价的村民。对于村民来说，土地就是他们的身家性命。部分村民也希望种植一些自己喜欢或者自己觉得合适的经济作物，而不愿意跟随未知的大流，担心未来会有经营风险和生活变故。最后，村"两委"为了解决这方面的问题，与流转土地的村民确定了土地合同"三年一签"的形式，最大限度地减少了村民对土地问题、经济效益和生活风险的担忧。

2. 用工方面

在白莲产业基地建立之前，JF村就有早稻基地、鹰嘴桃基地、木材加工厂。这三个产业在村中发展时间很长。鹰嘴桃产业发展已经超过了5年，早稻产业发展得更早，木材加工有政策限制规模没有做大。据村"两委"工作人员介绍，近年来，鹰嘴桃、早稻这两个产业发展都很一般，可能是越来越多的人加入，使盈利到了瓶颈期。JF村发展新的白莲产业却没有人信赖。很多村民都对能不能发展好持怀疑态度。所以在村"两委"请人工作的时候，很多村民都去忙自家的早稻或鹰嘴桃种植，忙完了才会参与白莲产业基地的用工。开始很多人都不懂怎么摘白莲、剥白莲、给莲子分类等，甚至连简单的半加工也不会。当地村民对白莲产业的生产和经营并不熟悉，学习能力也比较弱，所以村民刚开始在用工方面比较谨慎。稍微专业一点的工人是很紧缺的，工作周期很长。周期一长就容易出现工人替换的情况，耽误白莲的采摘和加工。

3. 市场方面

JF村白莲产业基地面临着来自市场的压力与挑战。2020年是白莲产业基地丰收的第一年，莲子的产量达到了预期标准。村"两委"在此之前就已经联系好几个销售商，但是由于之前沟通数次，签署的纸质协议太少，大部分是口头协定，莲子丰收以后，村干部之前联系好的外界销售商、收购商和加工商就以各种理由搪塞（村支书同时是白莲产业基地的负责人）并压低白莲的收购价格。他们希望以低成本收购白莲产业基地的莲子，再对外以高价格卖出。当时莲子的市场价是43元一斤，而收购商想以40元一斤收购，后面又再次反悔。经过几番交涉，莲子价格又被降到35元一斤。首次销售失利迫使村支书与其他村"两委"干部自己去寻找销售商。最后，村支书选择带领村子走上自产自销的经营道路。G书记表示，当时自己的压力非常大，因为如果失败了，就很难给大家一个交代。最终，JF村联系外地的农业技术人员和优质的育苗机构检验白莲的质量，帮忙发送高品质白莲的销售信息，还利用村内其他产业协会的人脉关系拓宽销售渠道，鼓励、引导当地乡贤和有能力的人参与白莲产业基地的管理与运营，慢慢地解决了白莲的市场销售问题，初步实现了自主生产、自主管理、自主销售的全流程自主经营。

四 经营主体案例Ⅱ：WR农业发展有限公司带动小农户发展的实践

（一）生产经营概况

WR农业发展有限公司（以下简称"WR公司"）成立于2016年2月，注册地位于GZ市CH区城郊，法定代表人和生产经营负责人为LJZ，经营范围是花卉（主要是兰花）种植、园艺作物种植、花卉作物批发等。虽然WR公司的注册时间是2016年2月，但早在2007年LJZ

就开始租地进行兰花种植和经营了。当时兰花的经济收益较好，有良好的市场发展前景。一开始LJZ只有30多亩地种植兰花，种植的主要是秋兰、杂交兰、春兰、墨兰。后来经过两次扩建，第一次是2011年扩建了30多亩地，第二次是2015年扩建了50多亩地，到现在已经有100多亩地。兰花种植的技术含量比较高，因为兰花是不容易种植的品种。有许多兰花品种是从我国台湾地区移植过来的，其中主要有秋兰、杂交兰（香兰、小神童、绿翡翠、红美人）等。种植兰花所需时间较长，最少两年。一般平苗（通过细胞分裂生长）出来最少也要四年。种植兰花不仅需要一定的种植技术和经验，在施肥方面也要注重比例。一般人需要经过多年才能种植兰花。而且每种兰花种植的方法不一定适合每一个兰花场。种植者需要去摸索、磨合、研究，找到属于自己的兰花种植经验和技术，并找到属于自己的农业公司经营之道。WR公司的兰花不仅在国内销售，而且对外出口，主要出口韩国和日本。国内销售面向全国各地，销售量大的地区有河南省、河北省、天津市、上海市、山东省、北京市等。LJZ想进行网络销售，批发兰花，全国各地的客源十分充足，市场广阔。但由于公司所在的CH区物流行业发达欠缺，兰花网络销售不佳，经常亏损。网络销售这条路对于LJZ而言目前较难行得通。

　　LJZ种植兰花十几年，从对兰花一无所知到如今创立一家专门进行兰花种植和销售的农业公司，可以说是跌跌撞撞成长起来的，走过了常人难以想象的弯路。LJZ当初接触兰花种植行业时并不懂兰花种植技术。他有一位朋友介绍他种植兰花。从那位朋友口中，他知道了种植兰花有很好的经济收益。然后，他的朋友卖了兰花苗给他，还说可以为他提供种植技术和种植经验，LJZ只需要租地种植。实际上，其朋友所谓的技术就是三句话：一包20斤的高氮肥、一包20斤的高磷肥、一包30斤的高钾肥，混合使用，4~6天喷洒一次，三种肥轮流喷洒。其实这种种植方法是不合适的，因为施肥过量会影响兰花的生长。

　　结果，兰花不断大量死亡，LJZ才知道自己上当受骗，于是立刻停止了那种种植和施肥方式。后来LJZ前往佛山南海、广州市番禺区、佛山顺德等各地拜访有名的种兰师傅，学习兰花的种植经验和技术。一个兰花场配一位师傅，因为各人的兰花品种不同，所以管理方式也不同。

同样的管理方式用在自己的兰花场就不一定适合。经过一年的学习，LJZ 才发现，完全用别人的种植方式是行不通的，必须因地制宜。经过 4~5 年的磨合、学习和经验积累，LJZ 才迈入了兰花种植的门槛。从经历创业之初上当受骗到如今自己研究出种植兰花的经验和技术，LJZ 的兰花种植和销售企业逐步走上了正轨。

（二）带动小农户发展的方式

1. 土地租用

WR 公司种植兰花的土地以前十分贫瘠，长满杂草，无人耕种，后来 LJZ 出资租用了那些土地。这不仅提高了荒废土地的利用价值，也增加了租地农户的收入，使他们有了一定的经济来源。随着兰花种植和经营规模的扩大，LJZ 租用的土地也不断增多。由于他及时支付了村民租金，妥善处理了与村民的关系，村民对 WR 公司都比较支持。WR 公司从 2007 年开始租用村民的土地，租地费用现在为每亩每年 1600 元。刚开始租地费用为每亩每年 900 元，每 3 年递增 10%。租用的土地涉及 2 个行政村、8 个自然村的 80 多户人家。因此，LJZ 需要与 80 多户村民进行协调沟通，打好交道。总体来看，WR 公司租用村民的土地带动了村里的种植产业，提高了土地的利用价值，并且使出租土地的小农户有了一定的收入来源，盘活了村庄的闲置土地资源。

2. 雇佣就业

在用工方面，LJZ 首先会考虑雇用出租土地的村民进入公司工作。而且种植兰花非常忙碌的时候，招本村的人更容易。他们路途较近，也方便沟通。WR 公司雇用当地村民做工可为当地村民提供就业机会，增加村民收入。招收的员工一般是长工，也有临时工。长工招收的数量不多，有 12 个；临时工招得比较多，一般有四五十个。这些村民绝大多数是本地人。长工的月工资一般在 3000~4500 元；临时工的工资一般是 100 多元一天，视劳动量而定。LJZ 会优先考虑 50 岁以上的村民。这个年龄段的村民就业比较困难，而且不能从事过于劳累的体力劳动，所以容易失业、待业在家，没有经济来源。LJZ 认为如果不请那些五六十岁的人工作，会直接影响到这些老年村民的收入。LJZ 这里的工作收入相对高一些，一个月可以攒几千元工资。总之，对于年纪较大的村民来说，有机会到 WR 公司工作对增加他们的收入和改善他们的生活都有积极影响。

3. 技术指导

在 WR 公司工作的员工多数由 LJZ 亲自传授种植兰花的经验和技术。LJZ 教授他们如何种植和打理兰花，比如，当要教授什么时间点喷什么药时，LJZ 就拿出相关的药物展示给他们，教他们按照一定的比例调匀。这样，员工不仅自己能学到一定的种植经验和技术，还可以再把这些经验和技术传递下去，教给其他进公司做工乃至未进公司做工的村民。据 LJZ 说，他决定未来比较稳定地请当地村民进入企业工作。当地村民在这里工作的时间久了，就可以学到一定的种植技术，积累较为丰富的种植经验，使自己从一个普通村民逐渐转变为懂得科学种植的新型职业农民。很多村民在 WR 公司工作一段时间后都学会了种植兰花。他们一旦有了足够的资金，也可以在条件成熟时自己当老板，成立自己的花卉种植企业。这为以后当地农业种植技术的扩散与创新乃至当地现代农业的发展打下了一定的基础。

4. 参与村庄建设

总体来看，WR 公司为村庄和村民做了许多有益的事情：一是租用土地，提高土地利用价值，增加小农户收入；二是用工时优先照顾本村的村民，为他们提供就业机会；三是传授兰花种植技术和经验，提高村民的技术水平。与此同时，LJZ 及其公司积极参与村庄建设，出资修建乡村公路，方便村民出行，推动村庄的新农村建设。便利的交通为村庄的经济发展提供了良好的保障。除此之外，LJZ 及其公司还不断参与村庄发展，不定期地捐资赞助村"两委"举办的文娱活动，特别是老年人的文娱活动。这有利于提高当地村民的精神文化生活水平。对于村庄里60岁以上的老人，LJZ 时常以公司名义进行慰问，并在逢年过节时宴请60岁以上的老人。这有助于老人之间的相互沟通交流和扶持，有利于他们共同过好晚年生活。这一系列的善举，使村"两委"与村民都比较认可 LJZ 及其公司，普遍对他和 WR 公司抱持信任和支持的态度。

（三）带动小农户发展的成效

1. 土地租用增加了租地农户的收入

将一片无人耕种的荒地发展到如今种植100多亩兰花，WR公司对村庄土地的租用提高了土地的利用水平和价值。当地出租土地的小农户不仅有了一份租地收入，还可以同时到外面打工。他们边收租边打工，提高了家庭收入水平。租地的收入尽管并不是很多，但是对于很多经济并不宽裕的农户来说，无疑是一个有力的支持。特别是不少农户还面临着子女读书、赡养老人等经济压力，能够获得土地租用和在外打工两份收入，可以在很大程度上缓解他们的经济压力，防止他们因经济来源缺乏而陷入贫困境地。

2. 为村民提供了就业机会和收入来源

WR公司优先考虑雇用当地村民，为村民提供了就业机会，解决了不少村民的就业问题。本地村民到WR公司就业有以下好处：一是相比于在别的地方上班，上班路程比以前大大缩短；二是工作时间安排比较自由，可以在工作的同时回家照顾老人和小孩，提高了家庭生活质量；三是工作相对比较轻松，从总体上看花卉种植没有在工厂里工作那么大的体力劳动和压力。与此同时，WR公司优先考虑照顾50~60岁的村民进入公司工作，因为这类群体往往失业、无业、难就业人员居多。为这些就业困难群体提供一定的就业机会，可帮助他们减轻家庭负担。

3. 为农户自主经营提供了技术和人脉支持

在WR公司工作时间较长的员工可以学到一定的兰花种植技术，积累一定的花卉种植经验，为以后自己种植兰花乃至创办农业公司打下了一定的基础。这会引导和激发更多小农户从事规模化农业种植乃至创办领办新型农业经营主体。因此，WR公司的带动有利于改变小农户的传统思想观念，提高当地农业的技术含量，促进当地农业不断向现代农业转型。同时，在WR公司工作时间较长的员工可以学会自己跟进货的各个商家和老板打交道，积累一定的销售人脉。在资金允许的情况下，很多小农户愿意转向现代化农业，因为他们看到了种植兰花的经济收益，也看到了农产品的销售市场空间在不断扩大。他们的自主经营有利于提高产业发展能力，营造良好的产业生态。

（四）带动小农户发展过程中遇到的困境

1. 租地方面

LJZ 在租用土地方面曾经遇到一些困难。村民们对出租土地存在不同的意见，很难完全达成共识。有些村民愿意租，有些村民不愿租，导致一开始租地不能连片，使用起来特别不方便。租地不容易，所以 LJZ 的种植基地分了多个阶段进行扩建。村民不愿意租地的原因有很多。一方面，有些村民想自营，担心把地租出去后自己没有耕地可种；另一方面，村民担心不同家庭的地混在一起，田地的界线不清楚，以后可能找不到自家的田地，复耕困难。还有一部分村民认为土地是老祖宗留下来的东西，租出去就是对老祖宗的不尊重。除此之外，LJZ 还遇到了一些其他麻烦。据 LJZ 介绍，他当年在 CH 区城郊街道看上了一块地，当时租了 30 多亩，先后投资了 500 多万元种植兰花。此前他查过地形图，图中显示那块地是农业用地，然而种植兰花 5 年之后，林业局发通知说那块地是林业用地，说其违规用地，限定时间让他全部拆迁，且没有任何补偿，还要罚款。

2. 用工方面

WR 公司招收的工人主要是村里人，并且年龄普遍都比较大，工人的文化程度相对较低。面对竞争日益激烈的外部市场，他们接受新事物的能力不够强，文化水平和技术能力参差不齐。他们做一些技术含量稍高的工作就比较困难，只能做一些相对比较简单的工作。据 LJZ 称，他想帮助有些就业困难的农户也比较困难，因为传授种植技术的结果难以达到预期的目标，导致这些工人有时难以胜任工作，给公司的生产经营带来了一定的负担和压力。因此，LJZ 有时候在用工方面也颇为困惑。虽然他有心帮助当地缺乏生计来源或就业困难的人，但他有心无力，因为他要考虑公司的市场竞争力和生存发展问题。

3. 政策方面

虽然政府出台了很多扶持农业公司发展的政策，但由于政策申请的渠道有限，申请程序太复杂，LJZ 并没有享受到太多政府政策的优惠。

据LJZ介绍，他之前成立过一家公司，申请的是GZ市的相关政策补贴。他准备好了所有申请材料，去农业局申请，而且申请材料已经到了GZ市，但据地方政府工作人员讲需要相关的政府关系才能批准，然后LJZ就没有继续跟进。目前，兰花种植达到了一定的饱和期，在政策补贴、物流运输、网络销售等方面也遇到了种种困难，LJZ在不断思考未来的发展道路。在调研过程中，他对调研人员说，他发现现在新型高科技养鱼技术未来有很好的收益和广阔的销售市场，因此他准备用50多亩地开发养鱼。如果养鱼有了很好的销售渠道，有了更大的经济效益，则LJZ打算转行把兰花种植的用地直接开发成渔业用地。

第六章 乡村振兴背景下新型农业经营主体带动小农户发展的对策建议

近年来，党中央、国务院的顶层决策一直非常重视立足国家农业农村现代化发展和乡村振兴的整体战略统筹谋划新型农业经营主体与小农户两者之间的关系，出台了一系列关系全局且影响深远的政策文件。促进新型农业经营主体与小农户协调发展是保障我国粮食安全、推动农业农村现代化和乡村振兴战略的重要基础与客观要求（王文龙，2019；熊磊，2020）。这就需要充分吸取脱贫攻坚工作的经验和教训，完善新型农业经营主体带动小农户发展的政策支持，积极回应新阶段农业农村高质量发展要求，以实现农民农村共同富裕的目标。

本书基于不同理论视角和实地调研材料的分析发现，新型农业经营主体带动小农户发展面临的现实困境有多方面成因。从农户回应层面来看，小农户特别是贫弱小农户缺乏必要的信息与资源支持，对自我利益诉求也难以有效辨别或主动表达，容易在生活困难或利益受挫时产生消极情绪甚至采用"弱者的武器"进行应对，主动融入现代农业发展过程并与新型农业经营主体进行利益联结的能力相对较弱，难以融入新型农业经营主体的利益体系并与之均衡互动。从组织层面来看，我国新型农业经营主体发展尚处于初级阶段，面临着激烈的市场竞争和生存压力，主要考虑的是自己的生存和发展，承担社会责任的意识不够，特别是作为经营主体中能动性力量的管理人员和技术人员。他们当中有相当一部分是外来投资者，没有充分考虑到与当地社会和小农户的关联性，对当

<<< 第六章 乡村振兴背景下新型农业经营主体带动小农户发展的对策建议

地社会文化也不够重视。当然,他们对地方社会责任的忽视在很大程度上影响了他们与当地村庄社会的关系,导致他们遇到了不同程度的社会适应问题。这反过来又给其生产经营带来不少麻烦和问题。从社区层面来看,随着我国城乡二元结构改革带来的人口流动,农村社区的文化与社会约束功能减弱,使小农户组织化程度不够,难以与新型农业经营主体形成均衡互动,而更多是依赖新型农业经营主体带动发展。这就导致村庄社区对他们的支持或影响偏弱,小农户以较为松散和个体化的方式参与新型农业经营主体的生产经营,缺乏组织化的利益表达和互动联结。从政策层面来看,我国新型农业经营主体和新型职业农民培育的时间还较短,相关政策措施还比较侧重于从面上进行干预,以项目方式进行培育和激励的举措还比较碎片化,缺乏精细度和精准性,特别是没有很好地针对新型农业经营主体的村庄嵌入性差异进行精准的政策干预,导致一些制度和举措没有深入新型农业经营主体的内在动力机制和组织决策过程,甚至助长了一些新型农业经营主体的自我求利风气。

本书基于我国新型农业经营主体与村庄社会和小农户的多维关联,针对上述新型农业经营主体对小农户带动作用的现实困境及成因,首先分析了乡村振兴背景下新型农业经营主体对小农户带动作用的新内涵与新定位,进而以此为依据,有针对性地提出破解现实发展困境及促进新型农业经营主体带动小农户协同发展的具体实现路径,以服务于我国农业农村现代化进程与乡村振兴战略的平稳有序推进。

一 乡村振兴背景下新型农业经营主体对小农户带动作用的多维内涵

我国的农业农村现代化与乡村振兴进程推进正在加快。在此背景之下,新型农业经营主体对小农户的带动作用以及两者的协同发展近年来持续受到关注。中共中央办公厅、国务院办公厅于2017年印发的《关于加快构建政策体系培育新型农业经营主体的意见》提出"既支持新型农业经营主体发展,又不忽视普通农户尤其是贫困农户,发挥新型农业经营主体对普通农户的辐射带动作用"。中共中央、国务院于2018年印发的《乡村振兴战略规划（2018—2022年）》提出"鼓励新型农业经营主体与小农户建立契约型、股权型利益联结机制，带动小农户专业化生产"。中共中央办公厅、国务院办公厅于2019年印发的《关于促进小农户和现代农业发展有机衔接的意见》强调要"统筹兼顾培育新型农业经营主体和扶持小农户，发挥新型农业经营主体对小农户的带动作用，健全新型农业经营主体与小农户的利益联结机制，实现小农户家庭经营与合作经营、集体经营、企业经营等经营形式共同发展"。2020年，中央一号文件提出要"重点培育家庭农场、农民合作社等新型农业经营主体，培育农业产业化联合体，通过订单农业、入股分红、托管服务等方式，将小农户融入农业产业链"。农业农村部于2020年印发的《新型农业经营主体和服务主体高质量发展规划（2020—2022年）》的通知强调"新型农业经营主体和服务主体与小农户密切关联，是带动小农户的主体力量。加快培育新型农业经营主体和服务主体，要以家庭农场、农民合作社和社会化服务组织为重点，不断提升生产经营水平，增强服务和带动小农户能力，保护好小农户利益，把小农户引入现代农业发展大格局"。由此可见，我国不仅在脱贫攻坚背景下需发挥新型农业经营主体对小农户的带动作用，在乡村振兴背景下也需发挥新型农业经营主体对小农户的带动作用。

随着我国经济与社会文化的不断发展，国家战略重点也随之进行调整。与之相应，新型农业经营主体对小农户带动作用的内涵、模式与政策定位也会产生变动。我国脱贫攻坚战略的重要目标是增加贫困群体的收入和提升贫困群体的发展能力，使其摆脱绝对贫困。因此，脱贫攻坚背景下新型农业经营主体对小农户的带动作用主要体现在产业带动方面，侧重于农村产业的发展以及小农户的增收和减贫。乡村振兴战略的目标则并不局限于此，而是在脱贫基础上全面扩展到整个农村社会的建设和发展，即"产业兴旺、生态宜居、乡风文明、治理有效、生活富裕"的多元目标体系。由此可见，乡村振兴战略下新型农业经营主体对小农户的带动作用不仅体现在产业发展与收入增加方面。由于新型农业经营主体特别是家庭农场和农民合作社等对农村治理的深度参与及其与

<<< 第六章 乡村振兴背景下新型农业经营主体带动小农户发展的对策建议

小农户的密切互动,它们对小农户发展可发挥多方面的带动作用,其中既有直接作用,也有间接作用;既有产业层面带动,也有乡村治理和社会文化等方面的带动。从某种意义上可以说,这种带动作用是原有带动作用的升级,体现了新型农业经营主体与小农户在新发展阶段的多层面互动关联,契合了未来推进乡村振兴战略及农业农村全面现代化的内在需要。

总体来看,乡村振兴背景下新型农业经营主体对小农户的带动作用与以往相比既有继承性和延续性,也有新的内涵与新的目标。具体来说,乡村振兴背景下新型农业经营主体带动作用主要涵括以下四个相互关联的基本层面。

(一)产业直接带动,提高小农户的产业发展能力

从我国农业农村现代化的既有发展实践来看,新型农业经营主体对小农户较为普遍的带动作用是,新型农业经营主体通过直接雇用、生产合作、入股分红、委托管理、技术扩散、统一销售等方式与小农户建立经济利益联结,带动小农户融入现代农业产业,提升产业发展能力。这一点在本书的前述部分已经得到较为充分的论证和说明。同时,由于新型农业经营主体创办领办人及骨干积极进取,具有先进的创新创业理念,他们是农村社会的新生力量。他们成功创业的事迹会通过口耳相传和人际互动等方式扩散开来,对周边村民形成一种激励和示范,让周边村民看到立足现代农业产业实现脱贫致富的可能性与现实路径,从而为村民做出投身农业、从现代农业中寻找发展机会的选择提供了参照系和推动力。这有利于从产业环境、文化氛围、资源支持、关系连带等多方面提高小农户的产业发展能力。但新型农业经营主体是一个自主经营、自负盈亏的市场行动主体,新型农业经营主体创办领办人及骨干是市场中的理性决策者,追求利润的增加和企业的发展。因此,他们的成功并非必然会带动周边村民走向产业发展和生活富裕。只有从新型农业经营主体培育的整个过程注重对新型农业经营主体创办领办人及骨干的职业素养和社会责任感培养,涵养他们的爱农为农情怀,才能使掌握资源与现代科技的新型农业经营主体创办领办人及骨干发挥良好的带动作用。新型农业经营主体创办领办人及骨干在带动村民脱贫致富并实现产业发展方面具有内在动力,主要包括:一是理性动机,主要是市场利益驱动,雇用周边村民便捷、稳定,成本较低,而且以入股分红、委托管理、技术扩散、统一销售等方式带动小农户可促进其扩大生产规模,获取政策关注和支持,创造地方市场,获得良好的市场效益;二是社会动机,带动村民脱贫致富及产业发展可使他们在当地农村社会获得更高的社会声望、更好的认可度以及更大的影响力,满足其高层次的精神文化需求,并为其生产经营构建村庄社会基础、区域市场认同和地方社会保护体系。因此,政府要注重激发新型农业经营主体的内在动力,发挥其对小农户产业发展的直接带动作用。

(二)参与乡村治理,优化小农户发展的治理结构

随着我国农村人口结构的变化及社会分化的加剧,农村社会的治理结构面临着诸多困境,农村社会内部基本秩序受到威胁(贺雪峰,2011)。这在很大程度上制约了我国农村的现代化发展,农村治理迫切需要多主体的参与和多机制的建构(王春光,2015a)。从积极的一面来看,新型农业经营主体创办领办人及骨干的成长和作用发挥为乡村治理走出困境、走向多元共治的良性格局提供了新的契机和力量。比较而言,新型农业经营主体创办领办人及骨干是农村社会的新生力量,有较高的现代素养及较强的社会参与能力。相比于农村社会的传统小农户,他们更具有现代民主意识和开拓创新精神,并且具有更广泛的社会关系网及更强的资源整合能力,更能与政府、市场、社会组织、村庄社区等形成积极有效的互动,表达和争取自身的合法权益,推动农村社会的重建,避免农村社会的空壳化,推动乡村社会形成多主体协同共治、多机制整合推进的均衡治理状态,促进乡村治理结构优化,从而有利于优化小农户生存与发展的基层治理环境。而基层治理环境的优化又有利于小农户特别是弱势小农户的话语表达和权利维护。本书研究发现,由对乡村社会有较强嵌入性且对农村发展有情怀、有责任心和价值诉求的群体培育而来的新型农业经营主体创办领办人及骨干,相比于外来投资型的新型农业经营主体,有更好的本土资源,也更有参与乡村治理的内生动

力，从而更能在乡村治理中发挥积极作用，发挥对村庄小农户发展的间接带动作用。

（三）助推文化建设，改善小农户发展的社区环境

新型农业经营主体创办领办人及骨干作为新型职业农民，不再是原有的自给自足的传统小农。他们不再固守传统的小农意识，而是具有爱农敬业、诚实守信等现代职业精神（宋新乐、朱启臻，2016），也成为我国农村文化更新发展并走向现代化的重要推动力量。随着我国市场化的不断推进及农村人口大规模流动等原因，农村文化受到很大冲击。很多地方的农村文化呈现出商品化、碎片化乃至衰败的景象。农村人口精神风貌不佳制约了农民的精神生活质量提升，不利于农村社会的发展。对农业、农村和农民有情怀的新型农业经营主体创办领办人及骨干的成长为农村精神风貌改善及社区文化发展提供了契机。新型农业经营主体创办领办人及骨干在经营现代农业过程中生发的职业精神是其内在本质的展现，顺应了现代化的发展趋势。他们可借助其市场经营和社会活动特别是与村庄的多维社会交往不断扩大影响力：一方面吸纳外界优秀文化元素，促进所在农村社区的文化交流与更新，消减"等、靠、要"等落后的思想观念，使农村社区文化紧跟时代发展的节奏；另一方面发挥示范感召作用，带动村民创新发展观念，追求更文明和谐的现代生活，远离消极懒惰等不良生活风气，提升精神文化生活质量。这些都有利于改善小农户发展的社区环境，助推小农户的持续发展。

（四）融合城乡资源，优化小农户发展的宏观环境

我国已进入一个崭新的发展阶段。新发展阶段我国追求高质量的发展而不是量的增加。这就需要有更高的资源整合与利用效率，要破解城乡二元阻隔，更加注重开放创新与城乡一体化发展。尽管小农户的生产和生活依托于特定的农村社区，但其发展不仅依赖于区域社会，还依赖于城乡融合的大环境。我国城乡一体化的实质是按照社会公正原则在城乡间配置资源和机会（王春光，2016）。新型农业经营主体创办领办人及骨干作为职业化的新型农民具有现代市场属性，充分融入市场，将农

业作为产业，追求利润的最大化（Wolf，1966）。这一特征可使其成为资源和机会在城乡之间均衡化配置的重要连接点与承载体。特别是返乡农民工、有志于现代农业的城市市民等携带丰富城市化及现代化因素的社会主体加入新型农业经营主体创办领办者队伍，成为新型职业农民，使新型农业经营主体创办领办人及骨干促进城乡融合的社会特征变得更加显著。培育新型农业经营主体创办领办人及骨干，提高农民的科学文化素质和生产经营能力，推动农民由身份向职业转变，让农民积极参与农业现代化进程，可不断吸引返乡农民工、中高等院校毕业生、有志于从事现代农业的城市市民等群体到农村创新创业，带动人才、资金、技术、理念、管理等要素流向农村，增强农村发展活力，弥合城乡之间的差距，推动城乡社会一体化进程。这种改变有利于优化小农户发展的宏观环境，有利于他们提高生活质量并融入现代农业市场。

需要特别说明的是，上述四个方面的带动作用尽管在实践中都已经显现且具有充分的现实可行性，但由于我国新型农业经营主体的发展环境、组织样态及其与小农户的关联性复杂多样，新型农业经营主体在现实层面上并不必然会发挥对小农户的某种或几种带动作用，甚至还可能在一些情形下对小农户的发展产生某种负面影响。但是，上述带动作用契合了国家战略需求及农业农村现代化发展，体现了新型农业经营主体与小农户互动关系的趋势和方向，是新型农业经营主体带动小农户发展值得倡导的目标定位，具有充分的现实基础和发展前景。或者说，只要政策、制度、组织或产业等方面相应的条件具备，新型农业经营主体就可以相应发挥一种或几种对小农户发展的积极带动作用，进而实现新型农业经营主体与小农户协同发展。

本书以江西JH专业合作社为例，对上述新型农业经营主体可以发挥的对小农户的多维带动作用进行适当阐释，以说明乡村振兴背景下新型农业经营主体对小农户多维带动作用的现实可能性。

作为"80后"的江西省JH专业合作社领办人LYG原为江西省F市的普通村民，1998年LYG从技校毕业回村。2006年，受到江浙地区农村现代化耕作模式的影响，同时有感于家乡大面积土地

>>> 第六章 乡村振兴背景下新型农业经营主体带动小农户发展的对策建议

因人口外出打工而荒废的现状，LYG 开始通过流转土地进行规模化种植水稻，领办了 JH 专业合作社。当年，LYG 在周边农村承租了 210 亩农田种植水稻。原本水源保障差、肥力低、交通也不是很便捷的中低产田，经过 LYG 的精耕细作和科学管理，第一季就达到了比较可观的收成。受此激励，从 2007 年开始，LYG 的承租面积逐渐扩大。截至 2016 年，他本人已承租水田 3480 亩，合作社社员流转租赁水田种植总面积达到 1.7 万亩。LYG 也因此被评为"江西省种粮大户""全国粮食种植大户""全国十佳农民"。

为了更好地实现规模化、集约化发展，LYG 不断加强与农业部门、农业专家等各方面的联系，不断提升对国家农业政策的理解并积极响应。近年来，LYG 不断用新技术提高现代农业效益。2012 年，LYG 自建了一栋 1300 平方米的粮仓，添置烘干机 4 台，在自己使用的同时为种粮大户提供服务，使受益的种粮大户再也不用担心由突降暴雨带来的稻谷损失。近几年，周边村庄大量低产农田流转到 LYG 的合作社。为了提升低产农田的效益，在当地农业部门的指导下，LYG 投资 15 万元开始了工厂化育秧。机插新技术的使用使合作社的 700 多亩机插田比传统插秧田的亩产平均增收 5%。周边村民看到了新技术带来的高效益后，纷纷表达了合作意向。有 25 户村民先后跟合作社签订了播种、育秧、机插的服务协议。JH 专业合作社还帮助当地 620 多个农户走向科学种植，使 120 余个农户年人均增收近 3000 元。合作社还提供粮食及农药化肥统购统销经营、统一提供技术等服务，组织带领当地村民走上了产业化发展之路。与此同时，LYG 陆续向当地敬老院赠送价值 7000 余元的大米，还为当地贫困户免费发放价值 1.5 万余元的种子和农药，帮助 26 户困难户脱贫致富。截至研究者调研的时间节点，长期在 JH 专业合作社做季节工的农民有 210 人左右。这些农民年龄都在 45 岁以上，没有技术专长。LYG 的合作社每年可为他们每人提供 5000 元至 1.2 万元的劳务收入。（调研材料来源：江西 F 市农业农村局）

从全国范围来看，近年来随着国家的大力支持及我国农业农村的现代化发展，像 LYG 这样的新型农业经营主体创办领办人及骨干快速成长，成为我国农村社会的新兴力量。他们锐意进取、勇于创新。在职业理念、生产组织形式和专业技术等方面的先进性使他们成为支持现代农业的优秀人才与骨干。他们的成长体现出现代农业的发展前景。随着生产规模及社会影响力的扩大，他们通过土地流转、合作经营、筹建行业联合会等形式促进了种粮大户及当地农户的再组织，也推动了农民与政府、市场的有效互动，增强了农村治理活力，优化了农村治理结构。他们当中的相当一部分人对农业与农村发展有着内在的情怀和价值追求。这使他们在发展产业的同时不忘承担社会责任。当地政府部门与周边村民也对他们有了更高期望，促使他们发挥了辐射带动作用，通过雇工、技术帮扶、合作生产等方式促进村民脱贫致富。他们身上所展现的职业精神与群体文化让周边村民看到了新的可能与希望，并从内心愿意接受他们的影响，跟随他们追求发展。这使他们逐渐发挥了带动当地农村社区文化发展的作用。从我国城乡二元结构的宏观角度来看，他们以农村土地与农村社会为依托，积极吸纳现代市场元素，以产业发展为载体，不断推动城乡间的资源流动，逐渐成为推动我国城乡一体化的重要市场主体与社会主体。总而言之，LYG 领办的农民专业合作社作为一个典型代表，显现了乡村振兴背景下我国新型农业经营主体带动小农户发展的实践形态及现实可能，在很大程度上代表了未来发展的方向，也是我国在新发展阶段制定及实施农业农村政策过程中需密切关注的对象。

二 新型职业农民的中介角色与实践影响

（一）新型职业农民与新型农业经营主体和小农户的关联性

尽管家庭农场和专业合作社等新型农业经营主体在组织特征与经营规模等方面存在显著差异，但基本组成单位都是新型职业农民，他们在发展过程中提高了小农户的农业生产能力和组织化程度（徐晓鹏，2020）。因此，新型职业农民与新型农业经营主体和小农户之间存在

第六章 乡村振兴背景下新型农业经营主体带动小农户发展的对策建议

密切的内在关联。新型职业农民之"新型"是相对于靠农业为生、自给自足的传统农民而言的。新型职业农民培育问题并非只有中国才有。农民职业化或者说职业农民培育是伴随着世界范围内农业现代化而产生并发展的。国外早期的经典研究关注"向农民进行人力资本投资以促进经济增长""现代化进程中的农民职业教育与职业化"等。Schultz（1964）探讨了如何把传统农业改造成为高生产率经济部门，认为向农民进行投资，使其获得必要的新技能与新知识可促进农业经济增长。Wolf（1966）较早提出了"职业农民"概念，认为传统农民主要追求维持生计的生产目标，职业农民则充分融入市场，将农业作为产业，并利用一切可能的选择使报酬最大化。孟德拉斯（2010）指出，随着城市化和工业化的推进，传统农民将不复存在，传统"小农"也将逐渐演变为现代"农业生产者"。Hayami 和 Ruttan（1973）提出，要充分实现农业中新技术和新投入的生产潜力，就必须补充农民生产教育的投资。近一二十年的研究主要从政策与制度视角关注职业农民的培训、激励与支持等。Ahearn 和 Newton（2009）认为，政策性项目资助经费可为刚入行的职业农民提供支持与激励。Noor 和 Dola（2011）发现，对农民进行职业培训不仅可以提升农民的经营积极性与就业能力，还可以节约生产成本。Resosudarmo 和 Yamazaki（2011）发现，集中培训和参观对农业欠发达地区农民的培训效果好，田间学校则更合适农业发达地区。Diekmann 等（2012）研究表明，资金支持等政策服务有助于培养新一代农民。Aguirre 等（2013）发现，加强对农民的职业培训是应对职业农民短缺及人口老龄化的有效策略。Freedgood 和 Dempsey（2014）认为，面临土地、资本及市场竞争等挑战，职业农民培养迫切需要政府政策支持。

西方的农民职业化已经经历了相当长的发展历程，是伴随着市场化与现代化进程而不断推进的，并在发展的后期阶段得到了政府更多的重视和投入。就我国而言，从2012年开始，新型职业农民培育开始真正进入政策视野，标志性事件是中央一号文件首次明确提出"大力培育新型职业农民"。此前学界已有相关研究。例如，柯炳生、陈华宇（2006）认为，培养新型职业农民要以提高技术和经营管理素质为重点；黄祖辉、俞宁（2010）从转变政府扶持方式等方面进行了探究；宋华明（2010）认为要大力推进职业教育培养新型职业农民；朱启臻、杨汇泉（2011）建议国家启动"农业后继者培训工程"。纵观2012年以后的中央一号文件，几乎每年谈及"三农"问题时都从不同角度提及新型职业农民培育问题。国家也通过农业农村部等政府部门每年投入大量财政资源支持农民职业化教育和职业技能提升，培育新型职业农民群体。

尽管新型职业农民与作为农业生产经营单位的新型农业经营主体和小农户有所不同，但三者之间存在密切的内在关联。新型职业农民是新型农业经营主体与小农户互动关联的中介点与连接点。小农是历史的产物，是伴随着农业社会而产生和演变的。在我国，小农有悠久的历史，是我国农业社会的基础力量和推动主体。20世纪80年代以后，家庭联产承包责任制让小农户成为农业经营的基本单位且具有农村集体经济属性，使现阶段的小农户与传统农业下的小农有了迥然不同的特征。本书所说的小农户是指我国家庭联产承包责任制实施后产生的、以家庭成员为劳动力、未进行规模化经营的普通农户。因此，现代农业发展背景下的小农户包含了丰富的现代化元素。新型农业经营主体与新型职业农民都是近代以来农业农村现代化发展的产物，代表了市场化背景下新兴生产力的发展要求，体现了现代农业集约化、专业化与科学化发展的趋势与要求。新型农业经营主体培育与新型职业农民培育有密切联系。家庭农场、专业合作社、龙头企业等都可成为新型职业农民孵化培育的载体，培育管理型、技术型、服务型等不同类型的新型职业农民，特别是家庭农场被认为是新型职业农民最理想的培育载体（朱启臻，2013）。小农户作为最基本的生产经营单元，尽管有一定的能力和资源的局限性，以及一定的发展脆弱性，但是也具有发展的韧性并蕴含着巨大的发展潜力。它可拓展升级为家庭农场，从而转化为以家庭为单位进行农业生产的新型农业经营主体。小农户中有能力的家庭成员可以通过自我教育、实践训练、职业培训等方式成为新型职业农民或新型农业经营主体创办领办人，从而实现从传统农民向现代职业农民的转变，融入现代农业发展的洪流中。小农户中其他有劳动能力的成员都可以在新型农业经营主体中

第六章 乡村振兴背景下新型农业经营主体带动小农户发展的对策建议

工作,获得经济收益并实现技能提升,从而形成家庭经营与其他经营方式的和谐共融。

因此,我国农业农村现代化进程中的新型农业经营主体、新型职业农民、小农户三者之间有着内在的一致性和贯通性。新型职业农民在新型农业经营主体与小农户的互动关联过程中扮演着重要的中介角色。我们需要立足乡村振兴战略从整体上来思考三者之间的关系而不能将其割裂来看。唯有如此,才能统筹推进我国的农业农村现代化进程。而且本书发现,发挥新型农业经营主体对小农户正面带动作用的一个关键实现路径是依托乡土社会,充分挖掘农村本土人力资源优势,以新型农业经营主体为载体培育对农业农村有情怀的新型职业农民。同样,扎根乡土成长起来的新型职业农民也具有重要的社会文化功能。他们参与领办和经营的新型农业经营主体在经营理念和组织模式等方面会具有更好的亲小农特征,更有意愿和动力与小农户建立利益联结,在产业实践中带动小农户发展。

我国的现代农业发展嵌入村庄社会之中,与农民的生活密切关联。与此相应,我国新型职业农民也具有区别于西方社会的特征,具体体现在以下三个方面。一是村庄场域的关联性。尽管新型职业农民的来源不同,技术类型与劳动分工也存在差异,但由于其所在的经营主体总是在流转村庄土地的基础上进行农业生产经营,他们的经济与社会活动总是或多或少与特定时空下的村庄场域存在关联。新型职业农民的来源群体直接决定了他们与村庄场域关联的性质与强度。一般而言,由农村青年、返乡农民工等与农村社会联系密切且价值认同基本上仍在村庄的群体培育形成的新型职业农民与村庄有较强关联,介入村庄的动机也更强烈。随着农村阶层的分化,中坚农民在农村治理中的影响凸显。他们的主要收入来源和社会关系都在村庄,家庭相对完整,对村庄公共事务有主动参与意识(贺雪峰,2015b)。由他们形成的新型职业农民与村庄的关联很强,且这种关联的维持对优化农村治理结构和维护社会秩序非常重要。村庄场域的状况也会影响新型职业农民的培育。村庄的人口结构、社会资本、精神文化等构成了影响新型职业农民培育的重要因素。丰厚的社会资本、良好的社区文化等都有利于新型职业农民的培育。二是职业素质的现代性。新型职业农民的生存和发展环境与传统农民大不相同，具有很强的开放性与竞争性。这就需要他们具有从事现代农业应有的创新意识和专业技能。他们的农业生产不再局限于满足一家一户的生活需求，而是面向家庭外的社会环境，致力于回应现代市场体系的需求，担负着农业现代化发展的历史责任。新型职业农民不再是一种身份，而是一种现代职业。他们不再固守传统小农意识，而是具有爱农敬业、诚实守信等现代职业精神（宋新乐、朱启臻，2016）。他们是从事现代农业生产的精英人物，敢闯敢拼，具有积极的创新创业意识，是农村社会走向现代化与全面振兴的重要推动力。相比于村庄的传统农民，他们更具现代民主意识和进取精神，有更广泛的社会关系及更强的资源整合能力，更能与政府、市场等形成有效互动，表达和争取自身合法权益，更有能力推动农村形成多主体协同、多机制整合的均衡治理状态，促进农村治理结构优化。新型职业农民职业素质的现代性使其在现代分工体系有了独特的社会功能。三是资源配置的中介性。新型职业农民具有现代市场的属性。他们充分融入市场，将农业作为产业，追求利润最大化（Wolf，1966）。这一特征恰恰使其成为资源和机会在村庄内部及城乡之间流动配置的重要中介与承载体。特别是返乡农民工、有志于现代农业的城市市民等携带较丰富城市化及现代化因素的社会主体成长为新型职业农民，使新型职业农民融通资源、促进发展的特征变得更为显著。我国的城乡二元体制使农村的劳动力、资金等要素资源大量流向城镇，导致城乡社会发展失衡（王春光，2016）。新型职业农民的逐利动机、创新活力与中介特征可促进城乡资源和机会的一体化配置，使农村发展获得更充沛的外部力量支持，而不是简单受制于刚性的城乡二元结构。与农村社会有较强关联、对农村建设有公益心和责任感的新型职业农民在这一点上会发挥更大的积极作用。这也有利于城乡资源均衡化。从这个意义上讲，新型职业农民是我国城乡一体化进程中的一支重要推动力量。

（二）新型职业农民的群体类型及其对小农户发展的影响差异

从整体上看，我国新型职业农民群体的兴起为小农户的生存与发展带来了新的契机和动力。2012年，中央一号文件首次明确提出"大力培育新型职业农民"。近年来，我国通过实施新型职业农民培育工程等政策支持措施培育了数百万新型职业农民。他们大多已成为家庭农场、农业合作社等不同新型农业经营主体的带头人和骨干。相关研究已表明，家庭农场可有效激发农民的科技需求与组织需求，促进农业生产经营方式变革（朱启臻等，2014）。农民合作社是农民尤其是贫困农民参与市场活动、提升贫困防范能力及抵御市场风险能力的重要载体（向德平、刘风，2017）。因此，新型职业农民将依托不同类型的新型农业经营主体不断影响农民的组织方式及农村治理形态，进而影响小农户的生存和发展。新型职业农民作为一种新兴的现代职业（胡小平、李伟，2014），展现出群体组成及农业生产组织形式的变革（张明媚，2016）。他们与农村社会相关联，具有现代市场意识和创新能力，掌握较多市场化与社会化资源，势必深刻影响农村的信息流动、资源配置、政策落地、组织形式、技术推广等，从而在小农户发展中发挥日益重要的作用，特别是依托农村社区"就地"转化和培养的新型职业农民。他们的生产经营和社会网络嵌入当地村庄。其成长可推动农村人力资源的开发，激发农村社会的内生发展动力，破解小农户发展村庄内生动力不足的困境，但是新型职业农民的多样性及其所依托的新型农业经营主体的复杂性，使其对农村社会和小农户的影响具有一定的风险性与不确定性。

1. 新型职业农民参与村庄治理的路径差异及其类型划分

尽管新型职业农民面临着较为相似的政策条件与发展环境，有一些共性特征，但是该群体并非"铁板一块"，而是存在内在的类型分化。在我国当前城乡二元结构的背景下，新型职业农民成了城乡间进行信息、资源和人员互动的重要社会中介。这也展现出国家发展意志与农村基层实际的双向对接。基于此，本书参照杜赞奇在《文化、权力与国家：1900—1942年的华北农村》（2003）一书中将"经纪人"分为营利型经纪和保护型经纪的理论思路，按照参与村庄治理的路径差异将新型职业农民划分为营利型新型职业农民与保护型新型职业农民两个理想类型，并在此基础上探讨两类新型职业农民对小农户生存和发展的差异化影响，为新型职业农民培育的政策制定与制度改进提供理论参考。

不管营利型新型职业农民的来源如何或是否为在地村庄居民，他们的身份认同、价值追求和生活面向都朝向村庄之外。尽管他们的生产经营和社会关系与村庄场域存在一定关联，但他们行事的准则都是理性的利润最大化。他们并不关心村庄的公益事业及村民的生活改善，也不愿为此投入资源，甚至可能为了自己的利益而全然不顾村庄或村民利益，想办法截取政府给予基层村庄的扶持资金。这样的行为无疑弱化了村民参与现代市场的能力。他们参与村庄治理的意愿缺乏或较弱，对村民福利和村庄公共事务缺乏关心，对村庄治理的功能具有不确定性乃至负面性，很可能与村民形成零和博弈，使村庄及周边加剧资源的非均衡聚集及贫富分化。总体来看，营利型新型职业农民"悬浮"于村庄社会，与村庄社会呈现弱关联，对农村社会和小农户发展的影响有两面性及条件限定性，亟须政策的规制和引导，以消减他们可能产生的负面影响，激发他们实现更有益的社会功能。

尽管保护型新型职业农民具有新型职业农民的共性特征，但他们与营利型新型职业农民有不同的价值观念与行为动机。他们不管来源如何或是否为在地村庄居民，都与村庄社会有相对较强的关联，表现出对村庄社会较强的嵌入性。尽管他们也奉行市场理性法则，想努力通过农业生产经营谋取利润，但他们并不单一地追求经济利益的最大化。他们对村庄社会及现代农业发展有一定的情怀、认同感和责任感，注重与村庄场域相关的荣誉感与社会评价，在一定程度上愿意投入资源发展村庄公益事业和改善村民生活，希望在获得市场收益的同时获得社会价值认可或主观精神收益。他们有参与村庄治理的动机，愿意让村民在不同程度上参与其生产经营，优化村民与政府、市场的互动。他们更容易与当地村民形成互利共赢，促进基层社会的资源共享。他们也因此成为带动小农户发展与推动村庄社会发展的关键社会主体。

2. 保护型新型职业农民对小农户发展的实践影响

保护型新型职业农民主要来源于农村或城市中热爱农业的中青年群

体、返乡的农民工以及对农村发展有责任感和公益心的其他社会群体。他们选择将农业作为职业并非完全为了追求市场利润，也抱有某种对农村和农业的情怀与价值诉求。他们进行经营活动时，在不同程度上注重在村庄的价值感，有意愿也有能力参与村庄公共事务，并采取措施帮扶带动小农户共同发展。由于具有积极主动的创业精神和丰富的社会资源，他们也会与政府部门、社会组织等维持互动，向他们反映问题及传递需求，在项目承接、信息传递、资源整合等方面发挥作用，以推动当地小农户脱贫致富，达到市场价值与社会价值的协同实现。

笔者在江西YC市实地访谈的新型职业农民PFN就呈现出这方面的产业与社会特征。

> PFN是江西省YC市FN种养专业合作社的理事长。该合作社成立于2014年3月，由在外打工返乡的女性农民工PFN牵头组织，并发动其他4名村里人共同创立。截至2017年4月，该合作社已有5个生产基地，合计2000余亩土地，主要从事水稻、小麦、油菜的生产。该合作社的几位创立者均来自周边村庄，对村庄的社会结构及文化价值有较强的嵌入性。他们在生产经营过程中带动和帮助周边农民从事农业生产，提高他们的生产水平，推广新的农业生产技术，探索有机农业的发展。仅2014年当年，合作社就发放零工工资20多万元，为在家的农民开辟了一条在地就业的新路子。同时，PFN利用参与农业主管部门主办的培训班等机会，与YC市YZ区农业局等相关政府部门积极沟通，反映新型职业农民培育政策落地过程中的一些现实问题，以及雇用村民做工、农产品生产及销售、农机补贴等方面存在的实际困难，以促进政府部门完善相关政策措施。PFN是当地领办合作社较为成功的种粮大户，受到当地农业职能部门的重视，经常受邀参加有关新型职业农民的培训和会议，她能够接触到来基层考察的上级部门政府官员，并借机向他们反馈农业生产经营中的政策问题、成效及需求。PFN本身就是当地农民，具有较浓厚的家乡观念，创业成功后有反哺与服务家乡的愿望和参与当地社会治理的动机，也比较看重所在村庄社会对自己的认可与

评价。(访谈材料：FN种养专业合作社理事长PFN)

笔者在江西TH县调研的新型职业农民ZJJ也体现出较为显著的保护型新型职业农民的产业与社会特征。

> ZJJ出生在TH县的一个农村。经历了艰难的创业历程后，他在家乡创立了FX禽业有限公司，专门进行乌鸡的规模化养殖。在企业经营步入良性轨道之后，ZJJ的社会影响力不断扩大，担任了多家协会的会长或副会长。当地政府和家乡周边村民对他的期望也随之提高，这使ZJJ感觉到自己肩上的社会责任重大，并开始参与更多社会公益事业。有过留守经历的ZJJ，无论是建立家庭养殖场还是成立专业合作社，首先想到的都是招收留守在村里的劳动力。因此，ZJJ实现了40多名村民在本地就业。不仅如此，他还主动联系合作企业为村民提供免费的技术培训，解决了相当一部分村民的就近就业难题，在当地赢得了良好口碑。2013年，ZJJ牵头成立了FX养殖专业合作社，通过"公司＋合作社＋农户"的模式带动周边发展乌鸡养殖户2500户，年饲养乌鸡260万只，使辐射带动的农民合计增加收入上千万元。(访谈材料：FX养殖专业合作社理事长ZJJ)

ZJJ的产业成功为发展本土优势的现代养殖业发挥了积极的示范作用。他的带动增强了当地普通乌鸡养殖户参与市场并通过市场脱贫致富的能力，使小农户围绕乌鸡产业及FX养殖专业合作社实现了一定程度的组织化，促进了小农户特别是参与乌鸡养殖的小农户的自助互助，优化了小农户与政府、公司的关系，改善了农村治理环境，促进了小农户发展。

总体来看，从PFN和ZJJ两位新型职业农民的案例中反映出的新型职业农民对小农户发展的积极影响（见图6-1）并非特例，而是具有一定的普遍性。其实质是要发挥农村社会与农民群体的互助性、创造力和能动性，通过农村社会内部的人力资源培育与小农户内在潜力的挖掘来

第六章 乡村振兴背景下新型农业经营主体带动小农户发展的对策建议

实现"真脱贫"和"真发展"。

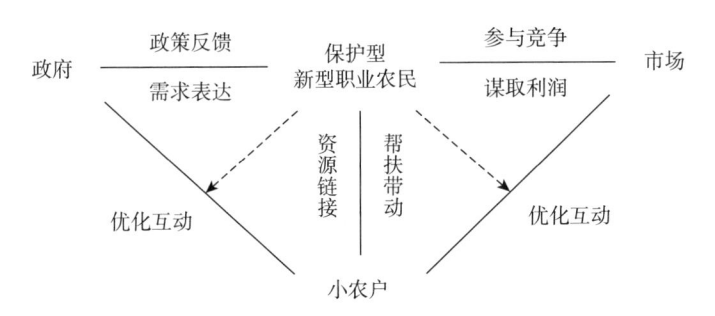

图 6-1 保护型新型职业农民对小农户发展的积极影响

3.营利型新型职业农民对小农户发展的实践影响

从我国农业农村现代化的整体视角来看,营利型新型职业农民是农业农村现代化的重要人力资源和行动主体。他们参与农业生产经营,努力追求市场利润,对现代农业发展、地方经济增长及小农户发展都具有积极的推动作用。但是,从他们所从事生产经营活动关联村庄社会的角度来看,他们参与村庄治理的动机并不强,因为他们的责任感、价值感和荣誉感是在村庄社会之外的。他们追求经济利润最大化,不太愿意投入资源在村庄公共品提供上,甚至可能为了自己利益的实现而截取本应到达村庄的政策资源,因此在推动新型规模经营主体不断壮大的同时可能阻碍小农户获得相应的资源和机会。这可能加剧当地的资源聚集及贫富分化,使小农户的生产与生活境况恶化,使农村均衡发展遭遇困难。

贺雪峰(2015b)在《论中坚农民》一文中谈及新型农业经营主体时指出,社会关系不在村庄甚至跟村庄没什么关系的外来规模化的新型农业经营主体,主要把村庄视为获取市场收益的组成部分。他们流转了农民的土地后,就脱离了村民,使村庄极有可能形成"资本+老弱病残"的结构。这对农村基层治理非常不利。贺雪峰的这一观点对解读营利型新型职业农民对小农户发展的影响颇有启发。从现实情况来看,他所说的新型农业经营主体主要是在地方政府与公司合力推动下发展的。其主要的经营管理人员本身在很大程度上就是营利型新型职业农民或营利型新型职业农民的重点来源对象。他们流转了村庄土地后就与村民形成一定隔离，缺乏对村庄的公益心和价值诉求，只是一味遵循市场法则开展农业生产经营，满足资本不断增殖的需求。这就不可避免地使这些具有先进职业素质及强大资源中介能力的营利型新型职业农民在一定程度上走向村庄发展的反面，推动村庄形成不均衡的社会结构。总体来看，营利型新型职业农民的出现及壮大与农业现代化进程中的"资本下乡"趋势密切关联。外来资本下乡并以公司方式经营农业势必带来"悬浮"于当地村庄社会的新型农业经营主体及营利型新型职业农民的出现。这可能直接制约营利型新型职业农民与当地村庄社会之间的关系，并使其对小农户发展的实践影响呈现不确定性。

在农村基层治理中，营利型新型职业农民拥有较丰富的市场化及社会化资源，且具有较强的资源整合与汲取能力。他们对市场利益的强烈追逐以及对社区责任的忽视将会使他们吸纳村庄内部既有的获利机会，并在很大程度上阻断本应下落到村民的来自政府的政策资源供给与来自市场的获利机会，在农村基层形成支农资源的"精英俘获"（邢成举、李小云，2013；刘升，2015），导致资源的非均衡聚集。这在很大程度上剥夺了普通农户特别是弱势小农户可获得的资源和机会，弱化了他们获取资源的能力，使弱势小农户的基本生活需求满足受阻，最终可能会衍生新的贫困问题。营利型新型职业农民尽管有了一定的经济资本与职业技能，但是由于缺乏坚实的村庄社会基础，仍可能具有经济与社会的双重脆弱性，特别是在农产品原材料吃紧、农忙时雇工短缺、与村民发生误解或纠纷等特殊情形时更容易显现经营的不稳定性。这使他们不仅应对市场变化及风险的能力不足，也可能在经营失利后面临市场退缩乃至返贫问题，成为农村治理中的风险因素。因此，从总体上来看，相比于保护型新型职业农民，营利型新型职业农民对小农户发展的影响具有较为显著的不确定性和两面性。在相关政策与制度不够健全的情况下，他们更易显现出对小农户发展的消极影响（见图6-2）。

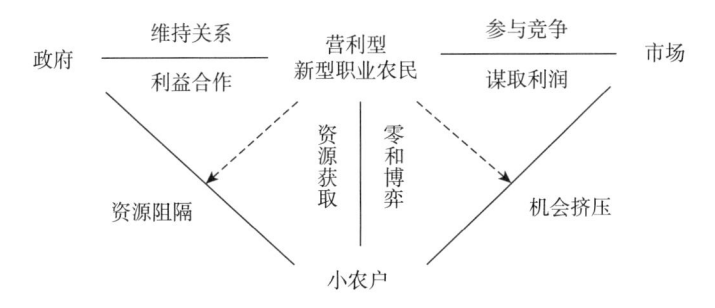

图 6-2 营利型新型职业农民对小农户发展可能带来的消极影响

三 乡村振兴背景下新型农业经营主体带动小农户协同发展的对策

（一）新型农业经营主体的分类培育和精细化政策引导

在新型农业经营主体与小农户的互动关系中，新型农业经营主体特别是发展较为成熟的新型农业经营主体具有相对较多的市场资源和较强的市场能力，在与小农户的互动关系中具有更强的主动性和能动性。因此，要提升新型农业经营主体对小农户的带动作用，需要首先从新型农业经营主体这一方面切入，通过其培育过程和政策支持方面的创新来优化其经营理念和组织模式，涵养其惠农情怀，从而使其生发出更多有益于小农户发展的组织动机和行为。我国的新型农业经营主体与村庄社会和小农户有不同的关联性。这决定了他们参与乡村治理的路径和方式存在差异。因此，乡村振兴背景下新型农业经营主体培育不能只局限于产业领域或者只注重产业能力的提升。我们要将其放在农业农村现代化整体格局中审视和推进，在提升其产业发展能力的同时，充分重视其与乡土社会的内在关联，注重涵养适度的社会性，并在此基础上引导和发展其经济性与政治性，以更好地发挥其在产业发展、农村治理及乡风建设中的积极作用，引导和激发其对小农户发展的带动作用。新型农业经营主体的社会性主要体现在其与村庄社会及小农户的关系中。如前文所述，依据我国新型农业经营主体对村庄社会的嵌入性差异，新型农业经营主体可分为两个基本类型：一类内生于农村社会，与当地村庄小农户有天然的社会文化关联，称为内生型新型农业经营主体；另一类外生于农村社会，与当地村庄小农户没有天然的社会文化关联，称为外生型新型农业经营主体。这两类新型农业经营主体在带动小农户发展的动力、方式、能力等方面都存在差异，因此，我们需对这两类新型农业经营主体进行差异化培育和精细化政策引导。

具体而言，对两类新型农业经营主体的培育措施和政策引导要兼顾普遍性与特殊性两个层面，充分尊重其各自的组织特征和经营理念，注重内生动力的引导，而不是简单地通过项目方式进行外部干预。在实践层面，我们一方面要加强对外生型新型农业经营主体的政策引导，通过制度设置与机制构建，引导它们在拓展农村市场和谋求经济利润的同时关注在当地生产经营的社会基础与可持续性，对适度嵌入农村社会、与小农户有良好互动并获得村庄社会认可的新型农业经营主体给予适当的经济、政治与社会文化酬赏，比如将其领办创办人纳入地方乡贤或者优先推荐为地方人大代表等，激励他们维持适度社会性，涵养其惠农益农理念，并在此基础上发展其经济性与政治性，不断提高其参与农业市场与农村治理的意识、能力和水平，避免他们因社会性偏弱而无视村庄社会与小农户的利益诉求，只顾追求经济利益和获取政策资源，甚至跟小农户争利。另一方面要扎根乡土社会，重点培育内生型新型农业经营主体，在充分尊重其与农村社会关联性的基础上进行精细培育。这对实现我国农村的内发型发展与推进乡村振兴意义重大。我们要重视农村本土文化资源和人力资源的挖掘，采取系统的政策措施吸引外流人才返乡就业创业，激励和支持村庄社会骨干领办创办家庭农场、专业合作社等不同类型的新型农业经营主体。这类新型农业经营主体参与市场竞争的能力可能比不上龙头企业等外生型新型农业经营主体，因此我们要有针对性地对其进行政策扶持和社区支持，补强其融入现代农业市场的政策和机制短板，同时支持此类新型农业经营主体的创办领办人在乡村治理中获得更大的显示度和话语权，协助其参与乡村治理。

在此，本书以江西 S 县为例，对上述政策思路特别是内生型新型农业经营主体培育路径进行具体阐述。江西 S 县立足整个县域脱贫与发展的需要，尊重本土资源条件和产业传统优势，实施了创业致富带头人培育的"千人铸造计划"①，成功培育了一批具有良好带动作用的扎根乡土社会的新型农业经营主体，即本书所说的内生型新型农业经营主体，产生了良好的实践影响，为全国范围内其他区域新型农业经营主体的分类培育及精细化政策引导提供了有益的启示和借鉴，特别是在扎根乡土的内生型新型农业经营主体培育和激励方面积累了很有价值的实践经验，受到了政府部门和村民等相关利益主体认可，值得深入探究。

S县在2017年3月提出包括新型农业经营主体创办领办人在内的创业致富带头人培育计划，即"千人铸造计划"，计划用三年时间，分三批组织有创业条件、有带动贫困户增收意愿的培育对象到国务院扶贫办贫困村创业致富带头人蓉中培训基地参加创业培训，其中每人再帮带孵化6名创业致富带头人，通过"1+6"的帮带孵化模式，三年共培育1000名左右创业致富带头人。②为了保障这一政策顺利实施，S县专门出台了《S县创业致富带头人培育管理办法（试行）》，从制度层面打通县、乡、村三级，形成培育创业致富带头人的政策合力。S县立足地方实际，因地制宜，围绕培植优势产业抓创业致富带头人培育工作，实现了"嵌入式创新"。根据S县"3+X"产业扶贫模式规划③，"千人铸造计划"培育的特色产业基地既符合S县不同地区的实际情况，又构成了对现有烟、莲、稻三大产业的有效补充。S县人少山多、水源好，适合野外养殖。以ML乡为例，以往当地农民会在自家养殖少量山地鸡。这些山地鸡很受市场欢迎，需求旺盛，可以卖很高的价格。但山地鸡养殖对技术、销售等各方面要求较高，农户自发养殖风险较大。很多农户望而却步，只是少量散养，无法形成规模效应。该乡通过资金、信息等帮扶措施，扶持民间养殖大户，引导养殖大户成立山地鸡养殖专业合作社。ML乡山地多的特点为山地鸡养殖提供了良好的条件。S县遴选并培育

---

① 本书论述的"千人铸造计划"相关举措是针对包括新型农业经营主体创办领办人在内的所有创业致富带头人，并非单独针对新型农业经营主体创办领办人，但所涉及的举措与新型农业经营主体带动小农户发展都有直接或间接的关联。因此，本书对其一并进行梳理和分析，以便形成整体性认识。
② 石党办发〔2017〕31号《S县创业致富带头人培育管理办法（试行）》。
③ 石精扶字〔2019〕62号《S县2019年农业产业扶贫实施方案》。

XHS、WCS等本土能人成为创业致富带头人,发挥他们的示范带动作用,挖掘农村内生脱贫力量。

S县对培育的新型农业经营主体创办领办人等创业致富带头人实行较为细致的分类管理和奖励。① S县根据帮带贫困户情况把他们分为五个等级:帮带5户(含)以上10户以下贫困户年新增收入达10000元以上的,评为A级创业致富带头人;10户(含)以上20户以下的,评为AA级创业致富带头人;20户(含)以上30户以下的,评为AAA级创业致富带头人;30户(含)以上40户以下的,评为AAAA级创业致富带头人;40户(含)以上的,评为AAAAA级创业致富带头人。不同帮扶情况对应不同的奖励:每帮带1户贫困户务工新增收入达10000元以上的,奖励1000元;每帮带1户贫困户发展产业新增收入达10000元以上的,奖励2000元。S县还将指导和帮带作用发挥明显的创业导师评为"优秀创业导师",分别给予5000元、8000元、10000元不等的奖励。帮带100户贫困户年新增收入达10000元以上的创业致富带头人,以一事一议方式经领导小组批准后可兑现奖励。除了物质激励,县里还把创业致富带头人纳入"新乡贤"数据库和村组后备干部人才库管理,优先从中选聘扶贫创业导师。在职村支书、村主任被评为"优秀创业致富带头人"的,在考录选聘乡镇事业单位工作人员时给予适当加分。这样就能将基层党组织带头人与农村创业致富带头人"两个带头人"有机融合。S县还将积极向党组织靠拢的青年创业致富带头人优先推荐按程序培育发展为中共党员,② 将符合条件的创业致富带头人按相关规定和程序,优先推荐参与村"两委"换届和各级党代表、人大代表、政协委员选举。

创业致富带头人培养出来以后,关键是要发挥其对小农户发展的带动作用。S县与中国扶贫基金会合作,在DY乡试点,指导创业致富带头人建立白莲专业合作社,改变原来的松散组合,从经营主体培育、产量品质管控、供应链提升等方面规范运作,把带贫益贫作为核

---

① 石党办发〔2017〕31号《S县创业致富带头人培育管理办法(试行)》。
② 石党办发〔2017〕37号《中共S县委办公室关于培育脱贫致富带头人加强农村基层党建工作的意见》。

心要领和关键指标,已累计带动 1183 户农户 184 户贫困户入社。贫困户 CSC 说:"以前我自己种莲总是赚不到钱。现在有人带着我种、帮着我卖,产量高了,价钱又好,年底还有分红。我还要跟着干!"(访谈材料:贫困户 CSC)截至 2019 年 8 月,这一模式已在全县范围内推广。全县已建立白莲产业合作社 70 多个,7790 户种莲贫困户全部入社,户均增收 8000 多元。白莲产业扶贫是 S 县探索与贫困户建立利益联结的缩影。近年来,S 县充分发挥专业合作社、金融机构、龙头企业的作用,推行租赁返聘、抱团互保、平台统销、订单收购等利益链接模式,使农业产业的组织化程度得到了提高,本地贫困户的受益面大大增加。

典型案例:依托本地养殖传统孵化培育的专业合作社领办人 XHS

S 县 ML 乡有句民间俗语:"吃的是谷,喝的是露,若能用它补一补,冬到大寒不用布。"S 县 ML 乡是典型的丘陵地带,境内群山连绵,林木葱郁,环境优美。在当地,很早以前就有农民散养土鸡,让土鸡在山林里自由觅食。土鸡饮的是山泉水,吃的是山间野草、虫蚁。这样养出来的鸡肉味鲜美,营养价值高,有很多本地或外地的城市市民特意开车前往购买。①

从 2008 年起,ML 乡 DK 村的 XHS 开始尝试规模养殖。平时家里散养的土鸡数量少,管理起来非常容易,但规模养殖就没那么轻松了,稍有一个环节不小心,就有可能亏本。2008 年初,XHS 引进了 1500 多羽山地鸡。由于当时只用了 200W 的保暖灯泡,没有做足保温措施,又恰逢低温天气,这批鸡苗全部冻死,造成了近万元损失。2009 年,2000 羽山地鸡因食用了一批不合格的雏鸡专用饲料而大面积患病,经济损失也达上万元。XHS 意识到"蛮干"难以出成果,便转而出门考察学习。他先后到崇仁县、宁都县等地的养殖基地蹲点学习专业养殖技术。学成归来后,XHS 深刻吸取以往失败的经验教训,逐渐扩大山地鸡的养殖

---

① 本案例资料来自调研过程中 S 县农业农村局提供的创业致富带头人典型案例集。

规模，流转 500 亩山林，新建育雏室和鸡舍，创办山地鸡养殖基地。目前基地年出栏山地鸡近 3 万羽，带动全乡年出栏山地鸡达 30 万羽。

在县和乡镇两级政府的大力支持下，XHS 带头成立了 S 县山地鸡养殖专业合作社，采取统一种苗、统一技术、统一防疫、统一品牌、统一销售、分散种养的"五统一分"发展模式，组织养殖户团结在一起，共享产业发展红利。XHS 致力于打造一条完整的产业链。ML 乡党委、政府非常支持这一产业，把山地鸡作为当地支柱产业全力支持、集中打造，先后在 YF 村投资 50 多万元，新建集种鸡场、育雏基地、孵化基地、综合办公楼等于一体的山地鸡专业孵化基地，解决山地鸡种苗问题，同时在田江村新建全自动标准化深加工厂，进行宰杀、真空包装、保鲜冷冻等，为把山地鸡销往大城市奠定了基础。XHS 还组织养殖户前往福建和广东等地开拓销售市场，在本县县城设立了三个销售点，在 G 市市区、福建三明市区、宁化县、广昌县分别设立了定点销售点，不断向外拓展 ML 山地鸡市场。同时，XHS 采用线上线下合一模式，借用福建金稻田有限公司网络平台，打造电商服务体系，扩大山地鸡销售渠道。随着销售的火爆，ML 山地鸡品牌在市场上有了一定名气。XHS 抢抓机会，积极与县有关部门联系，邀请 CCTV7《食尚大转盘》栏目组走进 ML 乡，对 ML 乡山地鸡进行专题拍摄，制作成专题宣传片播出。2018 年 6 月，央视《科技苑》栏目专题播出 ML 山地鸡，使 ML 山地鸡由此名声大噪。央视把它称为"滑翔鸡"。（调研材料来源：S 县农业农村局）

（二）提升小农户发展能动性及对外部带动的回应能力

新型农业经营主体和小农户是不同类型的农业经营主体。我国"大国小农"的国情、农情决定了不同规模农业经营主体类型的长期并存与共生。尽管新型农业经营主体对小农户的持续带动作用很重要，但就长期发展来看，小农户的生存与发展最终还是要靠小农户自己。因

第六章 乡村振兴背景下新型农业经营主体带动小农户发展的对策建议

此重点要落到小农户自我发展能力的提升上,而不是主要依靠外部力量的带动。要充分发挥新型农业经营主体的引领作用,就要重视小农户存在的社会价值及主体性特征,构建和协调小农户与新型农业经营主体之间的关系(徐晓鹏,2020)。或者说,如果没有小农户内生能力的提升,外部的带动作用也没有办法很好地发挥,两者是相融共生的关系。因此,我们在强调通过培育过程和政策引导优化新型农业经营主体的作用发挥的同时,必须关注问题的另外一个重要方面,那就是在带动过程中提升小农户的发展能动性及其对外部带动的回应能力。唯有如此,才能实现新型农业经营主体和小农户家庭经营的健康成长、良性互动与持续发展。

1. 提高小农户在现代农业生产经营背景下的发展能动性

要提高小农户的发展能动性,就必须真正理解农业农村现代化快速发展背景下小农户的生产与生活状况,弄清小农户与宏观、中观和微观等不同层面环境的互动关联,读懂小农户的所思所想和喜怒哀愁,并在此基础上主要从以下三个方面着手提升小农户的发展能动性。

一是要挖掘和利用小农户的自身优势。不同的小农户面对不同的生产与生活情境,拥有差异化的经济、文化和社会资本。尽管有些小农户身陷经济贫困或者社会文化贫困,但他们仍然有自身的能力和优势。比如,有些小农户擅长养殖,在常年生产劳作中积累了丰富的养殖经验,培养了吃苦耐劳的良好品行。再如,有些小农户即使经济条件很差,甚至一无所有,但是他们面对生活的苦难仍能积极乐观,不断尝试和努力,体现出较好的抗逆力和主观能动性。这种主观素质是一种优势,是一种有价值的可以带来改变的资源和力量。一旦机会来了,他们的生活境况很快就会发生改变。因此,我们要避免对小农户进行标签化、污名化或者社会排斥,一定要深入小农户的生产与生活场景理解他们的现实困难、需求、愿望和优势,因势利导,扬长避短,在此基础上为他们链接所需资源,帮助小农户把握机会、实现成长,特别是帮助他们与新型农业经营主体构建有效的利益联结,协助他们融入现代农业发展格局中,或增强应对市场冲击的能力,避免他们因为一时的困难而陷入恶性循环的困境。

二是要促进小农户的组织化。尽管小农户在生产生活需求和发展能力方面存在很大差异，很多时候他们都是以家庭为单位进行农业生产，但是他们仍具有很大的需求同质性，具有共同的发展利益，在社区中面临较为相似的发展境况，有彼此协作的现实必要。特别是在我国乡村走向全面振兴的背景下，发展的紧迫性更强，所面对的环境更为复杂多变。这就需要小农户的发展不能仅靠一家一户的"单打独斗"，而应该发挥集体协作的力量，通过某种方式动员和组织起来，实现合作共赢的协同发展。在这个过程中，我们可以发挥新型职业农民、创业致富带头人或地方乡贤的引领与带动作用，或者从小农户中发现有能力者来担当组织者和带动者。从目前的发展实践来看，将小农户组织起来的最有效方式就是成立农业专业合作社。小农户可以通过这种方式走向生产合作和规模化经营，获取超越家庭经营的市场利润和发展能力。当然，我们也可以通过组织村民理事会、村民议事会、农民行业协会等方式，使小农户共享信息和资源，形成支持网络，发挥集体的力量，避免一家一户在资源、能力和机遇等方面的缺乏与不足。

三是精准的外部资源支持。发展是需要条件的，既需要内部优势的发挥，也需要外部环境的支持。或者说，小农户的发展本身就是内在能力与外在环境持续互动的过程，而不是孤立于外部环境的。因此，要提升小农户的发展能力，除了要更新理念与激发潜能外，还需要外部环境条件的配合，特别是外部资源的支持，其中包括政策与制度支持、社区社会资本支持等不同方面。我们要避免项目方式投入资源可能的局限性，不能想当然地按照某种既定目标从上到下投入资源给小农户，而是要在科学准确评估小农户需求的基础上进行精准合理的资源投入，设身处地想他们所想、急他们所急。唯有如此，才能发挥资源投入的真正价值。小农户的需要各不相同，比如，有的小农户需要信息支持，有的小农户需要技能提升，有的小农户需要政策保障带来的发展信心，有的小农户需要村庄社区层面的支持与配合，等等。只有把小农户的想法和困难都了解清楚，才能为他们提供对他们真正有用的资源支持，提高他们发展的能动性。

>>> 第六章　乡村振兴背景下新型农业经营主体带动小农户发展的对策建议

从被动救助到主动发展：小农户发展能动性提升的典型案例

WCS是江西省S县ML乡YF村的一名贫困户，以前一直在外打工，收入马马虎虎，有两个分别在小学和幼儿园读书的孩子。一家人过得其乐融融。2015年，WCS的哥哥因突发疾病去世。这个意外当时使WCS整个家庭都陷入悲痛之中。尤其是将近70岁的父母亲，白发人送黑发人，身体也越来越差。处理完后事之后，WCS把两位老人接到了自己身边照顾。然而，仅仅过了不到一个月，WCS在外出打工时不幸发生了车祸。那场车祸导致他的左手手臂骨头碎裂，在医院治疗花了3万多元。3万多元对于WCS来说可不是小数目。他在外打工一年都存不到这么多钱，在家种白莲起码得种20亩以上。从那起事故以后，WCS干不了重活，在外面的工作也丢了，只能暂时回家再作打算。2015年6月，WCS的妻子被查出患有脑瘤。7月，WCS带着妻子去G市和省会等地的大医院治疗。其间他不断奔波，家庭没有半点收入，除了花光全家的积蓄以外，还向亲戚朋友借了十几万元，但妻子的病情不见好转。在得知WCS的情况之后，当地党委、政府在关键时刻帮助了他。YF村的村干部找到WCS，了解了其家庭的实际情况和生活困难。那一年，WCS被纳入建档立卡贫困户，由ML乡政府的卢乡长作为其帮扶干部，给他介绍扶贫政策，为他提供政策帮助。医疗健康扶贫和教育扶贫政策对他给予了极大的帮助。从那以后，WCS的妻子的看病费用大部分都能报销，极大减轻了WCS的经济负担。

此后，WCS又结识了专业合作社领办人XHS。2017年，XHS作为养鸡专业合作社领办人参加了S县第一批创业致富带头人培训，成为第一批创业导师，从技术和资源等方面得到了地方政府的大力支持。政府希望他能发挥对小农户的带动作用。XHS与当地政府合作，为贫困户提供鸡苗，全程指导养殖技术，又与贫困户签订收购合同，保底回收山地鸡，确保贫困户的养殖利润。S县山地鸡养殖专业合作社自成立以来，带动ML、GS、FS等乡镇群众发展养殖产业。由于当地有山地鸡养殖传统，WCS便在2015年加入了山地鸡养殖队伍。但刚开始没有经验，导致第一批 2000 多羽山地鸡冻死了大部分。看到心灰意冷的 WCS，XHS 主动邀请他到自己的基地参观学习，精心传授养殖技术，手把手教他管理经验。在 XHS 的鼓励和帮助下，WCS 坚定信心，扩大山地鸡养殖规模到 5000 羽，并且加入山地鸡养殖专业合作社。在吸取此前经验教训的基础上，WCS 严格把控疾病预防，精心管理。当年，他靠养鸡盈利 10 万元。逐渐走上养殖路的 WCS，也成为创业致富带头人，还带动了 6 户贫困户养殖山地鸡，顺利实现脱贫致富。①

2. 提升小农户对新型农业经营主体带动行为的回应能力

就其本质而言，小农户被新型农业经营主体带动发展不是被动等待或者简单被带动，而应是一种积极被带动或者说是一种积极而均衡的双向互动，是被带动与主动发展并存的实践过程。因此，我们要提高小农户对外部带动行为的回应能力，增强互动性和协同性。唯有如此，才能提高带动的成效，使小农户在被带动中不断成长与发展。小农户在被带动过程中，与带动主体之间具有不同的利益诉求、资源条件和行动逻辑，因此在互动过程中存在复杂的认知、应答、认同和博弈等社会活动。新型农业经营主体带动行为的农户回应是指小农户在一定的经济与社会结构中基于自身利益诉求和资源条件而与新型农业经营主体进行的认知、应答、认同及博弈的实践互动过程，其中包括交相作用的三个层面：一是小农户对自身利益诉求和资源的感知过程；二是小农户对新型农业经营主体诉求和影响做出认知与评判并产生认同或不认同的过程；三是小农户的互动方式选择以及把诉求、期望或承诺转化为社会行动的过程。如果小农户能够在与新型农业经营主体互动的过程中有较好的主体性和效能感，具有防范风险并实现自我发展的主体性和能动性，则我们可认为小农户具有良好的回应能力；如果小农户缺乏对自我利益诉求和资源条件的明确辨别，在与新型农业经营主体互动的过程中缺乏主体性和能

---

① 该案例有两个来源：一是 S 县农业农村局提供的创业致富带头人材料，二是对专业合作社领办人 XHS、WCS 的访谈。该案例是在综合上述两方面材料的基础上形成的。

动性,"等、靠、要"思想严重,甚至处于被排斥境地或失语状态,那么小农户对带动行为的回应能力就是不足的、乏力的。

从产业振兴的长远发展来看,我们要优化农户回应能力,推动带动升级为联动,促进不同农业经营主体协同发展。脱贫攻坚侧重于规模经营主体带农增收脱贫的能力培养与制度激励,以贫困户增收脱贫为核心目标,强调规模经营主体对小农户的带动作用。但乡村振兴则需要更加注重规模经营主体与小农户的协同发展(熊磊,2020;李计平,2021)。我们要在"脱贫增收"的基础上进一步补强"增能赋权"的新维度,要着眼未来提升小农户适应环境变化的能动性与可持续能力,更好地体现"授人以渔""助人成长"的新内涵与新目标,防范脆弱小农户可能出现的相对贫困问题。我们不仅要关注新型农业经营主体的带动作用,还要注重优化农户回应,消减小农户面临的信息不对称和资源缺失,发掘小农户内在的潜能、资本、活力以及对环境变动的应对能力,提升小农户的回应能力。这样才能把外部带动作用和政策支持转化为普通农户的内生发展能力,推动家庭经营的小农户与规模化经营的新型农业经营主体实现共同成长、平衡协作和良性互动,使过去产业扶贫中偏重于单项作用的"带动"转变为乡村振兴背景下注重合作共赢的"联动",促进不同规模农业经营主体的协同发展,营造多主体良性互动、协同共生的健康的农业产业生态,促进乡村产业振兴。

(三)新型职业农民的培育机制创新与中介功能发挥

新型职业农民作为农业农村现代化进程中的能动性发展力量,是新型农业经营主体与小农户这两类农业经营主体互动关联的关键中介。他们一方面联结小农户,与小农户有密切的经济与社会文化联系,因为许多小农户在发展过程中不断成长为新型职业农民或准新型职业农民,不再局限于过去自给自足的传统农业耕作,而是具备更高的文化素质和生产技能,也具有更强的职业素质和市场导向;另一方面,新型职业农民联结新型农业经营主体,是新型农业经营主体这一法人行动主体的主要人力资源。因为就现实层面而言,他们往往是新型农业经营主体的创办领办人、技术和生产管理骨干,在新型农业经营主体工作的村民更有可能接受现代市场意识的熏陶和农业技术的培育而成长为新型职业农民，在条件允许的情况下，成长起来的新型职业农民又会创办或领办家庭农场、专业合作社等新型农业经营主体。因此，从农业农村现代化的整体视角来看，要推进新型农业经营主体带动小农户协同发展，就要特别注重"人"这一核心要素的能动作用，不断创新新型职业农民培育机制，充分发挥新型职业农民的中介功能，以促进新型农业经营主体和小农户两种经营主体的相互融合与协同发展。

1. 新型职业农民的精细化引导与正面作用发挥

按照前述研究结论，新型职业农民作为以现代农业为生的职业化从业人员，既具有共性也具有差异性。根据他们参与乡村社会治理的路径差异，有保护型新型职业农民和营利型新型职业农民两个基本的理想类型划分。从实践层面来看，新型职业农民对乡村社会治理与小农户发展也具有两面影响，并非一定发挥正面作用。因此，要真正发挥新型职业农民在新型农业经营主体与小农户协同发展中的中介作用，就要基于新型职业农民的群体特征，对新型职业农民进行精细化的政策引导和支持，激发他们产生对乡村社会治理与小农户发展的正面功能。

（1）发挥政策对不同类型新型职业农民的托底保障作用

自2012年中央一号文件提出"大力培育新型职业农民"至今，只有十年时间，新型职业农民培育在我国仍是新生事物。面临土地、资本及市场竞争等挑战，职业农民培养迫切需要政府政策支持（Freedgood and Dempsey，2014；夏益国、宫春生，2015）。新型职业农民的生成不是靠单一因素推进的，而是需要复杂的社会环境，诸如较高的经济收入、必要的社会尊重及包括政府的支持与保护、农业教育等在内的配套措施（朱启臻、胡方萌，2016）。当前，我国的新型职业农民正面临土地流转与融资困难、农产品生产成本上升、部分农产品价格持续走低等挑战。这极大限制了新型职业农民的成长及作用发挥，因此，发挥政策对新型职业农民的托底保障作用是当务之急。在前述案例中，江西省YC市FN种养专业合作社的理事长PFN就向研究者反映，她的合作社面临的主要困难一是资金投入大。过去两年来，合作社合计投入200多万元。除了购置农业机械外，生产经营成本也较高，但利润率很低。农机设备的

第六章 乡村振兴背景下新型农业经营主体带动小农户发展的对策建议

维修成本较高，每出现一次故障，少则三四百元，多则几千元。而且农机设备的使用寿命一般不长，更新换代也比较快。二是农业生产的基础设施投资大，回报率低。烘干机在购买时有国家政策补贴，但是在安装时涉及很多额外的配套投入，如场地租赁、钢架棚、守护人员雇用、场地硬化等。她的合作社2015年为安装烘干机就额外追加了将近60万元的投资，其中包括场地租赁费18万元（每年1.8万元，10年租金一次性交清）、钢架棚26万元、场地硬化13万元。来年春耕时合作社又要发放田租60多万元，农药、种子、化肥等需大概60多万元。尽管FN种养专业合作社的情况有一定特殊性，但体现了新型职业农民成长初期面临的共性问题，反映出新型职业农民在成长过程中遇到的困难与经营环境等基础性政策支持有很大关系。政府应切实了解他们的需求，制定完善的保障性政策，发挥好政策的托底作用。保障性政策的完善关乎整个新型职业农民群体的培育和成长。结合我国城乡二元结构及农村发展实际，政府可在市场准入、金融服务、财政补贴、用地用电、技能培训等方面采取政策措施鼓励农民工返乡创业，重点激发与农村有天然社会联系的农民工群体加入新型职业农民队伍，鼓励有意愿加入现代农业且对农村发展有情怀且有认同感、责任感和价值诉求的城市市民加入，从创业环境、社会保障、风险防范等方面为其解决发展的后顾之忧，为新型职业农民群体的壮大特别是保护型新型职业农民的成长及正面作用发挥奠定坚实的政策基础。发挥政策的托底保障作用还有两个方面需要重视：一是保障农村中未列入新型职业农民培育对象的弱势村民的收益空间，防止他们陷入相对贫困；二是预防新型职业农民因投资失利和经营风险等而陷入贫困。

（2）发挥政策对不同类型新型职业农民的差异化激励引导

营利型新型职业农民与保护型新型职业农民的行为动机不同，参与农村治理的意愿和逻辑也有差异。因此，政府在针对整个新型职业农民群体进行职业道德、社会责任、价值观等方面教育培训的同时，要针对两类新型职业农民的群体差异制定差异化的政策措施，特别是激励性措施，做到因材施策、有的放矢。激励性政策干预的主要目的是充分激发新型职业农民的主动性，促进其发挥积极作用，特别是要激励保护型新型职业农民的作用发挥，同时激励引导营利型新型职业农民向保护型新型职业农民转化，或者使营利型新型职业农民具有更多"保护型"因子，使他们在维持正常生产经营的同时愿意在一定程度上关注当地农村社区，使其更有积极性协同农户一起发展，有更大动力通过履行社会责任赢取市场价值。激励性政策干预的关键是构建合理的利益协同机制，使保护型与营利型两类新型职业农民与当地村民有更深入的利益连带。政府部门可通过税收减免、农机种子补贴、项目分配与验收、试点示范、业务培训、贷款贴息等政策措施，促进形成"农民入股+保底分红""公司+农户+合作社""职业农民+贫困户"等多样化的利益协同及帮扶带动模式，使新型职业农民服务地方、带动农户发展的行为获得制度化的激励，得到实实在在的收益。这样就可以做到一方面让营利型新型职业农民意识到国家政策干预框架下市场效益与社会效益的一致性，促进他们产生更多的社会责任行为，具有更强的"保护型"色彩，进而转变为保护型新型职业农民；另一方面促进保护型新型职业农民在当地村庄社会的价值认同、资源投入和利益共享，并使其亲村庄社会的行为获得更实在的收益回报，在当地社会获得更好的社会评价、更高的文化赞誉。也就是说，肯定保护型新型职业农民的社区价值，为保护型新型职业农民的成长构建坚实的社会保护机制。《经济日报》提到的现代农业产业经营中公司与农户一起发展的案例，对激励性政策干预中的利益协同机制构建具有启示意义。该案例发生在2013年。X公司在农村投资建设猕猴桃种植基地，流转了村民的土地，还雇用村民参与生产经营。起初，该公司未充分考虑村民利益，使村民在种植基地经营中获益有限，积极性不高，公司发展受到制约。后来，X公司改变了与村民的利益共享模式，使村民通过土地经营权入股等方式每年都能获得保底分红，实现了公司与农户的共赢。公司也因此在当地农村实现了稳定发展。

同时，政府要注重发挥政策的负向激励与引导作用，约束营利型新型职业农民的过度理性化及不当市场行为，通过政策措施干预防范营利型新型职业农民对当地村庄获利机会的侵占，防止外来规模化的新型农业经营主体侵占"中坚农民"成长所需的获利空间和社会基础（贺雪峰，

2015b）。在项目制成为我国重要的治理体制和政策实现机制（渠敬东，2012）的现实背景下，政府要重视国家支农扶农过程中"项目进村"的农户回应与实际成效，制定针对性的有明确奖惩的政策措施，防止营利型新型职业农民对支农扶农项目资源的截取，治理"精英俘获"问题，使国家扶贫及其他支农资源能在村庄落地并惠及大多数小农户，并真正服务于小农户的脱贫致富及新型职业农民的健康良性成长。

2. 社会工作介入与新型职业农民培育机制优化

新型职业农民培育机制优化是其正面作用发挥的重要基础和保障。在既有的培育实践中，依托新型农业经营主体推动新型职业农民培育是一条重要路径，或者说，新型农业经营主体培育和新型职业农民培育可以实现联动。与此同时，政府的大力推动和政策支持在现有的新型职业农民培育中发挥着主导性作用。但是纵观现有的培育实践，新型职业农民培育仍然存在培育主体和培育资源碎片化、培育对象识别与遴选缺乏精准度、培育对象的主动性和潜能无法有效发挥、培育效果跟踪评价存在缺失等现实问题。这些都制约了新型职业农民的健康成长与作用发挥。因此，吸纳社会力量参与、创新和优化新型职业农民培育机制势在必行。

社会工作作为一种现代社会的重要制度设置及专业化力量，是理念、制度、组织、方法和人才的多元综合体，在我国弱势群体帮扶及促进服务对象成长等方面已经体现了重要而独特的专业价值，受到了政府与社会公众的肯定。其秉持"以人为本、助人自助、公平公正"的专业价值理念并采用个案、小组、社区等专业工作方法，以改善和提升服务对象的社会功能为核心目标。简而言之，社会工作的专业特性契合了我国新型职业农民培育的现实问题及需求。因此，社会工作可协助政府部门推动新型职业农民培育机制创新，提高新型职业农民培育的精细化与专业化水平，推动新型职业农民培育和新型农业经营主体培育协同并进，使新型职业农民更好地发挥在新型农业经营主体和小农户双向互动中的中介与融通作用。

（1）社会工作介入新型职业农民培育的主要价值空间

一是增强培育主体的多元化和协同度。社会工作致力于用科学的专业方法改善服务对象的社会功能。其"助人自助"的行动理念及教育小组、社区教育等实务方法使其可以发挥对服务对象的教育引导功能，使社会工作者成为新型职业农民教育培训和角色转型的有力支持者、协助者与推动者，也使社会工作者与社会工作服务机构成为新型职业农民培育过程中区别于地方政府的专业化推动主体。社会工作对专业理念和目标的秉持可以与政府部门的行政绩效导向、企业组织的市场利润导向形成有效互补，促进培育主体和资源供给的多元化。同时，通过人员培训、岗位设置、项目购买等方式引入和渗透社会工作元素，可使基层政府部门在发挥职能时更多地采取"助人自助""平等协商"等专业化方式，更充分尊重其他行动主体的利益与想法，有利于构建不同主体有序协作、共同参与的实践体系（李耀锋、赵玲玲，2015），推动新型职业农民培育主体的多元化和协同度，避免由培育主体单一化或碎片化带来的负面效应及潜在风险，也有利于新型职业农民培育和农村治理结构优化的协同推进。

二是提升培育对象识别与遴选的精准度。社会工作的专业服务都是以科学理论作为基础和指导的。生态系统理论是社会工作的重要理论基础。它强调社会工作在提供服务时要全面分析服务对象所处的环境及其与不同层面环境之间的关系（李晓凤，2008）。这使社会工作在介入新型职业农民培育时更加注重与村"两委"、村民及潜在培育对象的互动沟通，在家庭、社区、社会等多层面环境中更为精准地识别新型职业农民培育对象的资源条件、社会支持、内在诉求和发展优势，为培育过程的精细化奠定坚实基础，避免既有的培育对象遴选过程因主要依靠农业部门和农技站而导致遴选出现偏差的情况，更为精确地了解贫困户的致贫原因、生活困境、内在需求和自身优势。与此同时，社会工作强调深入实际情境及科学方法的使用，因此可与政府有关部门工作人员优势互补、协同工作，在精准识别和遴选培育对象的同时，结合培育对象的产业类型、发展历程、资源条件、生活环境等更精细地分析培育对象的境况，设置更精准化和人性化的培育计划。

三是激发培育对象的主动性与潜能。作为秉承"以人为本"理念的专业力量，社会工作的理论基础还包括人本主义理论、赋权理论和优势视角等（李晓凤，2008）。人本主义理论肯定人的价值，强调服务对象的中心地位；赋权理论着眼于增强服务对象解决问题的信心和能力；优势视角重视服务对象自身及环境两方面的优势，并努力推动服务对象识别和发挥这种优势。这些理论在社会工作实务过程中的贯彻实施赋予社会工作一种特殊的干预模式和实践影响力，使其在为新型职业农民培育对象提供专业服务的过程中不再单一地看到新型职业农民培育对象知识和技术上的不足，而是能更多看到他们自身或所处环境中的优势，努力协助他们主动有效地发挥这些优势，完成社会角色的成功转型及其对不断变动的生产经营及社会生活环境的良好适应。同时，这些理论的应用也使培育工作不再局限于知识技能培训和硬性指标的完成，而能更好地以新型职业农民培育对象为中心，尊重其内生需求，挖掘其潜在能力和社会价值，推动培育形成的新型职业农民实现参与社区治理、扶危济困、带动村民发展等多方面社会功能。

四是补强培育效果跟踪评价的缺失。社会工作具有明确的专业价值目标，非常看重服务质量的稳定性与可持续改进。这使它不仅重视服务过程的科学性与人性化，同时重视对服务效果的全方位评估，并以此作为进一步改善服务质量的起点。社会工作评估涵盖了过程评估与效果评估等类型及由评估手段、实施流程、价值伦理等构成的规范体系（顾东辉，2009）。其对新型职业农民培育过程的介入可以保障培育效果评价的细致深入、科学合理，补强新型职业农民培育在效果跟踪评价方面的不足。当前，对新型职业农民培育的评价主要在行政绩效评价框架内进行，侧重于培育文本的完整性、培育流程的规范性、培育指标完成的充分度及培育经费使用的合理合规等，对培育对象在价值观念、思维方式、社会关系、发展潜力、资源支持等方面的深层改变尚缺乏精细化的评价，特别是未能做到科学有效的动态跟踪。这会制约新型职业农民培育质量的提升。新型职业农民培育并非一时的应急举措，而是我国推进农业农村现代化过程中的一项基础性和长期性事业，肩负着为乡村振兴提供人才支撑的重要使命，需要长远规划与稳步推进。这必然要求我们对培育效果进行精准化测评并对培育过程进行精细化安排，而不仅仅停留于培育指标完成及少数成功案例的示范宣传层面。

（2）社会工作有效介入新型职业农民培育的促进机制

一是优化地方政府职能部门的素质结构与绩效评价。在农村社会工作的发展及其对新型职业农民培育的介入过程中，农业农村局等地方政府职能部门始终是关键推动者与资源联结者。因此，政策支持的切入点首先应该是优化地方政府职能部门的素质结构与绩效评价，让地方政府工作人员具备更全面的素质，更善于在乡村振兴背景下综合运用行政化、专业化及社会化力量开展工作，推动农业现代化发展与乡村振兴战略的实施。绩效评价的优化可使他们更有动力不断推动社会工作发展及提升新型职业农民培育成效。目前，地方政府不仅发展社会工作的激励不够，推动新型职业农民培育的政策激励也比较有限。调研显示，在一些地方市县前些年的科学发展综合考核评价指标中，新型职业农民培育在"现代农业发展"指标打分中只占2分，且内容设定为"设区市县党委、政府出台新型职业农民培育相关文件且完成年度培育任务的得2分"。显然，测评力度是不够的。在实践过程中，地方政府可对相关职能部门工作人员进行社会工作专题培训，增进地方政府工作人员对社会工作的认知和运用，也可在新型职业农民培育经费中开列"社会工作服务"条目，补强对社会工作发展的政策支持与资源投入。

二是加强农村社会工作人才与服务机构的培育。推动社会工作介入新型职业农民培育的关键点是农村社会工作人才与服务机构的培育。当前，农村社会工作人才与服务机构的发展及社会工作对农村问题的干预主要靠试点地区和单位建设、高校挂点实习、城市社工机构对口支持等方式推进。尽管这些年政府购买服务的快速推进为农村社会工作人才与服务机构的成长提供了有力支持，但这种支持更多是资金方面的。社会工作人才和服务机构的能力建设还较弱。新生的社会工作服务机构缺乏稳定有序的治理结构和制度支持，往往呈现出随项目波动的不稳定状态。因此，政府一方面要继续调整向社会力量购买社会工作服务的政策设置，发挥"项目育人""项目育机构"的功能，考虑通过专项拨款或将社会工作费用纳入扶贫、教育、新型职业农民培育等制度性财政拨款之中，带动社会工作人才和服务机构成长；另一方面要重视农村社会工作人才梯队建设，对村干部、返乡农民工、当地大中专毕业生等进行社会工作培训，鼓励他们参加社会工作者职业水平考试，同时与城市社会工作服务机构合作，在农村社区开展社会工作督导和培训，努力培育对农业农村发展有一定情怀、愿意在农村或乡镇长期稳定工作的社会工作人才队伍。

三是提升社会工作服务新型职业农民培育及乡村振兴的专业能力。我国大力推进的新型职业农民培育及乡村振兴战略为农村社会工作提供了巨大的需求空间，迫切需要农村社会工作具备与之匹配的回应力和胜任力。当前，我国农村社会工作存在采用单一视角分析农村社会问题、机械套用西方社会工作方法、缺乏长期系统的跟踪性实验研究、对农村社区及农民群体的社会文化缺乏深入研究等问题（郭占锋、李卓，2017）。因此，我们需要系统全面提升社会工作的专业能力，体现对不断变动的农村社会需求的灵活回应能力，使农村社会工作既能顺应国际社会工作发展趋势，也能充分立足我国农村经济与社会发展的实际情况。在服务农村和农民的过程中，社会工作者除了要细致理解村落文化的内涵和运作，敏感觉察地方性村落文化外，还需要自我反思专业知识的盲点和陷阱。只有这样，才能真正理解村民的行为规范，使专业的"助人自助"之道行之有效（古学斌等，2007）。在当前项目制成为我国重要的国家治理体制及政策实现机制的背景下，社会工作服务项目成为农村社会工作的主要实施载体及服务推进机制。社会工作专业能力的提升需要从农村服务项目实践中发现农村社区社会工作过程中存在的问题，重点从项目中不同利益主体间的权力利益关系及不同农民群体的参与程度等方面进行解析（郭占锋、李卓，2017），不仅要关注项目推动主体的诉求与行动逻辑，也要关注"项目进村"的实践逻辑与村庄回应（李耀锋，2016），找到农村社会工作专业能力提升的短板及切入点，使农村社会工作能紧跟时代发展步伐，及时回应新时代农村社会发展与乡村振兴中出现的新型职业农民培育等新的现实需求。

（四）社会工作的介入与小农户贫困脆弱性治理创新

我国当前已进入高质量发展阶段，注重以人民为中心推动国民经济与社会发展。因此，在新型农业经营主体与小农户的互动关系中，小农户是核心主体。他们是否能受益及受益状况如何都直接关系到发展的整体质量。具体到乡村振兴背景下新型农业经营主体带动小农户发展的现实过程而言，它并非单向和一维的发展过程，而是双向互动的系统过程，不仅要简单地提高增量向前看，也要注重向后看的贫困预防，防止部分弱势的小农户在这个过程中掉队，因为新型农业经营主体的带动是不均衡的，并非平均作用于所有小农户，而是有选择性的。总有一些小农户能更好地与新型农业经营主体建立利益联结，跟上现代农业发展的节奏；而另外一些小农户不能够很好地与新型农业经营主体建立利益联结，存在发展能力偏弱、资源支持不够等各种问题，从而面临发展困境，处于贫困脆弱状态。因此，乡村振兴背景下要实现以人民为中心的均衡协调发展，就必须有底线思维，关注可能掉队的小农户，防范小农户致贫风险。

党的十九届四中全会提出要"坚决打赢脱贫攻坚战，巩固脱贫攻坚成果，建立解决相对贫困的长效机制"。2020年以后，我国仍面临治理相对贫困问题的挑战（黄承伟，2019），而小农户相对贫困问题的治理正是其中的关键。在我国农业农村现代化加快推进的新形势下，由于生产生活环境变动及自身资源条件的限制，小农户具有一定的贫困脆弱性。小农户的贫困脆弱状态使他们很容易重新陷入相对贫困，成为乡村振兴的风险因素。处于贫困脆弱状态的小农户缺乏主动发展的资源和能力，难以与新型农业经营主体形成积极有效的交换与互动。这会直接影响到新型农业经营主体带动小农户协同发展的质量。社会工作是现代社会改善基本民生、服务弱势群体的重要专业化与职业化力量，其发展过程与贫困问题治理密切关联，其价值理念、服务模式和工作方法等专业特性契合了农村贫困问题治理的需求（王思斌，2017）。社会工作是创新小农户贫困脆弱性治理的重要制度和机制，可提升小农户的内生能力并优化小农户发展环境，提高小农户的发展主动性和效能感，促进小农户更好地适应不断变化的市场与社会环境。

1.农业农村现代化背景下小农户贫困脆弱性的基本成因

在当前我国农业农村现代化快速推进的过程中，农村社会进行着急剧的转型与分化。外部力量持续不断地介入农村社会,带来了农村社会结构与文化价值的深刻变动。作为以家庭为单位分散经营的小农户不仅要经受来自外部市场环境的冲击,还要在一定程度上受到自身能力和资源不足的束缚。于是部分小农户难以跟上发展节奏,容易陷入贫困脆弱状态。

第一,从小农户经受的各种外部冲击来看,外部冲击带来的影响既包含有利因素,也包含不利因素。例如,当突然获得地方政策扶持时,小农户虽得以增收,但需要对相关经营措施做出改变来适应政策的变化及要求。这使他们不得不承受在改变过程中耗费的时间成本与机会成本,从而对小农户的回应能力提出了挑战。在遭遇恶劣天气或者其他灾害影响时,小农户即使得到政策的补助或者扶持,但仅依靠现有钱财、自身能力等资源或许不足以应对和承担损失。特别是在农村社会内部分化与公共性缺失的背景下,小农户更易遭受外部冲击的负面影响,且这些冲击何时到来及给小农户可能造成的损失难以预估。

第二,从小农户自身的能力和资源来看,小农户分散经营的农业劳动使其生产效率相比于规模化经营的现代农业而言较为低下,生产经营规模小可能导致他们仅能维持基本的生活而无法做到有效增收。另外,在从事现代农业生产的过程中,小农户还要面对自身所有耕地面积少、技术条件相对薄弱、外部项目资源支持有限等局面,难以与标准化、规模化的市场经营主体进行竞争。在享受政策扶持时,资源总是向新型农业经营主体倾斜。在销售贸易时,小农户不仅难以对接,而且无法适应国际性大市场的贸易竞争。上述因素都显示出小农户自身能力和资源的不足。这也使其在农业经营中处于弱势地位,甚至可能被淘汰。

总之,乡村振兴背景下的小农户一方面面临着巨大的政策支持和发展机遇,比以往有更为充分的条件来满足生活需求及实现可持续的生计发展,是未来实现农业农村现代化的基本主体力量;但另一方面,由于其自身能力和资源与快速变动的外部环境之间的错位,部分小农户不可避免地陷入致贫风险增大的现实困境,出现贫困脆弱状态,如果不采取有效措施进行干预,则很容易陷入贫困,这会增加乡村振兴战略的潜在风险。因此,小农户贫困脆弱性治理是乡村振兴战略必须面对的重要议题。只有对小农户贫困脆弱性进行有效治理，使小农户分享发展成果，才能使乡村振兴战略平稳有序推进。

2. 社会工作参与小农户贫困脆弱性治理的基本路径

当前，我国在社会治理创新框架下大力发展专业社会工作，力求不断改善民生，服务弱势群体及其他有需要的社会群体，促进城乡社区发展与社会治理创新，使社会工作不断体现出独特的专业价值。特别是在参与贫困治理方面，社会工作已经展现出显著的实践成效，在国内已涌现出不少社会工作促进贫困人口脱贫致富的成功实践案例。在面对小农户贫困脆弱性治理问题时，农村社会工作具有丰富的理论知识与服务模式，其价值理念和工作方法契合了小农户贫困脆弱性治理的问题与需求，可发挥独特价值。例如，个案工作能有效帮助小农户个人和家庭解决或预防贫困问题；小组工作能有效协调小农户之间以及他们与新型职业农民之间的关系，促进乡村社会团结；社区工作能在了解乡村社区中小农户贫困脆弱状态的基础上，利用社区已有资源，争取其他乡镇或社区以及上级政府帮扶，帮助乡村社区解决问题，营造和谐的社区文化环境。上述具体工作方法的运用都体现了社会工作参与小农户贫困脆弱性治理的独特优势。社会工作参与小农户贫困脆弱性治理的基本路径主要体现在以下三个方面。

（1）提升小农户应对环境变动的内生能力

小农户能力提升是小农户贫困脆弱性治理的关键点。社会工作的服务理念与方法非常重视对服务对象的潜能激发与能力增强，有利于提升小农户应对环境变动的内生能力。以优势视角为例，优势视角是社会工作服务的重要理论，可为社会工作参与小农户贫困脆弱性治理提供有力的思维导向。首先，优势视角下的社会工作重视增强小农户的主体性。基于优势视角的社会工作在服务过程中以服务对象为本，在参与小农户贫困脆弱性治理的过程中坚信小农户群体有自身的潜能和优势。而且社会工作者能够与其建立平等合作的专业关系，发掘他们的内生资源，提升小农户群体的自我认同感与效能感，增强其社会功能并去除被贴上的"无能""贫穷""被动"等问题标签，达成"去标签化"的目的，帮助小农户找回尊严。其次，优势视角下的社会工作重视提升小农户的抗逆力。我国现有的贫困脆弱性研究与实践更多是从问题出发，关注对象的现实困境，忽视了其自身的内在优势。社会工作重视提升小农户的抗逆力，关注小农户在逆境中的积极反应，从小农户自身、家庭及周围环境入手，通过识别优势、了解困境、制定措施、干预问题等一系列行动激发志气和增强自信，提升小农户的抗逆力（王泽莉、康永征，2019），使小农户坚信困境终能得以破解。

当前，我国农村面临的发展环境日益复杂，身处其中的小农户要面对的环境变动及其需求都是多方面的，体现出综合性的特征。因此，我们要立足整体视角提升小农户的内在能力。在社会工作者面对综合性、复杂性的问题时，赋权理论常被运用于问题的解决。赋权理论在社会工作实务模式中关注服务对象的身体、知识、道德、心理等不同层面，主张推动服务对象的"自我赋权"。在社会工作参与小农户贫困脆弱性治理的进程中，"自我赋权"可以通过社会工作从不同层面进行干预，将外部帮扶逐步转化为小农户的自我增能。首先，在身体素质方面，对主要从事繁重体力劳动谋求生计的小农户来说，健康是他们最为关注的一点，也是让他们陷入贫困的主要原因。赋权理论下的社会工作强调预防疾病和日常保健，以提升小农户健康管理意识和能力。社会工作者可通过知识讲座、视频放映、入户宣传、社区教育等形式让小农户掌握必要的医疗常识，并给予一定的指导。其次，在知识素质方面，从事农耕的小农户普遍文化知识素质偏低，在面对现代农业科技发展时容易不知所措，失去竞争优势进而被边缘化，最后陷入贫困。社会工作强调小农户自主学习与成长，可协助小农户拓宽视野，联合当地学校对小农户开展相关农业知识技能培训。再次，在道德素质方面，不良风气与习俗在农村时有发生（孙晓珍，2018），会在不同程度上给小农户造成不必要的经济与社会负担，还有可能使其陷入贫困。社会工作关注小农户的道德素质提升与乡村文明建设。农村社会工作者可通过个案、小组与社区等专业方法，利用专业知识增强小农户的反思性，让小农户远离不良风气和习俗。最后，在心理素质方面，小农户要承担来自社会和家庭的压力，由压力造成的心理问题得不到重视，将影响小农户的生产积极性与生活幸福度。这些都潜移默化地增加了小农户陷入贫困的可能性。社会工作者能在深入探访过程中了解小农户内心的真实状况，对出现心理偏差或适应障碍的小农户予以关心和帮扶，必要时帮助小农户联系专业心理师进行治疗和辅导，增强小农户的心理调适能力。

（2）增强小农户参与农村社区发展的意愿和效能

农村社区是小农户生存与发展的基本时空情境。在社区中的资源获取能力、对社区发展的参与度以及在社区治理中的话语权等因素影响着小农户的主观感受与对抗风险的能力，也影响到他们可能遭受的外部冲击的类型与强度。同时，社区环境的不断改善可为小农户贫困脆弱性的消减营造良好的社会氛围，增强小农户的自助互助能力。社区是社会工作开展服务的重要社会情境。社区工作方法是社会工作的主要工作方法，可提升小农户对农村社区发展的参与意愿和效能，从而促进小农户贫困脆弱性治理。以社区社会工作的地区发展模式为例，该模式强调通过动员、鼓励居民以自助及互助合作的方式广泛参与社区事务，有效利用社区资源来满足自身和社区的现实需求，解决社区问题，推动社区发展（纪芳，2017）。社会工作的地区发展模式以乡村资源的整合与小农户能力的发展为切入点，旨在通过调动小农户整合运用各类乡村资源解决问题的过程提升小农户自助、互助精神和解决实际问题的能力，同时优化小农户所处环境及其与周围环境的互动，促进小农户的社会功能实现，降低其陷入贫困的潜在风险。这与小农户贫困脆弱性治理的理念和目标是契合的。

地区发展模式指导下的社会工作干预可以有效促进小农户对农村社区发展的参与，从而促进小农户贫困脆弱性治理，在具体实践中可有不同操作方法。首先，社会工作者可先通过接触小农户所在农村社区的相关人员和组织机构，与村"两委"、小农户和新型职业农民群体进行访谈交流，建立关系。社会工作者可运用深度访谈法、问卷调查法等方法对小农户贫困脆弱状态的相关资料进行收集并分析，针对不同小农户面临的现实困境、需解决的问题和群体需求进行划分，为贫困脆弱程度不同的小农户制定不同的服务方案。其次，社会工作者可组织动员村"两委"做好活动宣传与筹备工作，根据制定的服务计划充分调动可利用的资源，争取其他外部资源开展活动，帮助小农户群体与新型农业经营主体（尤其是农民专业合作社和地方农业企业）进行互动和对接。在这个过程中，社会工作者不仅要让小农户积极参与以培养和提升其解决自身问题的自主精神和能力，也要挖掘和培养有特长、有能力的精英小农户，重视并发挥社区中精英的积极作用，为农村社区保障体系建构做出贡献（王文才，2013）。最后，社会工作者要对为不同贫困脆弱程度小农户所提供的服务效果进行评估与反思，发现不足与有待改进之处，同时提供跟进服务，确保小农户能持续有效地降低致贫风险。

（3）优化小农户的社会资本与社会处境

社会工作的核心目标是修复和改善服务对象的社会功能，常用的工作思路是对服务对象的社会关系网络进行干预和调节，帮助服务对象链接资源，优化服务对象与环境的互动。具体到小农户贫困脆弱性治理实践，社会工作者要致力于改善小农户之间以及小农户与农村其他群体之间的相互支持，立足小农户的需求构建小农户贫困脆弱性治理的社会支持网络。社会资本是蕴含在小农户社会关系网络中可供小农户调取的社会性资源，按照层次与功能的不同，可分为小农户的个体性社会资本、家庭社会资本与农村社区层面的集体性社会资本。它们对小农户维持生计发展、心理调适、环境适应以及参与农村治理都有积极的支持功能。社会工作者可通过优化小农户的社会关系网，使小农户从社会关系网中获得更多的尊重、信任、合作等社会资本，从而改善小农户的社会处境与发展际遇，进而增强小农户对外部风险冲击与贫困脆弱状态的免疫能力。

社会工作可从以下两方面着眼，优化小农户的社会资本与社会处境。首先，利用乡村内部社会资本。社会工作者要考虑到现代农业发展进程中小农户之间及其与新型农业经营主体之间的联结方式，同时重视乡村不同群体间的团结程度和信任网络，要针对小农户所缺乏的社会资本类型采取不同的措施。针对缺乏关系型社会资本的小农户群体，社会工作者可以联系村"两委"为其链接必要的资源，引导该类小农户改善自身关系状态，优化其在社会关系网中的位置，提高他们对社会资源的占有水平；针对缺乏组织型社会资本的小农户群体，社会工作者可以联系地方政府部门及相关社会组织，促进农村社会组织的发育，特别是小农户自助互助组织的发育。这些举措都能有效促进小农户的社会资本积累，改善其生产经营状况，进而降低其贫困脆弱性。其次，构建良好的乡村公共文化网络。基于社会资本视角的社会工作者可根据当前乡村公共文化建设中的社会资本存量，来增强和提高农村居民的共同体意识和文化合作能力（李少惠、王晓艳，2009）。构建良好的乡村公共文化网络有利于涵养小农户健康向上的精神风貌与合作共赢的发展理念，也有利于农村合作组织发展并实现民主管理。社会资本中的信任网络也能促进小农户与新型职业农民之间形成合作生产，而且这种关系互惠的社会资本能促进新农村的团结互助和乡风文明（郑富年、黄志坚，2011），对保障小农户与现代农业发展的有机衔接具有重要的现实意义。

3. 社会工作参与小农户贫困脆弱性治理的保障条件

（1）完善政策与制度设置，为社会工作的作用发挥提供基础性支持

社会工作的作用发挥具有较强的政策与制度依赖性，因此要保障社会工作参与小农户贫困脆弱性治理的有效性与可持续性，就必须要加强政府的作用发挥，推动相关政策与制度设置的完善。政府应特别立足于乡村振兴战略与应对相对贫困的新目标，完善政府购买服务、社会组织发展、专业人才培育等方面的政策与制度，为社会工作参与小农户贫困脆弱性治理提供基础性支持，特别是在当前我国农村社会工作发展还不够成熟且小农户贫困脆弱性治理尚未得到普遍共识的情况下。政府要立足整体性治理理念对小农户贫困脆弱性治理进行统筹推进，充分发挥包括政府、社会组织、农村社区、小农户、新型农业经营主体等不同行动主体的作用，不断创新小农户贫困脆弱性治理的政策与制度支持。具体而言，当前我国小农户贫困问题具有复杂性与综合性。这要求政府推动形成涵括政府主导、地方配套、社会帮扶、自力更生的整体性制度框架，从资金、法律等方面提供制度性保障（张志国，2015）。在全面脱贫攻坚战中，精准扶贫和精准脱贫的指标配额管理主要瞄准贫困线以下群体，导致贫困脆弱人群被排除在扶贫政策之外（罗绒战堆、陈健生，2017）。这是在2020年我国实现脱贫攻坚目标并迈向全面推进乡村振兴战略的新形势下必须要补强的短板。政府需通过扎实的摸底调查精准识别贫困脆弱人群并基于贫困脆弱人群所面临的问题与需求完善政策与制

度，通过组织孵化、人才培养、项目购买、政策激励等诸多方式引入包括社会工作在内的社会力量，巩固农村社会工作作用发挥的政策与制度基础，促进社会工作在小农户贫困脆弱性治理中发挥作用，构建小农户贫困脆弱性的预警与防护体系，更精准地保障处于贫困脆弱状态、致贫风险大的小农户能更好地享受国家政策帮扶与社会工作专业力量的有效协助。

（2）促进农村社会工作发展，提高社会工作服务小农户的专业能力

社会工作自身是否有足够的专业能力响应乡村振兴背景下小农户的需求及其面临的现实问题，是社会工作能否有效参与小农户贫困脆弱性治理的一个关键影响因素。整体来看，我国农村社会工作发展还相对较为迟缓，获得的资源支持相比于城市而言也较为有限，社会工作服务机构培育和专业人才队伍建设还存在诸多限制与短板。因此，面对乡村振兴战略的新需求，我们必须加强农村社会工作发展，提高社会工作服务小农户的专业能力，促进小农户生活质量的提升。首先，从社会工作专业人才培育的角度来看，高等学校与社会工作服务机构都是社会工作专业人才培育的重要场所。我们应重视培养农村社会工作专业人才立足农村实际需求的问题意识和人文关怀理念，使社会工作专业人才深刻理解我国"大国小农"的国情、农情及小农户的需求，而不是机械套用西方理论知识或工作模式。其次，农村社会工作专业人才的培育要注重其对乡村社会文化的敏锐感，使其善于透过农村社会现象发掘本质问题与内生需求，从而使社会工作介入方法与实施过程真正扎根于乡土社会。再次，社会工作专业人才须加强自主学习，尤其要重视对农业农村和农民相关的专业理论知识的学习。此外，社会工作者还应重视在为小农户提供服务的过程中对专业价值、工作方法与职业操守等的反思。最后，从社会工作服务机构的角度来看，社会工作服务机构是农村社会工作开展的实施主体，是联结地方政府、小农户群体、专业社会工作者及其他社会群体的组织纽带。因此，如何扎根乡土社会培育孵化具有良好胜任能力的社会工作服务机构成为一个关键点。它不仅影响到社会工作服务机构为小农户提供的专业服务质量，也影响到社会工作服务机构对农村治理的参与效果，需要社会工作服务机构在本土服务实践中不断摸索创

新。地方政府职能部门可以推动设立试点，依靠当地高校、城市社会工作服务机构援助建立农村社会工作服务站并输送专业社工人才。政府可在行政村设置社会工作服务点，通过社工服务站整合社会资源，提供常态化的专业服务，帮助农村居民加强能力建设与资源链接，改善生活质量（王洪燕，2019）。

加强小农户贫困脆弱性治理，有效防范小农户致贫风险，是实现党的十九届四中全会提出的"打赢脱贫攻坚战，巩固脱贫攻坚成果，建立解决相对贫困长效机制"目标的重要路径。总体来看，小农户贫困脆弱性问题主要应归结于小农户自身资源或能力不足和外部环境冲击两个基本方面。由于缺乏必要的资源或能力应对外部风险，身处经济与社会变动中的小农户的贫困脆弱性问题具有一定的复杂性和长期性，所以我们必须不断创新小农户贫困脆弱性治理的路径。秉持"以人为本、助人自助、公平公正"价值理念的社会工作已在精准扶贫过程中发挥了独特而重要的作用，也必将在未来小农户贫困脆弱性治理中彰显专业价值。社会工作者可通过专业的方法和技巧优化小农户生存与发展的社会环境，协助小农户激发内在潜能及盘活现有发展资源，寻找新的发展契机，从而提升小农户的整体发展能力，在降低小农户致贫风险的同时提升小农户与新型农业经营主体协同发展的能动性。

附录：访谈提纲

1. 新型农业经营主体负责人访谈提纲

（1）您是本地人还是外地人？成立这个新型农业经营主体的缘起是什么？经历了一个什么样的过程？成立时地方政府有没有政策方面的支持？

（2）新型农业经营主体在土地流转、用工等方面与村庄有什么样的关系？新型农业经营主体的生产经营用到了村里的哪些资源？

（3）您平时都与村里哪些人打交道？您和村"两委"的关系怎么样？和普通村民的关系怎么样？

（4）您参加过村庄组织的活动吗？如果有机会参加，村里什么人邀请的？参加活动做什么？

（5）您平时与乡镇政府或地方行政主管部门有哪些交道？新型农业经营主体或您本人有没有获得政府授予的荣誉称号？

（6）在新型农业经营主体做工的工人来自哪里，有什么样的构成？当地人与外地人各占多少？您使用外地人和本地人各有什么考虑？本地工人和外地工人的关系怎么样？

（7）新型农业经营主体在用工和生产等方面对当地村民有哪些带动和帮扶？您是怎么考虑的？未来是否会有变化？为什么？

（8）新型农业经营主体都做了哪些对当地村庄有益的事情？起因是什么？过程是怎么样的？地方政府有没有参与？

（9）村里没在新型农业经营主体做工的人，哪些人的生活会受到新型农业经营主体的影响？都受了哪些影响？

（10）新型农业经营主体在帮扶带动村庄或村民过程中有什么实际困难？有没有政策方面的支持与保障？

（11）新型农业经营主体参与了哪些地方政府推动的农业农村项目？实施过程怎么样？新型农业经营主体、政府和村庄是怎么配合的？效果如何？

（12）关于新型农业经营主体和村庄还有地方政府的关系，还有哪些我们没有聊到？您还有什么需要补充的？

2. 在新型农业经营主体工作的村民访谈提纲

（1）您是从什么时候开始在这家新型农业经营主体工作的？主要做什么工作？报酬怎么样？

（2）您到这个新型农业经营主体工作的主要原因是什么？怎么去的？是通过公开招聘、熟人介绍还是村里推荐？

（3）自从您在这家新型农业经营主体做工，您的生活发生了哪些变化？

（4）这个新型农业经营主体的主要负责人是本地人还是外地人？当时成立的原因和过程您了解多少？

（5）这个新型农业经营主体有没有征用您家的土地？如果征用，每亩地的租金是多少？

（6）这个新型农业经营主体平常与村里都有哪些交道？在土地流转和用工方面与村里有什么关系？生产经营用到了村里的哪些资源？

（7）村里组织的哪些活动会邀请新型农业经营主体负责人参加？如果参加活动，新型农业经营主体负责人主要是做什么？

（8）在这里做工的工人都来自哪里？有多少是本地人，多少是外地人？本地工人和外地工人的关系怎么样？

（9）新型农业经营主体在用工和生产等方面对村民有哪些带动和帮扶？您觉得新型农业经营主体为什么这么做？带动的效果如何？您觉得未来是否会有变化？

（10）村里没在新型农业经营主体做工的人，哪些人的生活受到新型农业经营主体的生产经营影响？都受到了哪些影响？受影响的人是怎么应对的？有没有实际例子？

（11）新型农业经营主体都做了哪些对村庄有益的事情？您觉得新型农业经营主体做这些事的原因是什么？过程是什么？效果怎么样？

（12）新型农业经营主体在帮扶村庄或村民过程中有什么实际困难？发生了些什么事？新型农业经营主体这么做有没有获得政府的政策支持？

（13）关于新型农业经营主体与村里的关系，还有哪些我们没有聊到？您还有哪些要补充？

3. 不在新型农业经营主体工作的村民访谈提纲

（1）您以前有没有到这个农业新型农业经营主体工作过？如果有机会，是否想去那里工作？如果想去，是为什么？如果不想去，是什么原因？

（2）您有亲戚朋友在这家新型农业经营主体工作吗？他们是怎么认识和评价这家新型农业经营主体的？

（3）这个新型农业经营主体的主要负责人是本地人还是外地人？新型农业经营主体当初成立的起因和过程您了解多少？

（4）这个新型农业经营主体有没有征用您家的土地？如果征用，每亩地的租金是多少？

（5）这个新型农业经营主体平常与村里有哪些交道？在土地流转和用工等方面与村里有什么关系？它的生产经营用到了村里的哪些资源？

（6）村里组织的哪些活动会邀请新型农业经营主体负责人参加？如果参加活动，新型农业经营主体负责人主要是做什么？

（7）在这个新型农业经营主体做工的工人来自哪里？有多少是本地人多少是外地人？年轻人多一些还是老年人多一些？

（8）新型农业经营主体对村民有哪些带动和帮扶？您觉得新型农业经营主体为什么要这么做？效果如何？您觉得未来是否会有变化？

（9）村里没在新型农业经营主体做工的人，哪些人的生活受到新型农业经营主体的生产经营影响？都受到了哪些影响？受影响的人是怎么应对的？有没有实例？

（10）新型农业经营主体都做了哪些对你们村庄有益的事情？您觉得新型农业经营主体做这些事的原因是什么？过程是什么？政府有没有参与？效果怎么样？

（11）新型农业经营主体在帮扶村庄或村民过程中有什么实际困难？发生了些什么事？

（12）你是否喜欢这家新型农业经营主体？对它是否信任？

（13）关于这家新型农业经营主体与村里的关系，还有哪些我们刚才没有聊到？您还有哪些要补充？

4. 村"两委"干部访谈提纲

（1）您在村里主要负责什么工作？从什么时候开始担任村干部？

（2）这个新型农业经营主体的主要负责人是本地人还是外地人？新型农业经营主体当初成立的起因和过程是什么？您有参与吗？

（3）新型农业经营主体平常与村里都有哪些交道？在土地流转和用工等方面与村里有什么关系？新型农业经营主体的生产经营用到了村里的哪些资源？

（4）新型农业经营主体和村"两委"的关系怎么样？新型农业经营主体一般会因为什么样的事情与村"两委"打交道？

（5）村里组织的哪些活动会邀请新型农业经营主体负责人参加？如果参加，新型农业经营主体负责人主要是做什么？

（6）新型农业经营主体是如何在村里选择村民进新型农业经营主体做工的？有没有什么偏好？进去做什么工作？酬劳怎么算？

（7）在新型农业经营主体做工的工人有多少是本地人，多少是外地人？外地人是招聘来的还是村里熟人介绍的？本地人和外地人关系怎么样？

（8）新型农业经营主体在用工和生产等方面对村民有哪些带动和帮扶？您觉得新型农业经营主体为什么这么做？带动的实际效果如何？您觉得未来会不会有变化？

（9）村里没在新型农业经营主体做工的人，哪些人的生活受到新型农业经营主体生产经营的影响？都受到了哪些影响？受影响的人是怎么应对的？有没有实例？

（10）新型农业经营主体都做了哪些对本地村庄有益的事情？您觉得新型农业经营主体做这些事的原因是什么？过程是什么？效果怎么样？

（11）您觉得新型农业经营主体在帮扶村庄或村民过程中有什么实际

困难？发生了些什么事？

（12）你是否喜欢这家新型农业经营主体？对它是否信任？

（13）关于新型农业经营主体与村里的关系，还有哪些我们刚才没有聊到？您还有哪些要补充？

5. 地方政府部门工作人员访谈提纲

（1）这个新型农业经营主体的主要负责人是本地人还是外地人？新型农业经营主体是什么时候成立的？成立的起因和过程是什么？地方政府当时对这个新型农业经营主体的成立有没有政策支持？

（2）这个新型农业经营主体平常与村里都有哪些交道？在土地流转、用工、村集体经济发展等方面与村里有什么关系？它的生产经营都用到了村里的哪些资源？

（3）新型农业经营主体对村庄和村民有哪些带动和帮扶？您觉得新型农业经营主体为什么要这么做？效果如何？您觉得未来是否会有变化？

（4）地方政府对新型农业经营主体帮扶带动村民有没有专门的政策支持和奖励？效果如何？落实的过程中有何困难？

（5）新型农业经营主体在当地的口碑怎么样？获得了哪些政府授予的荣誉称号？

（6）新型农业经营主体参与了哪些地方政府推动的农业农村发展项目？项目实施中政府、新型农业经营主体和村庄是怎么配合的？效果如何？

（7）您觉得新型农业经营主体在帮扶村庄或村民过程中有什么实际问题或困难？地方政府对此有哪些政策支持和措施？

（8）关于这个新型农业经营主体与地方的关系，还有哪些刚才没有聊到？您还有哪些要补充？

参考文献

布劳，彼得·M.，2012，《社会生活中的交换与权力》，李国武译，商务印书馆。

蔡荣，2011，《"合作社+农户"模式：交易费用节约与农户增收效应——基于山东省苹果种植农户问卷调查的实证分析》，《中国农村经济》第1期。

蔡云凤、闫志利，2014，《中外新型职业农民培育模式比较研究》，《教育探索》第3期。

曾园根、黄志坚，2007，《农村致富带头人能力形成的动态分析》，《农业经济》第2期。

陈灿、罗必良，2011，《农业龙头企业对合作农户的关系治理》，《中国农村观察》第6期。

陈航英，2015，《新型农业主体的兴起与"小农经济"处境的再思考——以皖南河镇为例》，《开放时代》第5期。

陈会谦、薛晴，2019，《乡村精英流失背景下农村致富带头人的选育研究》，《农业经济》第11期。

陈靖，2018，《新型农业经营主体如何"嵌入"乡土社会——关联营造的视角》，《西北农林科技大学学报》（社会科学版）第5期。

陈军亚，2019，《韧性小农：历史延续与现代转换——中国小农户的生命力及自主责任机制》，《中国社会科学》第12期。

陈树发、黄志坚，2009，《农村致富带头人、农村经济合作组织与社会资本互动关系研究》,《农业经济》第 8 期。

陈水连主编,2009,《石城县志(1986—2000)》,三秦出版社。

陈天祥、魏国华,2021,《实现政府、市场与农户的有机连接:产业扶贫和乡村振兴的新机制》,《学术研究》第 3 期。

陈锡文,2012,《把握农村经济结构、农业经营形式和农村社会形态变迁的脉搏》,《开放时代》第 3 期。

陈锡文,2018,《实施乡村振兴战略,推进农业农村现代化》,《中国农业大学学报》(社会科学版)第 1 期。

陈晓华,2014,《大力培育新型农业经营主体——在中国农业经济学会年会上的致辞》,《农业经济问题》第 1 期。

陈义媛,2013,《遭遇资本下乡的家庭农业》,《南京农业大学学报》(社会科学版)第 6 期。

程飞虎、温小碧、温祖明,2011,《江西石城县白莲产业发展的思考》,《中国蔬菜》第 15 期。

崔红志、刘亚辉,2018,《我国小农户与现代农业发展有机衔接的相关政策、存在问题及对策》,《中国社会科学院研究生院学报》第 5 期。

杜赞奇,2003,《文化、权力与国家:1900—1942 年的华北农村》,王福明译,江苏人民出版社。

恩格斯,2012,《法德农民问题(1894)》,载中共中央马克思恩格斯列宁斯大林著作编译局编《马克思恩格斯选集》(第 4 卷),人民出版社。

范德普勒格,扬·杜威,2013,《新小农阶级:帝国和全球化时代为了自主性和可持续性的斗争》,潘璐、叶敬忠等译,社会科学文献出版社。

费孝通,2001,《江村经济——中国农民的生活》,商务印书馆。

费孝通,2011,《乡土中国》,人民出版社。

费孝通,2021,《禄村农田》,生活·读书·新知三联书店。

费孝通、鹤见和子等,1991,《农村振兴和小城镇问题——中日学者共同研究》,江苏人民出版社。

冯嘉敏、方凯,2019,《基于乡村振兴视角下农村青年创业致富带头人发展对策研究——以广州市从化区为例》,《安徽农学通报》第 5 期。

冯小,2015,《新型农业经营主体培育与农业治理转型——基于皖南平镇农业经营制度变迁的分析》，《中国农村观察》第 2 期。

高明，2003，《论农村人力资本投资与农村经济发展》，《安徽农业大学学报》（社会科学版）第 2 期。

耿羽、郗永勤，2017，《精准扶贫与乡贤治理的互塑机制——以湖南 L 村为例》，《中国行政管理》第 4 期。

古学斌、张和清、杨锡聪，2004，《地方国家、经济干预和农村贫困：一个中国西南村落的个案分析》，《社会学研究》第 2 期。

古学斌、张和清、杨锡聪，2007，《专业限制与文化识盲：农村社会工作实践中的文化问题》，《社会学研究》第 6 期。

顾东辉主编，2009，《社会工作评估》，高等教育出版社。

郭占锋、李卓，2017，《中国农村社会工作的发展现状、问题与前景展望》，《社会建设》第 2 期。

韩长斌，2018，《积极推进小农户和现代农业发展有机衔接》，《求是》第 2 期。

韩峥，2004，《脆弱性与农村贫困》，《农业经济问题》第 10 期。

何大安，2016，《西方理性选择理论演变脉络及其主要发展》，《学术月刊》第 3 期。

何颖，2018，《小农经济与新型农业经营主体的共存模式与路径》，《江苏农业科学》第 1 期。

贺雪峰，2011，《乡村治理内卷化——以河南省 K 镇调查为例》，《开放时代》第 2 期。

贺雪峰，2015a，《为谁的农业现代化》，《开放时代》第 5 期。

贺雪峰，2015b，《论中坚农民》，《南京农业大学学报》（社会科学版）第 4 期。

胡德华，2012，《新型职业农民培训工作存在的问题及其创新对策——以浙江省为例》，《成人教育》第 11 期。

胡小平、李伟，2014，《农村人口老龄化背景下新型职业农民培育问题研究》，《四川师范大学学报》（社会科学版）第 3 期。

黄承伟，2019，《决胜脱贫攻坚的若干前沿问题》，《甘肃社会科学》第 6 期。

黄承伟、王小林、徐丽萍，2010，《贫困脆弱性：概念框架和测量方法》，《农业技术经济》第 8 期。

黄鹂，2019，《新型农业经营主体成长存在问题与对策》，《农村经济与科技》第 4 期。

黄宗智，2012，《小农户与大商业资本的不平等交易：中国现代农业的特色》，《开放时代》第 3 期。

黄宗智，2014，《"家庭农场"是中国农业的发展出路吗？》，《开放时代》第 2 期。

黄祖辉、俞宁，2010，《新型农业经营主体：现状、约束与发展思路——以浙江省为例的分析》，《中国农村经济》第 10 期。

纪芳，2017，《地区发展模式下社工介入留守老人闲暇生活的实务研究——以湖北省 H 村留守老人服务为例》，硕士学位论文，华中科技大学。

姜庆志，2019，《走出怪圈：产业扶贫中基层政府治理转型的多重逻辑——基于建始县的纵向案例分析》，《中国农村经济》第 11 期。

姜长云，2018，《龙头企业与农民合作社、家庭农场发展关系研究》，《社会科学战线》第 2 期。

蒋丽丽，2017，《贫困脆弱性理论与政策研究新进展》，《经济学动态》第 6 期。

蒋平英，2020，《浅析农村致富能人在贫困村庄经济发展中的效用——基于贵州省 Q 县的田野调查》，《陕西青年职业学院学报》第 1 期。

焦长权、周飞舟，2016，《"资本下乡"与村庄的再造》，《中国社会科学》第 1 期。

金绍荣、肖前玲，2015，《新型职业农民培育：地方政府的角色、困境及出路》，《探索》第 3 期。

柯炳生、陈华宇，2006，《对培养新型农民的思考》，《中国党政干部论坛》第 4 期。

科尔曼，詹姆斯·S.，2008，《社会理论的基础》（上、下），邓方译，社会科学文献出版社。

李，塔妮娅，2016，《任其生，任其死？——乡村土地剥夺与剩余人口保护》，载叶敬忠主编《农政与发展当代思潮》，社会科学文献出版社。

李伯华、陈佳、刘沛林、伍瑶、袁敏、郑文武，2013，《欠发达地区农户贫困脆弱性评价及其治理策略——以湘西自治州少数民族贫困地区为例》，《中国农学通报》第23期。

李春艳，2015，《遭遇地方：行动者视角的发展干预回应研究》，社会科学文献出版社。

李凤翔，2014，《理性选择理论述评》，《经济研究导刊》第36期。

李计平，2021，《试论新型农业经营主体与小农户的协同发展》，《当代农村财经》第5期。

李瑾、曹冰雪、阮荣平，2019，《社会带动作用对新型农业经营主体盈利能力的影响研究——基于对全国3360个家庭农场与种养大户的调查》，《经济纵横》第2期。

李少惠、王晓艳，2009，《社会资本视角下的农村公共文化建设研究》，《西北师大学报》（社会科学版）第6期。

李小云、董强、饶小龙、赵丽霞，2007，《农户脆弱性分析方法及其本土化应用》，《中国农村经济》第4期。

李小云、张雪梅、唐丽霞，2005，《我国中央财政扶贫资金的瞄准分析》，《中国农业大学学报》（社会科学版）第3期。

李晓凤主编，2008，《社会工作——原理·方法·实务》，武汉大学出版社。

李艳、杨慧莲、杨舒然，2021，《"规模农户"与普通农户的主体特征和生产经营状况考察》，《改革》第8期。

李耀锋，2015，《需求、资源与能力：旅游开发致贫效应的机理分析——基于赣琼两个旅游村的实地调研》，《学术论坛》第10期。

李耀锋，2016，《农村治理中"项目进村"的村庄回应：理论意涵与现实问题》，《农业经济问题》第12期。

李耀锋，2018，《激发新动能：新型职业农民的社会功能及其实现机制》，《井冈山大学学报》（社会科学版）第6期。

李耀锋、熊春文、尹忠海，2020，《新型农业经营主体嵌入式培育及其带动作用》，《西北农林科技大学学报》（社会科学版）第6期。

李耀锋、许函诚，2020，《乡村振兴战略下社会工作参与小农户贫困脆弱性治理的路径》,《井冈山大学学报》(社会科学版)第3期。

李耀锋、张余慧,2017,《新型职业农民培育对农村贫困治理的影响及其政策干预》,《井冈山大学学报》(社会科学版)第6期。

李耀锋、张余慧,2018,《新型农业经营主体对小农户贫困脆弱性的影响——基于L专业合作社的研究》,《经济与社会发展》第4期。

李耀锋、张余慧,2020,《内生型新型农业经营主体带动小农户发展的动力机制——基于嵌入性理论的个案研究》,《中国农业大学学报》(社会科学版)第1期。

李耀锋、赵玲玲,2015,《社会工作:促进乡镇社会管理走向善治的一条路径》,《社会工作与管理》第4期。

李增元、李芝兰,2019,《新中国成立七十年来的治理重心向农村基层下移及其发展思路》,《农业经济问题》第11期。

梁漱溟,2011,《乡村建设理论》,上海人民出版社。

廖小静、沈贵银,2018,《新型农业经营主体带动农户的典型模式研究——以江苏果蔬产业为例》,《新疆农垦经济》第2期。

林龙飞、陈传波,2018,《返乡创业青年的特征分析及政策支持构建——基于全国24省75县区995名返乡创业者的实地调查》,《中国青年研究》第9期。

林万龙,2019,《新型农业经营主体带动小农户还需"推一把"》,《经济日报》1月14日,第2版。

林秀云、祁春节,2017,《新型农业经营主体与普通农户之间资源流动关系分析——以湖北省宜昌为例》,《中国农业资源与区划》第4期。

林耀华,2015,《金翼:一个中国家族的史记》,庄孔韶、方静文译,生活·读书·新知三联出版社。

刘杰、戴丹、邹英,2020,《基于可行能力视角的产业扶贫增能》,《河海大学学报》(哲学社会科学版)第5期。

刘黎昂、赵水民,2016,《"互联网+"时代新型职业农民培育路径探析》,《山西农业大学学报》(社会科学版)第8期。

刘明月、汪三贵,2020,《产业扶贫与产业兴旺的有机衔接:逻辑关系、面临困境及实现路径》,《西北师大学报》(社会科学版)第4期。

刘奇，2013，《构建新型农业经营体系必须以家庭经营为主体》，《理论参考》第8期。

刘升，2015，《精英俘获与扶贫资源资本化研究——基于河北南村的个案研究》，《南京农业大学学报》（社会科学版）第5期。

刘伟，2014，《健康风险对农户贫困脆弱性的影响及对策研究》，硕士学位论文，西北农林科技大学。

罗绒战堆、陈健生，2017，《精准扶贫视阈下农村的脆弱性、贫困动态及其治理——基于西藏农村社区案例分析》，《财经科学》第1期。

罗勇，2016，《从特色产业到"摇钱树"——吉安县永阳镇江南村发展井冈蜜柚产业调查》，《江西农业》第10期。

吕开宇、施海波、李芸、张姝，2020，《新中国70年产业扶贫政策：演变路径、经验教训及前景展望》，《农业经济问题》第2期。

马建富，2015，《新型职业农民培育的职业教育责任及行动策略》，《教育发展研究》第13期。

马良灿，2013，《项目制背景下农村扶贫工作及其限度》，《社会科学战线》第4期。

马若兮、杨宗耀、纪月清，2021，《新型农业经营主体引领小农户粮食增产了吗？——对不同规模新型经营主体影响异质性的考察》，《江苏农业科学》第16期。

孟德拉斯，H.，2010，《农民的终结》，李培林译，社会科学文献出版社。

孟秋菊、徐晓宗，2021，《农业龙头企业带动小农户衔接现代农业发展研究——四川省达州市例证》，《农村经济》第2期。

莫秀蓉、梁娜，2020，《培育新型农业服务主体，提升小农户与现代农业有机衔接》，《山东农业大学学报》（社会科学版）第1期。

彭超、杨久栋，2018，《2018中国新型农业经营主体发展分析报告（二）——基于农民合作社的调查与数据》，《农民日报》2月23日，第4版。

戚攻等，2009，《社会回应机制研究》，人民出版社。

丘海雄、张应祥，1998，《理性选择理论述评》，《中山大学学报》（社会科学版）第1期。

渠敬东，2012，《项目制：一种新的国家治理体制》，《中国社会科学》第5期。

饶旭鹏，2012，《农户经济理性问题的理论争论与整合》，《广西社会科学》第7期。

任超、袁明宝，2017，《分类治理：精准扶贫政策的实践困境与重点方向——以湖北秭归县为例》，《北京社会科学》第1期。

任中平，2008，《社区主导型发展与农村基层民主建设——四川嘉陵区CDD项目实施情况的调查与思考》，《政治学研究》第6期。

阮荣平、曹冰雪、周佩、郑风田，2017，《新型农业经营主体辐射带动能力及影响因素分析——基于全国2615家新型农业经营主体的调查数据》，《中国农村经济》第11期。

森，阿马蒂亚，2012，《以自由看待发展》，任赜、于真译，中国人民大学出版社。

尚锐，2015，《农村合作社组织中新型职业农民胜任素质科学培育机制探究——以黑龙江省为例》，《农业技术经济》第7期。

师磊、朱红根，2021，《相对贫困视域下的产业精准扶贫政策研究：机制与模式》，《农村经济》第6期。

施奈德，塞尔吉奥，2016，《新兴经济体的农村发展之路》，载叶敬忠主编《农政与发展当代思潮》（第二卷），社会科学文献出版社。

史月兰、唐卞、俞洋，2014，《基于生计资本路径的贫困地区生计策略研究——广西凤山县四个可持续生计项目村的调查》，《改革与战略》第4期。

斯蒂尔编，2005，《牛津中阶英汉双解词典》，严维明等译，商务印书馆。

斯科特，詹姆斯·C.，2011，《弱者的武器》，郑广怀、张敏、何江穗译，凤凰出版传媒集团、译林出版社。

斯科特，詹姆斯·C.，2012，《国家的视角：那些试图改善人类状况的项目是如何失败的》（修订版），王晓毅译，社会科学文献出版社。

宋华明，2010，《推进农村职业教育改革 培养服务新农村建设的新型农民》，《教育理论与实践》第36期。

宋新乐、朱启臻，2016，《新型职业农民的职业精神及其构建》，《西安交通大学学报》（社会科学版）第 4 期。

苏芝忠、丁晓华，2019，《枣强县新型经营主体辐射带动作用调研报告》，《河北农业》第 12 期。

孙超超、武玲，2020，《崔兴文：从贫困户到脱贫致富带头人》，《中国农民合作社》第 11 期。

孙晓珍，2018，《社会工作赋权理论视角下的农村女性素质提升》，《农村经济与科技》第 23 期。

孙运宏、宋林飞，2016，《新型农业经营主体发展与乡村治理创新》，《南京社会科学》第 12 期。

孙兆霞，2017，《以党建促脱贫：一项政治社会学视角的中国减贫经验研究》，《中国农业大学学报》（社会科学版）第 5 期。

邰秀军、李树茁，2012，《中国农户贫困脆弱性的测度研究》，社会科学文献出版社。

唐丽霞、罗江月、李小云，2015，《精准扶贫机制实施的政策和实践困境》，《贵州社会科学》第 5 期。

唐任伍，2015，《习近平精准扶贫思想阐释》，《人民论坛》第 30 期。

特纳，乔纳森·H.，2006，《社会学理论的结构》（第 7 版），邱泽奇、张茂元等译，华夏出版社。

万广华、章元，2009，《我们能够在多大程度上准确预测贫困脆弱性？》，《数量经济技术经济研究》第 6 期。

汪三贵、郭子豪，2015，《论中国的精准扶贫》，《贵州社会科学》第 5 期。

汪三贵、张雁、杨龙、梁晓敏，2015，《连片特困地区扶贫项目到户问题研究——基于乌蒙山片区三省六县的调研》，《中州学刊》第 3 期。

王春光，2015a，《迈向多元自主的乡村治理——社会结构转变带来的村治新问题及其化解》，《人民论坛》第 14 期。

王春光，2015b，《社会治理视角下的农村开发扶贫问题研究》，《中共福建省委党校学报》第 3 期。

王春光，2016，《超越城乡：资源、机会一体化配置》，社会科学文献出版社。

王飞、任兆昌，2012，《近十年中国农民理性问题研究综述》，《云南农业大学学报》（社会科学版）第 3 期。

王锋、李彬，2016，《"政府+"新型职业农民培训模式及其发展新举措》，《湖北经济学院学报》（人文社会科学版）第 5 期。

王洪燕，2019，《社会工作介入农村精准扶贫的策略研究》，硕士学位论文，华南理工大学。

王乐君、寇广增、王斯烈，2019，《构建新型农业经营主体与小农户利益联结机制》，《中国农业大学学报》（社会科学版）第 2 期。

王浦劬、郝秋笛等，2016，《政府向社会力量购买公共服务发展研究：基于中英经验的分析》，北京大学出版社。

王思斌，2014，《加强社会工作人才队伍建设，促进社会治理》，《中国社会报》1 月 10 日，第 5 版。

王思斌，2017，《我国农村社会工作的综合性及其发展——兼论"大农村社会工作"》，《中国农业大学学报》（社会科学版）第 3 期。

王文才，2013，《基于社会资本理论分析农村社区保障体系建构》，硕士学位论文，中南大学。

王文龙，2019，《新型农业经营主体、小农户与中国农业现代化》，《宁夏社会科学》第 4 期。

王小林，2012，《贫困测量：理论与方法》，社会科学文献出版社。

王尤跃，2019，《青年在新型农业经营主体培育中的带头作用研究——基于浙江省舟山市渔农村青年致富带头人的调查》，《教育教学论坛》第 19 期。

王雨磊，2017，《农村精准扶贫中的技术动员》，《中国行政管理》第 2 期。

王泽莉、康永征，2019，《优势视角下社会工作介入农村精准扶贫的模式探究》，《理论界》第 9 期。

魏邦仁、耿纪平，2017，《村域经济致富带头人培养问题调研报告——以庐江县冶父山镇幸福村为例》，《中共合肥市委党校学报》第 3 期。

温涛、朱炯、王小华，2016，《中国农贷的"精英俘获"机制：贫困县与非贫困县的分层比较》，《经济研究》第 2 期。

吴成浩，2019，《乡村振兴背景下新型农业经营主体发展存在的问题与对策研究》，《粮食科技与经济》第 2 期。

吴重庆、张慧鹏，2019，《小农与乡村振兴——现代农业产业分工体系中小农户的结构性困境与出路》，《南京农业大学学报》（社会科学版）第1期。

夏益国、宫春生，2015，《粮食安全视域下农业适度规模经营与新型职业农民——耦合机制、国际经验与启示》，《农业经济问题》第5期。

向德平、刘风，2017，《农民合作社在反脆弱性发展中的作用和路径分析》，《河南社会科学》第5期。

项宗东，2017，《我国新型职业农民培育现状与对策——以安徽省A县为例》，《长沙大学学报》第3期。

肖广州，2018，《基于产业链视角下乡村旅游扶贫机制研究——以井冈山为例》，硕士学位论文，南昌大学。

肖焰、蔡晨，2018，《人力资本、社会资本与农村致富带头人形成的关系研究》，《农业经济》第4期。

邢成举、葛志军，2013，《集中连片扶贫开发：宏观状况、理论基础与现实选择——基于中国农村贫困监测及相关成果的分析与思考》，《贵州社会科学》第5期。

邢成举、李小云，2013，《精英俘获与财政扶贫项目目标偏离的研究》，《中国行政管理》第9期。

熊春文，2017，《农业社会学论纲：理论、框架及前景》，《社会学研究》第3期。

熊春文、桑坤，2020，《作物结构、生计体系与产业扶贫的有效性机制——基于华东一个县域的经验研究》，《云南社会科学》第3期。

熊磊，2020，《新型农业经营主体与小农户协同发展：现实价值与模式创新》，《当代经济管理》第9期。

徐超、李林木，2017，《城乡低保是否有助于未来减贫——基于贫困脆弱性的实证分析》，《财贸经济》第5期。

徐辉，2016，《新常态下新型职业农民培育机理：一个理论分析框架》，《农业经济问题》第8期。

徐伟、章元、万广华，2011，《社会网络与贫困脆弱性——基于中国农村数据的实证分析》，《学海》第4期。

徐晓鹏，2020，《小农户与新型农业经营主体的耦合——基于中国六省六村的实证研究》，《南京农业大学学报》（社会科学版）第1期。

徐旭初、吴彬，2018，《合作社是小农户和现代农业发展有机衔接的理想载体吗?》，《中国农村经济》第11期。

徐雪高、侯惠杰，2019，《产业兴旺的定位、特征与促进建议》，《江苏农业科学》第17期。

徐宗阳，2016，《资本下乡的社会基础——基于华北地区一个公司型农场的经验研究》，《社会学研究》第5期。

许汉泽、徐明强，2020，《再造新集体经济：从产业扶贫到产业兴旺的路径探索——对H县"三个一"产业扶贫模式的考察》，《南京农业大学学报》（社会科学版）第3期。

许佳彬、王洋、李翠霞，2020，《新型农业经营主体有能力带动小农户发展吗——基于技术效率比较视角》，《中国农业大学学报》第9期。

严海蓉、陈义媛，2015，《中国农业资本化的特征和方向：自下而上和自上而下的资本化动力》，《开放时代》第5期。

颜廷武、张露、张俊飚，2017，《对新型职业农民培育的探索与思考——基于武汉市东西湖区的调查》，《华中农业大学学报》（社会科学版）第3期。

杨道邦、林婕虹、邓保国，2020，《农村青年致富带头人服务乡村振兴的研究综述——基于CNKI的文献分析》，《江苏农业科学》第11期。

杨华，2016，《论中国特色社会主义小农经济》，《农业经济问题》第7期。

杨龙、汪三贵，2015，《贫困地区农户脆弱性及其影响因素分析》，《中国人口·资源与环境》第10期。

杨嵘均，2014，《论农民自组织动力源的现代转型及其对乡村治理的结构优化》，《学术研究》第5期。

杨少波、田北海，2016，《青年在新型农业经营主体培育中的领头雁作用研究——基于对湖北省农村致富带头人的调查》，《中国青年研究》第1期。

杨文、孙蚌珠、王学龙，2012，《中国农村家庭脆弱性的测量与分解》，《经济研究》第4期。

叶敬忠主编，2016，《农政与发展当代思潮》，社会科学文献出版社。

叶敬忠、豆书龙、张明浩，2018，《小农户和现代农业发展：如何有机衔接》，《中国农村经济》第 11 期。

袁梦、易小燕、陈印军、赵鲲、吴晓佳、杨霞、刘磊、王琦琪，2017，《我国家庭农场发展的现状、问题及培育建议——基于农业部专项调查 34.3 万个样本数据》，《中国农业资源与区划》第 6 期。

原丁，2013，《服务型政府回应力研究》，中央编译出版社。

约翰逊，D. 盖尔，2004，《经济发展中的农业、农村、农民问题》，林毅夫、赵耀辉编译，商务印书馆。

张琛、高强，2017，《论新型农业经营主体对贫困户的脱贫作用》，《西北农林科技大学学报》（社会科学版）第 2 期。

张红宇，2015，《新型农业经营主体发展趋势研究》，《经济与管理评论》第 1 期。

张建雷、席莹，2019，《关系嵌入与合约治理——理解小农户与新型农业经营主体关系的一个视角》，《南京农业大学学报》（社会科学版）第 2 期。

张婕，2012，《民族地区农村扶贫项目对农村社区发展影响研究——以恩施市关村为例》，硕士学位论文，华中农业大学。

张明媚，2016，《新型职业农民内涵、特征及其意义》，《农业经济》第 10 期。

张晒，2015，《理性选择理论：优势、局限性与可能出路》，《湖北经济学院学报》第 3 期。

张晓山，2009，《农民专业合作社的发展趋势探析》，《管理世界》第 5 期。

张雄，1995，《市场经济中的非理性世界》，立信会计出版社。

张志国，2015，《中国农村家庭贫困动态性及其影响因素研究》，博士学位论文，辽宁大学。

赵晓峰、邢成举，2016，《农民合作社与精准扶贫协同发展机制构建：理论逻辑与实践路径》，《农业经济问题》第 4 期。

赵晓峰、赵祥云，2016，《农地规模经营与农村社会阶层结构重塑——兼论新型农业经营主体培育的社会学命题》，《中国农村观察》第 6 期。

赵晓峰、赵祥云，2018，《新型农业经营主体社会化服务能力建设与小农经济的发展前景》，《农业经济问题》第4期。

赵旭东、罗士泂，2016，《血脉纯洁与化为实践的宗族——以江西泰和一村落的民族志调查为基础》，《江苏社会科学》第1期。

郑传贵，2007，《社会资本与农村社区发展：以赣东项村为例》，学林出版社。

郑富年、黄志坚，2011，《社会资本视角下的社会主义新农村建设研究综述》，《农业经济》第9期。

郑兴明、曾宪，2015，《农科类大学生能成为新型职业农民的主力军吗？——基于大学生农村基层服务意愿的实证分析》，《华中农业大学学报》（社会科学版）第5期。

折晓叶、陈婴婴，2011，《项目制的分级运作机制和治理逻辑——对"项目进村"案例的社会学分析》，《中国社会科学》第4期。

中共中央党史和文献研究院编，2018，《习近平扶贫论述摘编》，中央文献出版社。

钟真，2018，《改革开放以来中国新型农业经营主体：成长、演化与走向》，《中国人民大学学报》第4期。

周彬、代良志、雷迪，2017，《我国新型职业农民培训效果、问题及影响因素分析——基于西部四个试点县（市）的调查》，《农村经济》第4期。

周博、邱志斌，2021，《发挥"头雁效应"提升致富带富能力——基于南宁市上林县"两培两带两促"模式的思考》，《人民论坛》第1期。

周飞舟、何奇峰，2021，《行动伦理：论农业生产组织的社会基础》，《北京大学学报》（哲学社会科学版）第6期。

朱庚鑫，2021，《致富带头人推动脱贫攻坚与乡村振兴接续发展思考》，《南方农业》第6期。

朱红根、宋成校，2021，《扶贫政策的福利效应及模式比较研究》，《农业经济问题》第4期。

朱启臻，2009，《农业社会学》，社会科学文献出版社。

朱启臻，2013，《新型职业农民与家庭农场》，《中国农业大学学报》（社会科学版）第 2 期。

朱启臻、胡方萌，2016，《新型职业农民生成环境的几个问题》，《中国农村经济》第 10 期。

朱启臻、胡鹏辉、许汉泽，2014，《论家庭农场：优势、条件与规模》，《农业经济问题》第 7 期。

朱启臻、杨汇泉，2011，《谁在种地——对农业劳动力的调查与思考》，《中国农业大学学报》（社会科学版）第 1 期。

Abebaw, Degnet and Mekbib G. Haile. 2013."The Impact of Cooperatives on Agricultural Technology Adoption: Empirical Evidence from Ethiopia." *Food Policy* 38(2): 82-91.

Abraham, Rose and Kavi Kumar. 2008."Multidimensional Poverty and Vulnerability." *Economic and Political Weekly* 43 (20): 77-87.

Aguilera, Ruth V., Deborah E. Rupp, Cynthia A. Williams, and Jyoti Ganapathi. 2007."Putting the S Back in Corporate Social Responsibility: A Multilevel Theory of Social Change in Organizations." *Academy of Management Review* 32(3): 836-863.

Aguirre, V., Echeverria R., Olmedo C., and Blanco G. 2013."Farmer Strategies to Face Labor Shortages in Chilean Agriculture." *Ciência Rural* 43(8): 1529-1534.

Ahearn, Mary and Doris Newton. 2009."Beginning Farmers and Ranchers." EIB-53, U. S. Department of Agriculture, Economic Research Service.

Barrientos, Armando. 2007."Does Vulnerability Create Poverty Traps." CPRC working paper 76, Institute of Development Studies at the University of Sussex, Brighton, UK.

Buttel, Frederick H., Olaf F. Larson, and Gilbert W. Gillespie. 1990. *The Sociology of Agriculture*. New York: Greenwood Press.

Calvo, C. and Dercon S. 2007."Risk and Vulnerability to Poverty." Palgrave Macmillan UK.

Calvo, C. 2008."Vulnerability to Multidimensional Poverty: Peru, 1998-2002." *World Development* 36: 1011-1020.

Chaudhuri, S., Jalan J., and Suryahadi A. 2002."Assessing Household Vulnerability to Poverty from Cross Sectional Data: A Methodology and Estimates from Indonesia." Discussion paper, Columbia University.

Chronic Poverty Research Centre. 2005."The Chronic Poverty Report 2004-05." Working paper.

Diekmann, F., Loibl C., Batte M., and Yen M. 2012."Judging Farmers' Willingness to Trade Distance and Taxes for Extension Services." *Applied Economic Perspectives and Policy* 34(3): 454-471.

Ewert, J.and A. Du Toit. 2005."A Deepening Divide in the Countryside: Restructuring and Rural Livelihoods in the South African Wine Industry." *Journal of Southern African Studies* 31(2): 315-322.

Feeny, S.and McDonald L. 2015."Vulnerability to Multidimensional Poverty: Findings from Households in Melanesia." *Journal of Development Studies* 52 (3): 447-464.

Freedgood, J. and Dempsey J. 2014."Cultivating the Next Generation: Resources and Policies to Help Beginning Farmers Succeed in Agriculture." *American Farmland Trust*.

Gaiha, R. and Imai K. 2008."Measuring Vulnerability and Poverty Estimates for Rural India." Research paper No. 2008/40. United Nations University, UNU-WIDER.

Granovetter, M. 1985."Economic Action and Social Structure: The Problem of Embeddedness." *American Journal of Sociology* 91(3): 481-510.

Günther, I. and Harttgen K. 2009."Estimating Households Vulnerability to Idiosyncratic and Covariate Shocks: A Novel Method Applied in Madagascar." *World Development* 37 (7): 1222-1234.

Hayami, Yujiro and Vernon W. Ruttan 1973."Agricultural Development: An International Perspective." *Economic Development and Cultural Change* 21(4): 123-141.

Kautsky, K. 1987. *The Agrarian Question.* Manchester: Manchester University Press.

Long, N. 2001. *Development Sociology: Actor Perspective*. London and New York: Routledge.

Maertens, M. and K. V. Velde. 2017."Contract-farming in Staple Food Chains: The Case of Rice in Benin." *World Development* 95(C): 73-87.

Michelson, H., Reardon T., and Perez F. 2012."Small Farmers and Big Retail: Trade-offs of Supplying Supermarkets in Nicaragua." *World Development* 40(2): 342-354.

Newby, H. and Frederick H. Buttel. 1980. *The Rural Sociology of the Advanced Societies: Critical Perspectives*. London: Allanheld Osmun.

Newby, H. 1987. *International Perspectives in Rural Sociology*. New York: Wiley.

Noor, K. and K. Dola. 2011."Investigating Training Impact on Farmers' Perception and Performance." *International Journal of Humanities and Social Science* 1(6): 145-152.

Olsen, Wallace C. 1991. *Agricultural Economics and Rural Sociology: The Contemporary Core Literature*. Ithaca: Cornell University Press.

Polanyi, Karl. 1994. *The Great Transformation*. New York: Farrar and Rinehart.

Resosudarmo, B. P. and Yamazaki S. 2011."Training and Visit(T&V) Extension vs. Farmer Field School: The Indonesian Experience." Departmental Working Papers.

Schultz, T. W. 1964. *Transforming Traditional Agriculture*. New Haven: Yale University Press.

Shanin, T. 1984. *Peasants and Peasants Societies*. London: Penguin Books Ltd.

Sharp, K. 2003."Measuring Destitution: Integrating Qualitative and Quantitative Approaches in the Analysis of Survey Data." IDS Working Paper.

Uzzi, Brian. 1997."Social Structure and Competition in Interfirm Networks: The Paradox of Embeddedness." *Administrative Science Quarterly* 42(2): 35-67.

Verhofstadt, E. and Maertens M. 2015."Can Agricultural Cooperative Reduce Poverty? Heterogeneous Impact of Cooperative Membership on Farmers'

Welfare in Rwanda." *Applied Economic Perspectives and Policy* 37(1): 86-106.

Ward, P. S. 2016."Transient Poverty, Poverty Dynamics and Vulnerability to Poverty: An Empirical Analysis Using a Balance Panel from Rural China." *World Development* 78(2): 541-553.

Warning, Matthew and Nigel Key. 2002."The Social Performance and Distributional Consequences of Contract Farming: An Equilibrium Analysis of the Arachide de Bouche Program in Senegal." *World Development* 30(2): 255-263.

Weber, Max. 1978. *Economy and Society: An Outline of Interpretive Sociology.* Translated and Edited by Guenther Roth and Claus Wittich. Berkeley and Los Angeles: University of California Press.

Weber, M. 1976. *The Agrarian Sociology of Ancient Civilizations*. London: New Left Books.

Wolf, Eric R. 1966. *Peasants*. London: Prentice-Hall, Inc.

World Bank. 2002. *World Development Report 2000/2001: Attacking Poverty*. New York: Oxford University Press.

Zukin, S. and P. J. Dimaggio. 1990. *Structures of Capital: The Social Organization of the Economy*. Cambridge: Cambridge University Press.

图书在版编目(CIP)数据

新型农业经营主体与小农户：协同发展的逻辑与现实/李耀锋，张余慧著. -- 北京：社会科学文献出版社，2022.8
ISBN 978-7-5228-0500-9

Ⅰ.①新… Ⅱ.①李… ②张… Ⅲ.①农业经营-经营管理-研究-中国 Ⅳ.①F324

中国版本图书馆 CIP 数据核字（2022）第 137661 号

新型农业经营主体与小农户
—— 协同发展的逻辑与现实

著　　者／李耀锋　张余慧

出 版 人／王利民
责任编辑／孟宁宁
责任印制／王京美

出　　版／社会科学文献出版社·群学出版分社（010）59366453
　　　　　地址：北京市北三环中路甲29号院华龙大厦　邮编：100029
　　　　　网址：www.ssap.com.cn
发　　行／社会科学文献出版社（010）59367028
印　　装／三河市尚艺印装有限公司
规　　格／开　本：787mm×1092mm　1/16
　　　　　印　张：15　字　数：230千字
版　　次／2022年8月第1版　2022年8月第1次印刷
书　　号／ISBN 978-7-5228-0500-9
定　　价／99.00元

读者服务电话：4008918866

版权所有 翻印必究